林蔚文
抗戰遠征日記 (1941)

The Expedition Diaries of General Lin Wei-wen, 1941

民國日記｜總序

呂芳上

民國歷史文化學社社長

人是歷史的主體，人性是歷史的內涵。「人事有代謝，往來成古今」（孟浩然），瞭解活生生的「人」，才較能掌握歷史的真相；愈是貼近「人性」的思考，才愈能體會歷史的本質。近代歷史的特色之一是資料閎富而駁雜，由當事人主導、製作而形成的資料，以自傳、回憶錄、口述訪問及日記最為重要，其中日記的完成最即時，描述較能顯現內在的幽微，最受史家重視。

日記本是個人記述每天所見聞、所感思、所作為有選擇的紀錄，雖不必能反映史事整體或各個部分的所有細節，但可以掌握史實發展的一定脈絡。尤其個人日記一方面透露個人單獨親歷之事，補足歷史原貌的闕漏；一方面個人隨時勢變化呈現出不同的心路歷程，對同一史事發為不同的看法和感受，往往會豐富了歷史內容。

中國從宋代以後，開始有更多的讀書人有寫日記的習慣，到近代更是蔚然成風，於是利用日記史料作歷史

研究成了近代史學的一大特色。本來不同的史料，各有不同的性質，日記記述形式不一，有的像流水帳，有的生動引人。日記的共同主要特質是自我（self）與私密（privacy），史家是史事的「局外人」，不只注意史實的追尋，更有興趣瞭解歷史如何被體驗和講述，這時對「局內人」所思、所行的掌握和體會，日記便成了十分關鍵的材料。傾聽歷史的聲音，重要的是能聽到「原音」，而非「變音」，日記應屬原音，故價值高。1970 年代，在後現代理論影響下，檢驗史料的潛在偏見，成為時尚。論者以為即使親筆日記、函札，亦不必全屬真實。實者，日記記錄可能有偏差，一來自時代政治與社會的制約和氛圍，有清一代文網太密，使讀書人有口難言，或心中自我約束太過。顏李學派李塨死前日記每月後書寫「小心翼翼，俱以終始」八字，心所謂為危，這樣的日記記錄，難暢所欲言，可以想見。二來自人性的弱點，除了「記主」可能自我「美化拔高」之外，主觀、偏私、急功好利、現實等，有意無心的記述或失實、或迴避，例如「胡適日記」於關鍵時刻，不無避實就虛，語焉不詳之處；「閻錫山日記」滿口禮義道德，使用價值略幾近於零，難免令人失望。三來自旁人過度用心的整理、剪裁、甚至「消音」，如「陳誠日記」、「胡宗南日記」，均不免有斧鑿痕跡，不論立意多麼良善，都會是史學研究上難以彌補的損失。史料之於歷史研究，一如「盡信書不如無書」的話語，對證、勘比是個基本功。或謂使用材料多方查證，有如老吏斷獄、

法官斷案，取證求其多，追根究柢求其細，庶幾還原案貌，以證據下法理註腳，盡力讓歷史真相水落可石出。是故不同史料對同一史事，記述會有異同，同者互證，異者互勘，於是能逼近史實。而勘比、互證之中，以日記比證日記，或以他人日記，證人物所思所行，亦不失為一良法。

從日記的內容、特質看，研究日記的學者鄒振環，曾將日記概分為記事備忘、工作、學術考據、宗教人生、游歷探險、使行、志感抒情、文藝、戰難、科學、家庭婦女、學生、囚亡、外人在華日記等十四種。事實上，多半的日記是複合型的，柳貽徵說：「國史有日歷，私家有日記，一也。日歷詳一國之事，舉其大而略其細；日記則洪纖必包，無定格，而一身、一家、一地、一國之真史具焉，讀之視日歷有味，且有補於史學。」近代人物如胡適、吳宓、顧頡剛的大部頭日記，大約可被歸為「學人日記」，余英時翻讀《顧頡剛日記》後說，藉日記以窺測顧的內心世界，發現其事業心竟在求知慾上，1930 年代後，顧更接近的是流轉於學、政、商三界的「社會活動家」，在謹厚恂恂君子後邊，還擁有激盪以至浪漫的情感世界。於是活生生多面向的人，因此呈現出來，日記的作用可見。

晚清民國，相對於昔時，是日記留存、出版較多的時期，這可能與識字率提升、媒體、出版事業發達相關。過去日記的面世，撰著人多半是時代舞台上的要角，他們

的言行、舉動，動見觀瞻，當然不容小覷。但，相對的芸芸眾生，識字或不識字的「小人物」們，在正史中往往是無名英雄，甚至於是「失蹤者」，他們如何參與近代國家的構建，如何共同締造新社會，不應該被埋沒、被忽略。近代中國中西交會、內外戰事頻仍，傳統走向現代，社會矛盾叢生，如何豐富歷史內涵，需要傾聽社會各階層的「原聲」來補足，更寬闊的歷史視野，需要眾人的紀錄來拓展。開放檔案，公布公家、私人資料，這是近代史學界的迫切期待，也是「民國歷史文化學社」大力倡議出版日記叢書的緣由。

導言

——

1950 年底，國防部長俞大維久滯美國未歸，袁守謙以政務次長資格代理部務已逾半載，受立法院抨擊不休，報刊開始猜想總統蔣中正屬意誰出任新部長。除了猜測著名將領孫立人或周至柔，還提到一位從未擔任方面大員的將領——國防部常務次長林蔚。在香港發行的《星島晚報》，於1950 年12 月26 日刊登一篇文章，生動地描寫林蔚在蔣中正眼中的地位：

> （蔣中正）把他當作親信看待，專門替他看守今日之國防部。國防部的部長雖不時異動，但國防部的一本細帳卻全在林蔚手上，國防部可以百日無部長，但不可以一日無林蔚。因為這位乖巧的「帷幄將軍」，他早已把國防部所有的那一本軍事細帳，吞到肚子裡去了，蔣介石無論在什麼時候問起全國軍事情況來，他常常不要檔案，不拿圖表，一口氣就回覆蔣的詢問，蔣對他的珍愛，可想而知。

報刊的說法，不免誇大，後來國防部長要到次年2

月才有所異動，接替人選並非林蔚，而是擔任副參謀總
長的郭寄嶠。不過，的確如報刊所言，林蔚在蔣中正麾
下有其特殊地位。1943 年 2 月 4 日除夕，蔣以親人皆不
在身邊，感到「孤身獨影，蕭條寂寞極矣」，最後便約
林蔚「來共餐解寂也」（《蔣中正日記》，1943 年 2 月 4
日）。曾任林蔚下屬的於達認為，林和陳布雷一樣皆為忠
臣，從不為自己打算，凡是都為委員長（蔣）打算（張朋
園、林泉、張俊宏訪問紀錄，《於達先生訪問紀錄》，臺
北：中央研究院近代史研究所，1988，頁116）。1955 年
8 月 2 日，林蔚於臺北病逝，一位過去以業務關係，曾與
林蔚相往還的軍官，刊出悼念文字，也表達類似看法。他
說常看到林蔚終日自早到晚，伏處辦公室中，案頭書卷盈
帙，羽書檄報，絡繹不絕，林埋頭治事，從無倦容；林在
國民政府投身參謀本部工作數十年，獲得蔣中正的絕對信
任。這位軍官並以為，林蔚就像三國時代的諸葛亮，所有
案書簿籍，事必躬親、夜以繼日地工作，甚至將死在五
丈原還不肯讓軍中政事委諸部屬（《天文臺》，1955 年
8 月 10 日）。事實上，不僅報刊或與林有往還的人如此
評價，國軍內部的人事報告，也對林蔚有相近的觀察。
一份由軍事委員會委員長侍從室於1943 年做成的報告指
出，林性格忠誠沉靜、公正廉明，思想極為周密、有系
統，乃一極可靠有為之幕僚長，歷年來參與戎機，獻替
極多，為上下所欽敬（《軍事委員會委員長侍從室》，
國史館藏）。

　　林蔚既然在國軍之中有如此重要性，但一般在談論蔣中正之親近部屬，文官常提到楊永泰、陳布雷、張羣，武將常提到何應欽、陳誠、張治中，或是方面大員湯恩伯、胡宗南等人，林蔚不在其列。何以如此？其緣故或因林蔚長期擔任參謀或副手，其作為因此難以彰顯。我們觀察其簡歷，即可印證上述情況。

　　林蔚字蔚文，1889 年生，浙江黃岩人，陸軍大學畢業，早年曾擔任營、團、旅長，北伐時投入蔣中正麾下，自是展開長期參謀生涯，初始任總司令部參謀處副處長；北伐底定後，任參謀本部廳長、軍事委員會辦公廳副主任、銓敘廳廳長。抗戰之初，任第一戰區參謀長，次年改任軍令部次長兼侍從室第一處處長，爾後又曾外放擔任桂林行營參謀長、桂林辦公廳副主任、滇緬參謀團團長等職。抗戰結束前，出任軍政部次長。勝利後獲青天白日勳章，積功升至上將，出任國防部次長、參謀次長。國共內戰危局之中，隨政府遷臺，1955 年在總統府國策顧問任內過世。

　　林蔚的一生，經過國民政府的動盪時代，研究他的從軍生涯，除可豐富學界關於軍政人物的個人研究，既然他對蔣中正有如此重要性，研究林將有助於理解蔣中正的領導統御、指揮作戰。此外，從他個人切入，尚有助於深入了解國軍軍務聯繫溝通、國軍與盟軍之聯合作戰、國軍軍事組織等諸多面向，值得開展。

　　至於研究林蔚的材料，依隨著其重要性，相關史料

不可謂不多，然而比較分散，研究不易。本次之出版，便是欲匯聚林蔚相關重要史料，提供學術研究之便利；出版分兩冊，一冊是林蔚1941年的日記，另一冊係林於1942年編撰之《緬甸戰役作戰經過及失敗原因與各部優劣評判報告書》。由於二者皆與抗戰時期的遠征軍相關，並且其內容多以紀日呈現，兩冊因定名為《林蔚文抗戰遠征日記》，而以年代1941、1942年做區隔。

二

　　《林蔚文抗戰遠征日記（1941）》即林蔚1941年整年的日記。經查，林蔚日記現今僅存一年，即1941年這一年，收入國史館館藏《陳誠副總統文物》之中，卷名〈林蔚文抗戰日記節錄〉（數位典藏號：008-010701-00001-001～008-010701-00001-012）。所謂節錄，應係指僅節錄1941年這一年。該年節錄依內容字跡判斷，為後人重抄版。至於重抄版為何置於陳誠的檔案之中？與原始內容有無出入？為何僅節抄一年或何以僅留存一年的節抄？目前尚無從判斷。僅可知林蔚生前與陳誠頗有交情，於公於私皆有往還，或因此林的一些資料留存於陳誠之處，爾後隨陳誠家屬的捐贈而移轉至國史館。

　　重抄版的林蔚日記，係謄於一般日記簿，封面手錄標題「林蔚文先生抗戰日記節錄」，內頁係一頁直排15

行，上方印有民國、年、月、日、星期、天候，共抄有一本計525頁。國史館將之數位化後，以整本日記為一卷，下依各月分成12件。

日記涵蓋時間之1941年，林蔚的職務依序主要為軍事委員會桂林辦公廳副主任、軍令部次長、軍事委員會駐滇參謀團主任。以下概述日記呈現的史實，俾讀者獲整體印象。

1941年1月，林蔚正擔任軍事委員會桂林辦公廳副主任（主任李濟琛），實際主持辦公廳業務。該辦公廳主要作用在聯繫中央與地方及推動中央政令，從林的日記，可以看到他的工作實況及其對西南事務的觀察。1月底，隨著日軍對中南半島的進逼，中英雙方軍事聯繫日趨緊密，中方遂成立「中國緬印馬軍事考察團」，赴英國東南亞殖民地實地考察聯絡，以為日後可能簽訂的中英軍事同盟作準備。林蔚已在西南多時，此際被派為副團長（團長商震），規劃出行諸項事宜。在日記之中，可以看到他們赴緬甸、印度、馬來亞、新加坡的考察過程，林並且將許多觀察記錄在日記之中，如國軍西南對外運輸的重要機構西南運輸處之情況、西南少數民族之風情，至於其對英觀察，尤值一提。林蔚對英國態度感到悲觀，赴緬前曾自記感想：「吾人近於為外交策略上之一偵探哨兵而已。英國紳士態度，非到不得已不肯說出並肩攜手的話，他（英國）認為他乃是站在援助我們的，不是出於自救的，所以吾人赴緬，他認為一種

軍事觀光，不是有所商討。」（《林蔚文抗戰遠征日記（1941）》，2月4日）考察過程，林蔚分析英軍在東南亞的作用，自記：「英國陸軍原來甚少，對遠東殖民地乃以防亂為主，防邊次之，尤其在緬甸方面為然，故軍隊數量甚少，不過一旅（若干營）及若干軍事警察隊而已，素質亦複雜，以緬印人為主，英兵不過四、五分之一，裝備亦極平常，甚或不及我國。至於邊防對敵設備向極缺乏，自不待言。」「最近以來（英國）雖感覺遠東危機日見緊迫，無如歐非方面軍事亦均甚緊張，勢不能兼顧遠東，是以增加兵力擴充部隊一層，難以辦到。其中心想望友軍之援助，亦勢所必至。」（《林蔚文抗戰遠征日記（1941）》，2月28日）凡此種種，皆可見林蔚已預想到英軍爾後與中國聯合抗日之態度與作為。

中國緬印馬軍事考察團於6月結束考察行程，林蔚返回桂林駐所，持續推動桂林辦公廳業務。過去長期任職參謀本部的林蔚，這段時間連日思考國軍陸軍大學與參謀制度，於日記有頗具價值的檢討，如分析「我國參謀何以成為高級司書之慘象」，認為歷史風氣、人事錯誤、學校教育不良等皆為因素，而以後者為主因，林對各項因素有所論述，並提出諸多改進意見（《林蔚文抗戰遠征日記（1941）》，7月10-14日）。

返回桂林辦公廳任所未久，林蔚被蔣中正召回重慶中央。自1938年以來，林已任職負責全國軍事作戰的軍令部，出任次長，然而因外派之故，僅為兼職，並未負

實際責任，自是蔣要求其返中央供職。此期間，繼中國
緬印馬軍事考察團之聯繫，中英雙方於重慶展開軍事會
談，商討英日開戰後中英兩軍之合作，林蔚參與其事。
已而第二次長沙會戰爆發，林蔚於日記詳細記載戰況，
戰後復有檢討分析。是役日後被稱為「長沙大捷」，
從林蔚日記可以看到國軍實際表現，與戰爭宣傳有所落
差。會戰之後，國軍召開第三次南嶽軍事會議，林蔚親
自參與，對會議過程記述甚詳。

　　時至1941年底，日本對英美的態度日趨險惡，極
有可能實施南進，林蔚對國際大勢有很多預測分析，這
都寫在日記之中。蔣中正以林蔚駐西南較久，並曾參加
中國緬印馬軍事考察團，對雲南周邊的戰略地位比較
了解，決定派其出任軍事委員會駐滇參謀團主任。該參
謀團係軍事委員會的派出機構，負責聯繫與指導西南防
禦，以備日軍可能到來的進攻。林蔚遂於1941年11月
建立參謀團進駐雲南昆明，實地考察雲南各地形勢與陣
地，規劃軍隊部署與防禦，並擬訂作戰計畫。12月，日
軍果然實施南進，林蔚於雲南持續指導防務，並監督遠
征軍的建立。

　　以上即1941年林蔚日記之概況，日記於是年12月
結束，惜未有次年遠征軍入緬之紀錄。幸而，林的一份
遠征軍檢討報告，補足了這段史事。

三

　　《林蔚文抗戰遠征日記（1942）》，即第一次緬甸戰役結束以後，林蔚所編撰之檢討報告，共裝訂成三冊，內容多以紀日呈現，類似國軍陣中日記，故本書以現稱名之，並將三冊合訂一冊出版。

　　先是，第一次緬甸戰役國軍大敗，蔣中正於1942年8月令林蔚將在緬各部作戰經過詳報，並擬定評判優劣各點呈核，限月底前呈繳。（《蔣中正總統文物》，國史館藏，數位典藏號：002-090105-00007-244）由於作戰經過複雜，林在是年9月30日方完成此一報告。報告原標題為《緬甸戰役作戰經過及失敗原因與各部優劣評判報告書》，現今國史館與中國第二歷史檔案館皆有所藏，本書係依據國史館藏本打字出版，此版本收入該館《國民政府》檔案，卷名〈緬甸戰役得失評判〉（數位典藏號：001-072620-00001-000 ～ 001-072620-00004-001）。

　　第一次緬甸戰役是國軍首度離開國土於異地作戰，其勝敗對國民政府影響很大，林蔚親身參與其事。林蔚原先以駐滇參謀團主任身分監督中國遠征軍在1941年底的入緬工作，後以英軍顧慮甚多，遠征軍遲至1942年2月方逐次輸送，林也跟著於3月初從雲南昆明推進到緬甸臘戍，參謀團隨之改稱駐滇緬參謀團。蔣中正明示參謀團的角色是指導中國入緬軍之作戰行動，並且與英方折衝。於是，第一次緬甸戰役盟軍在戰場上有三個

高級軍事機構，一為遠征軍第一路長官部，由史迪威（Joseph W. Stilwell）、羅卓英主持，負責國軍指揮；一為英軍總司令亞歷山大（Harold Alexander）的司令部，指揮英軍作戰；一為負責協調聯繫中英兩軍的駐滇緬參謀團，由林蔚主持。

由於參謀團深度參與第一次緬甸戰役，並且遠征軍各部與重慶方面往來之電報，多數須藉參謀團經轉，這部引錄大量文電的《林蔚文抗戰遠征日記（1942）》，可說是記載遠征軍作戰極權威的史料。書中有七章，各章依序為：第一章「第五、六兩軍奉令入緬之經過」；第二章「聯合軍作戰部署之嬗變及第六六軍主力奉令入緬」；第三章「聯合軍指揮權及我入緬軍指揮系統之嬗變」；第四章「在緬英軍之兵力」；第五章「我遠征軍作戰經過」；第六章「與作戰有關之重要事項」；第七章「結論」。其內容主要是依月日記述戰況演變，附有諸多圖表，得較細緻呈現國軍作戰實況。其史料價值除得藉以詳悉遠征軍作戰過程，當中「所見」及關於後勤的敘述，更是本書一大特色。

「所見」是林蔚於《林蔚文抗戰遠征日記（1942）》各章各節之末，或是重要事項之後，反省所有失敗原因與各部之優劣。林蔚畢業於陸軍大學，長期擔任高層參謀，時常思考軍事作戰缺失，對於其親身參與的遠征作戰之所見，可說十分深刻，從各個角度，分析是役戰略、戰術與歷次戰鬥之得失。「所見」並非將作戰失敗責任推給英軍

而已，對於國軍各部包括參謀團在內的責任，都有清楚交代。至於關於史迪威的責任，長久以來為學界探討熱點，書中也有分析，然而並未突顯史迪威個人的責任。所以如此，或是因中美關係影響抗戰前途，當時對史迪威尚不宜過度指責。

《林蔚文抗戰遠征日記（1942）》另以相當篇幅，敘述遠征軍的後勤，包括補給、交通、通信、地圖、翻譯乃至於政治工作。從中可見緬人不支持國軍入緬，導致國軍運輸補給十分吃力，亦可見林蔚雖曾率考察團考察現地，遠征軍全軍仍對整個區域不甚熟悉，加之以地圖不精、翻譯欠缺，在在影響戰事之勝敗。至於通信，更是關鍵，此次國軍首次遠出國門，各部之橫向聯繫，以及各部經參謀團與重慶中央的接洽，都極需通信器材與專業人員的協助，這在書中記載相當豐富。

四

中國遠征軍的出征，為盟軍聯合作戰，關係英美列強，而作戰戰地在東南亞，與該地各不相同的國家、民族、利益相互連帶，可說是外交史、跨國史的一部分；就遠征軍事來說，其牽涉國軍的戰略、戰術、作戰效能，無疑為國軍軍事史上的一個關鍵時期。遠征軍的歷史關涉之廣，重要性之高，至今仍為學術研究重點。

除此而外，國軍軍事機構或高層參謀組織的研究，

為近來學界所發展，如張瑞德所著《無聲的要角：蔣介石的侍從室與戰時中國》（2017），或蘇聖雄所撰《戰爭中的軍事委員會：蔣中正的參謀組織與中日徐州會戰》（2018），都是以此主題為方向。

　　延續著學術關鍵議題，本次出版的《林蔚文抗戰遠征日記（1941、1942）》，彙整林蔚1941年的日記，以及其1942年關於第一次緬甸戰役的檢討報告書，正可提供遠征軍及國軍參謀組織研究之史料。作為研究之基礎，這項史料出版工作若能裨益於學界，實為編者之幸。

　　　　　　　蘇聖雄　謹識
　　　　　　　於中央研究院近代史研究所
　　　　　　　2019 年 8 月 21 日

第一次緬甸戰役地圖

（繪製／溫心忻）

編輯凡例

一、本系列收錄林蔚將軍1941年日記，以及其於1942年
　　編撰之《緬甸戰役作戰經過及失敗原因與各部優劣
　　評判報告書》。前者主要內容係林蔚參與緬印馬軍
　　事考察團之行止、擔任軍令部次長之政務處置，與
　　擔任駐滇參謀團主任部署雲南防務之過程；後者為
　　第一次緬甸戰役國軍失利以後，蔣中正命令林蔚編
　　撰之檢討報告。

二、本系列依原書，例用民國紀年。

三、為便利閱讀，本書以現行通用字取代古字、罕用
　　字、簡字等，並另加現行標點符號。

四、所收錄資料原為豎排文字，本書改為橫排，惟原文
　　中提及「如右」（即如前）、「如左」（即如後）
　　等文字皆不予更動。

五、遇原文錯字，本書於中括號〔〕內註記正確者；原文
　　拼寫英文常有錯誤，本書視其重要性亦以中括號〔〕
　　補正。

六、漏字或補充之處，以括號加按語（編按：）表示。

七、難以辨識字體，以■表示。

八、原文提及諸多地名，尤其緬甸各地地名，迄未有統
　　一稱呼，故林蔚時以不同中文拼寫同一地名，本書
　　為呈現當時命名之複雜現象，不予改動統一。

九、林蔚日記常分點列述，惟其項次偶有不連續者，本
　　書保留原樣，不予改易。

十、本書涉及之人、事、時、地、物紛雜，雖經多方審
　　校，舛誤謬漏之處仍在所難免，務祈方家不吝指正。

目　錄

林蔚文抗戰日記節錄

民國 30 年

1 月 1 日　星期三

　　早七時，直欽縣行團拜後，即乘車赴南寧。

一、今年抗戰之展望（抗戰第五個年頭）：

　　1. 民國二十六年為戰事發動之年。

　　2. 民國二十七年為戰事最苦難之年。

　　3. 民國二十八年為轉敗為勝之年。

　　4. 民國二十九年為敵軍退卻，我軍收復失地開始之年。

　　5. 民國三十年為敵軍總崩潰，我軍大勝利之年。

二、沿途景象甚佳，人民皆大歡喜，惟對陽曆新年似無
　　興趣。

三、至小董暫停，張長官處理蘭村漢奸事件。

1 月 2 日　星期四

　　早七時，南寧出發，晚二時到柳州，戰史旅行於此
結束。

一、南寧新經收復，對於地方警備及一切處理善後之事
　　尚多，似宜設立警備司令專司其責，當由長官部呈
　　請辦理。

二、沿途便橋為待春季水漲便不能用，目前須催建設廳
　　趕快修復原來之固定橋。

1月3日　星期五

　　早七時，車到桂林，因十餘日患牙痛未癒，在家休息。

一、上午王軍長耀武來談重慶生活高貴情形，大體由於囤積居奇，並非真正物產缺乏。

二、清理兩星期以來所積之私人函件。

1月4日　星期六

　　自本日起至下星期一止共三日，整理戰史旅行材料。

　　基於南寧——欽縣間二星期戰史旅行之所得，而分別說明見解如左：

一、敵情之觀察。

　1. 敵人撤退南寧實因兵力不足與物資之困難。

　　按南寧為我西南軍事政治重點，其軍事設備如公路、鐵路、兵房、倉庫、工場等頗費經營，而其忽然撤退乃確有不得已之苦衷，即：

　　兵員消耗太大　據調查，敵十一個月除傷亡者二、三萬人外，而病亡者約五、六萬人，兵員貧乏為敵軍最感頭痛、無法解決之事。

　　物資消耗太大　據兵站估計，敵人汽油每月需 60 萬加侖，其物品之消耗可想更大。據精密統計，敵每月桂南方面軍費需五千萬元，建築尚不在內。

　2. 敵撤退南寧，即無意對我西南表示企圖，消極同時，無異對我中部亦表示無積極企圖也，此乃戰略上必

然之關係。

3. 敵人之政治能力亦極其平常。

就軍民合作說：根本與民眾不直接合作，完全絕緣。

就利用漢奸說：根本違反利用漢奸原則，各維持會情形之可憐可以證明。

就小恩小惠說：間有一、二鄉村小學，但予之者糖菓餅乾，取之者牛豚雞畜，人民豈有愛小而不惜大者。然而漢奸順民仍然很多，此乃非敵人政治能力高，實因我自己政治力量大衰弱故也。

4. 敵軍之精神一半良好，大半變質。

軍事教育：確具有「確實周到與嚴密」之精神，無論在戰術上、築城上及其他一切措施上均可見到。

戰爭心理：厭戰失望悲觀，在函件、日記中常可見到。

生活行動：驕縱浪慢，此為日本新陸軍文化之變質，係一死證，小戶人家作大家排場，處處模倣濶綽，米、酒、罐頭、妓女，搶、奸、騙。故就整個觀察，尤其精神方面，敵對我實不能積極的再作進一步之侵略，此後就看我自己有沒有反攻力量耳。

二、我軍應努力之事項。

1. 軍事上

培養軍隊本身力量	軍政範圍	另研究
加強軍隊戰鬥力量	軍訓範圍	另研究

2. 政治上

提高國民與基層幹部之軍國民教育

澈底實施國民公約

3. 精神上

旺盛勿消極　　針對敵人戰爭心理

確實勿虛偽　　效法敵人軍事教育之精神

三、此後在訓練上特別注意事項，基於戰史旅行心得：

1. 戰術上各項目（如攻擊、防禦、追擊、退卻、行軍、陣地戰、河川戰、森林戰、村落戰、夜間戰）之重點與其特性所在，務須明察記憶演練，使各級指揮官真正通曉原則，真正能適合各戰鬥之特性，不至臨時指揮發生錯誤。

2. 築城研究　勿迷惑於技術，亦應處處以適合戰術要求為著眼，並須顧及敵情。我軍現在毛病乃為築城而築城，並非為戰術而築城，所以工程雖費，而效用終不著也。

3. 對只證明如果我軍採用疏散單人坑，則損害甚少，故在戰線對敵飛機並不足怕。

4. 對敵鐵絲網須訓練剪線（破壞）班，每連至少一班，平時配足工具、刀、剪之類。此項工具由師長或軍長購發，平時不斷演練純熟，則戰時自易實行也。敵人工事並無其他特點，最要者即鐵絲網。破壞鐵絲網切不必靠工兵，必須步兵自負其責。

5. 步砲協同，無論攻防，人人知道重要。但協同之要

則有二：連絡密切，與觀測一致是也。此二者最要是觀測一致，次則連絡密切，是以步砲兵前線指揮官用同一觀測所或兩者觀測所同在一地最好。步砲協同平時演習不熟，戰時短時間內決得不到良好效果，此不可不悟也。

敵人陣地步砲各指揮官之指揮所與觀測所常並列一地，兩所中間貫以通音筒，此筒且接直至監視哨所，對於觀測一致與連絡密切兩要則完全做到。

6. 對毒氣防範方法亦須平日演練，即在平時施放較輕量之毒氣，指揮官兵之應取之行動，練習一、二次，則官兵膽力漸大，臨戰時亦能從容不懼。170 師之一團曾得此效果。

7. 凡一次戰鬥訓練之後，必須使其部隊長隨後即作戰鬥要報，限時交出，養成習慣。凡戰鬥訓練注意及此者甚少，無怪各部隊都對戰鬥要報盡加忽視也。

凡團以上之單位，戰時其司令部必具左之四項要件：機密日記、陣中日記、作戰一覽表、作戰一覽圖。此四者如果實施完備時，則製作戰鬥要報、戰鬥詳報不成問題，否則全憑事後記憶杜選〔撰〕，難矣。現在學校教育能確實指出指點者亦無所聞，此蓋方法問題也。是以教育必須有方針作為精神之表示，然欲達到其方針，貫徹其精神，則對任何部門、任何項目均須研求其方法，有方針而無方法，仍不能達成其目的。

1月9日　星期四

在廳照常辦公，研討整飭桂林軍風紀與防毒之、防毒之材料事。

一、共產黨有在桂林開大會消息，且共黨人員在桂林頗為活動，茲為防範計決定如左：

　1. 十八集團軍辦事處照規定依限撤銷，其通訊機關停止。

　2. 其宣傳通訊聚會機關嚴密監視，如有違法者依法處理。

　3. 密查其大會日期地點。

二、訂定其宣布在桂林軍人服裝行動整飭辦法。

三、部隊所領之漂白粉有轉售於民間之事，此種漂白粉如普通發給，效用少，而因攜帶困难，反有轉售之弊，不如僅發至戰區存儲，不但消耗少，且視必要有充量使用之利。

1月10日　星期五

在廳照常辦公，上午赴防空班講評，下午幕僚會議。

一、憲兵劉團長來見，指示二點：

　1. 現在憲兵不及從前，刻下第一步要調查明曉各地憲兵所犯之毛病，尤其沿公路線擔任稽查者。

　2. 嚴密偵察共黨在桂、粵一帶之活動情形，偵察清楚然後處理，方有把握。

二、幕僚會議說明旅行所見敵軍之優點與我軍之缺點，

及今年上半年江南方面之作戰指導方案，下星期三
交出，各高參分三組合作。

1月11日　星期六

在廳照常辦公，閱讀石原氏世界最終戰論，晚間複
讀「行之哲學」。

一、沿途稽查機關林立，檢查煩複，弊病百出，人民痛
　　苦，物價飛騰，須澈底改革其法。

　　1. 關於貨運者　應由中央統一組織健全其機構，而主
　　　要設置於沿邊要地點，其次則於省境要點，此外一
　　　律撤銷，俾得暢行無礙。如此則弊清貨暢，商便價
　　　平，反此則禍國殃民之政也。

　　2. 關於奸宄者　各地警備司令部、保安司令部負維持
　　　治安、稽查盜匪之責，不涉貨運漏私之事，如此則
　　　不至於擾民。

二、審定整飭桂林軍風紀暫行辦法。

三、派員點收桂林外圍國防工事，並移交於第四戰區。

　　現代科學精神在於確實，我國之不及敵人及歐洲人
　　者，其主要精神在此不確實，即虛偽到處發見，無
　　論在求學上、言論行動上，留心體察，均犯此病。目
　　前最流行為獻旗致敬，無論學校、機關、團體，以及
　　各界各方代表等，紛紛獻旗。發動之初，固出熱忱與
　　相當意義，久而久之則獻者、受者等於例行，流於形
　　式，而最終所得不過徒此紛擾與增加流弊而已。

其他如國民公約及一切口號、一切設施，亦大都在表面功夫比較側重，而欠缺確實之精神，此為吾人一般之通病。

一、審定江南作戰指導方案，整理上呈。

二、赴緬考察準備：英在東方港海空實力，日南進時之作戰交通運輸情形。

三、參補班下期教育之教育會議

  1. 培養確實精神：學術上無論戰術、築城、戰史等，對各項目須洞察其特性，了解其精神，勤務上必求能確實實做。

  2. 培養旺盛精神：自主的、求進取的、積極的。

四、桂林、柳州各地檢查機關複雜，謀連合檢查辦法，以期周到之中，減少軍民之不便，且減少檢查所發生之弊病。

五、確定現行糧食機構建議案。

1月12日　星期日

在廳照常辦公，閱書同昨日。

一、上午至椰子岩致祭俞星槎靈柩。

二、友人討論物價，戰前與現在其指數約高五倍（如浙、桂、湘）至十倍（川省、重慶），將來尚續有上漲之可能，欲平衡物價非任何一部之力所可及，乃須財政、交通、經濟三部嚴切合作，一致協同，方能有效而貨暢其流，亦一減低物價之重要原則。現在

則鮮注意及此者，比如：

1. 海關：三小時辦公，積貨萬千，不能迅速內運，不能分散時間，與物價有很大關係，若敵機來炸則根本毀滅。

2. 稅卡：國稅之外復有省稅，耗時而且耗本，公家獲一而商人失三。

3. 稽查：沿線許多點都有，稽查愈多弊亦愈大，成本亦愈高。

1 月 13 日　星期一

在廳照常辦公，閱書同昨日，因牙痛夜間早睡。

一、早七時半，省府禮堂參加擴大紀念週。

二、關於第三戰區部隊與新四軍衝突事件，傳達何、白總副參謀長意旨於顧長官大要如左（午後八——九時）：

1. 停止衝突。

2. 准許該部改道過江，不得逗留蘇南，過江後亦不得攻擊韓部，盤據蘇北。

三、同時傳達顧長電話於何、白長官，其要旨如左：

1. 遵照頃所指示意旨辦理。

2. 但據俘虜口供與檢查文件，新四軍此次擅向蘇南方面行動，係其已定整個計畫，到達蘇南後消滅我游擊部隊及上官、冷欣各部，占領作為永久根據地，與蘇北中共部隊相連繫。

1月14日　星期二

考慮中英合作問題，就軍事著眼。

一、敵如南進，我發動各戰區攻勢，尤其廣東、越南、武漢、南昌方面。

二、中英直北連絡之滇緬線之掩護。

三、必要時部隊入緬支援。

四、滇緬路軍運最高力量之發揮，與雙方運輸之統一調度。

五、情報與戰術上所見之互助（敵慣用之戰略、戰術方式等）。

六、發動華僑對兵工人員之幫助。

七、我陸上空軍根據地或機場之利用。

八、聯合作戰軍之編組與其指揮系統。

九、其他補給、運輸、衛生、錢幣、通訊、連絡諸事。

1月15日　星期三

赴參補班會議特二期、第五期教育事宜及幕僚會議。

一、對特一期學員訓話：

    1. 求學自修要領
    2. 攻擊敵陣地要領　　　　　}基於戰史旅行所得

二、對參補班教育方針指示：

    1. 培養確實精神不虛不浮
    2. 修養旺盛精神　　　　　}基於戰史旅行所得
    （自立的、進取的、積極的）

三、今年敵情判斷：

  1. 準備或實行南進侵略。

  2. 截斷滇緬路交通或進犯昆明。

  3. 對我國各戰場有小規模現地攻擊。

  4. 對我淪陷區積極掃蕩工作。

1 月 16 日　星期四

  在廳照常辦公，下午會報，上午黨政軍談話會。

一、52A 部隊開拔後，留其政工人員復行監視軍風紀，故軍民相得。

二、部隊到達一地或開拔一地，常因兵員不足私下拉人補充。

  以上兩件均堪注意。

三、吳參謀長回柳州，關於四戰區商洽準備事項。

  1. 安南革命黨員之組織與訓練及其經費事項，此後照中央指示進行。

  2. 入越用兵之道路應以高平、鎮邊、平孟為主，而就龍州方面為一側之掩護，上思、思樂方面為游擊部隊活動區域。

  3. 對欽州方面，敵重行登陸，只作萬一之預防可矣。

1 月 17 日　星期五

  在廳照常辦公。

張長官洽商事件（轉請示何部長、俞部長者）：

1. 四戰區如為將來作戰計，仍舊保留時，則須健全其
   機構如左：
   運輸力量、鐵肩隊、兵站人員汽油等。
   黨政分會。
2. 如將來入越計，應先期準備者：
   安南逃叛部隊之收容訓練。
   安南革命黨員及回國之華僑之組織訓練。
   安南內部之情報設施。
   以上各事均有待於經費，請先撥百萬，實報實銷。

1月18日　星期六

在廳照常辦公，讀行政三聯制大綱。

赴緬考察事項：

一、軍事（兵力、軍事設施、補給力、精神訓練、作戰
　　計畫要旨、統帥機關、軍事地理、戰爭心理【對我
　　與對敵】）。

二、政治（英緬感情、一般行政、特殊設施【管理、防
　　範、待遇】、社會生活、教育狀態）

三、經濟（出產物、經營營事業、稅收、商業、歲出入）

戰史旅行之認識：

遵守原則與否為戰鬥勝敗之原則，故作戰非遵守原則
不可。

我方

　11330 任務破壞道路、襲擊敵人，而用攻擊原則去做，

結果陷於不利。

桂南追擊而用攻擊陣地原則去做，故結果失敗。

敵方

欽州上陸時主力上陸與一部上陸方法，道路、河川之利用等等非常周到。

崙崑關——欽州則一條連絡線，而能運用部隊極其自如，或行包圍或行掃蕩，皆由於能遵守原則之故。

有關於裝備方面之認識：

對敵飛機　崑崙關作戰受敵機損害甚少，鎮南作戰因利用散兵坑，受敵機損害亦少。

對敵砲兵　我損害亦少，且我砲兵素質並不比敵低劣。

對敵毒氣　欽州追擊並無大害。

可見敵裝備雖較優於我，然並無特別大害。

敵攻擊力不過有限制目標攻擊而已。

敵防禦力亦不過如是，崑崙關攻擊我們得到教訓，如果應用原則，對鐵絲網有辦法時，則防禦陣地仍可攻擊陷落也。

對小部隊檢討最為緊要，但最要是戰鬥企圖旺盛，一切都要以戰術為著眼。

1 月 19 日　星期日

在廳辦公，閱讀行政三聯制及其他雜項書籍。

一、審核江南作戰指導方案，尚待修正。

二、審核對敵陣地攻擊之要件案，係根據幕僚會議樊高

參之整理而須重加修整作為完全之案，而集典令、
教令攻擊據點之大成者。

三、商請蘇聯巴顧問擔任參補班化學教官。

四、關於糧食機構建議案，今日重加審查。

1月20日　星期一

準備赴渝。

一、李漢魂事。

二、西南同盟支部事。

三、江南鹽務局。

四、王澤民轉達白副總長事。

五、運輸副總司令部事。

六、糧食機構事。

1月21日　星期二

由桂赴渝，閱國際新聞第七十四期。

一、上午八時由桂飛渝，十二時到達，寓嘉陵賓館。

二、馮高參將考察團發起原由與團員名單見告。

三、晤白副總長、徐部長、賀主任、商主任、劉次長、
錢副廳長諸公。

四、對考察團員似應加入海軍人員。

五、對考察團任務達成上應有兩項之準備：

（1）遠東軍聯合作戰之指導腹案。

（2）緬印各地軍事之考察　兵力、軍事設備（要塞、

軍機場、倉庫、兵工港、交通修理廠、衛生機構
等）、訓練（含精神）、補給力、兵要地理（假定
區域）。

1月22日　星期三

上午謁李長官、陳院長，中午警報，下午四時參加
會報。

一、謁李長官及夏總司令，談我國地廣人多，此後抗戰
　　建國最要注重政治基層組織與經濟組織，而經濟組
　　織則為鄉村間之貿易、金融、倉庫、運輸諸事。

二、下午會議提議如左：

　　1. 第四戰區長官部所屬兵站機關之充實，對安南黨員、
　　　諜報之經費。

　　決議：前項交軍令部、後勤部商定後，次呈委座核奪。

　　2. 第三戰區顧長官以須派兵江北，在江南方面請增加
　　　兵力。

　　決議：軍令部再研究前三戰區增兵案。

　　3. 各戰區軍糧不能圓滿解決，請改善糧食機構之意
　　　見案。

　　決議：交有關機關研究，由軍政部召集。

　　4. 浙贛路運輸力請設法保持，勿再衰弱。

　　決議：由軍令部核辦。

1月23日　星期四

上午研究考察事項，中午赴李、白二公宴，下午赴委座賜餐。

關於考察事項擬定如左：

1. 考察業務：

（一）考查日期與行程之概定。

（二）考查事項之分配（屬於鄰邦兵備者、屬於兵要地理者、屬於補給者）。

（三）攜帶必要之圖書。

2. 共守規則：

（一）言論態度。

（二）禮節時間。

3. 其他事項：

（一）服裝。

（二）佩章。

（三）卡片。

（四）禮。

（五）護照、經費等。

1月24日　星期五

上午在寓，下午會報，晚遵命陪宴英武官及大使等。

一、此次赴緬，關於通知英方希望參觀事項之擬定。

二、到緬後首先進行之事項有二點：

1. 以我所擬「策應英國遠東方面」之作戰計畫為基

礎，與英方交換「全般作戰協同」之意見，再決定
其方案。

2. 依前項決定之任務，再商及使用兵力、指揮經理、
補給衛生、情報交換、宣傳合作諸問題。

3. 基前兩項之洽定，再實施現地考查與參謀旅行。

4. 策應英遠東軍作戰，其範圍包含我之第七戰區方面。

1 月 25 日　星期六

上午在寓，下午赴銓敍廳訪友，天氣頗寒（F47°）。

一、上午同馮高參、侯參謀長、陳科長等審定赴緬印考
查之分班與各班之業務分配、各員一般守則、預定
考查之日期及行程。

關於英方說明我方希望考查之事項、規定攜帶之圖
書等。

二、對於日方南進之觀察：

1. 日閥侵略之傳統性與其貪得冒險性，如明治大帝北進
南進國策、田中併吞中國雄視世界奏摺，如甲午之
戰、日俄之戰、77 之戰，無一非侵略，無一不冒險，
因此推測其南進亦必實現（歷史觀察）。

2. 近衛之政策為東亞新秩序，而達成之道有三：（一）
高度國防體制，（二）日德義同盟，（三）南北並進。
今（一）、（二）兩項既已實現，則（三）項亦必
實現（趨勢觀察）。

3. 南進之方式有二：（一）加強瓊島，控制泰越，以威

脅南洋，先求獲得經濟有利條件，然後視機會漸擴展其勢力圈。（二）與德、義相呼應，毅然以武力攻擊新坡、荷印，前者以陸軍由陸上蔓延為主，後者以海陸軍武力攻擊為主。

三、凡舉一事，必先將宗旨目的考慮成熟，然後基此目的妥訂進行計畫，使毫無缺憾，於是方發表此事、發表主辦此事之人，庶不至所擬計畫離開目的，所用之人不合目的也。

四、凡培養中級軍官須注意促成其至少通一國外國語文，此在人事運用上、教育上均有關係。比如一軍校學生，其在中學習某國外國文時，則進軍校後亦應令其仍習某國外國文，不可聽其半途改學，如此則事半功倍也，吾人年輕不明此理，至三易其所學，終則一無所成，可嘆。

一、整理攜帶出國行裝與書籍，而書籍分軍事（我國基本兵書、抗戰所得經驗、敵情概要）及委座政治哲學、軍事哲學、革命哲學諸書。

二、研究如何方能達成此次使命：

1. 如何堅定其與我軍事協力之心理，啟發其與我軍事協力之觀念。

2. 如何考察方法才能適合我之目的，滿足我之要求。

   a. 依軍事協力計畫為準，而搜集作戰上需要之各項材料為備，策立作戰計畫之基礎。

   b. 扼要考察其遠東方面之兵備，而推斷其戰時之實力。

三、誘導各團員自尊、自重、自勉心理。

四、請訓。

1 月 26 日　星期日

上午在寓，下午出外照相會晏勛，甫曉自修。

一、與鄭處長冰如研究敵人全兵力及其改正兵役之故：

  1. 取消後備役，其年限加入預備役，又延長補充兵役年限。

  2. 戰場部隊悉改為現役兵員充當，而取銷其立體制度。

二、我與英國在世界戰爭立場上有何共同之點：

  1. 同為保障人道、世界正義、人類自由而戰。

  2. 歐洲之德義亦由亞洲之日本，英抗德義亦由中國之抗日，同為求打倒東西遙遙相對之侵略惡霸。

  3. 遠東方面更有直接緊密關係，尤其滇緬唇齒相依，滇緬安定則馬印兩地亦自然無萬一之慮矣。

1 月 27 日　星期一

上午在辦公廳召集團員開工作審查，下午委座訓話，晚間研究敵情。

一、上午八時開考察團工作審查會：

  1. 研究工作大綱，並各組自行分配業務。

  2. 各組自行規定考察事項之表格。

  3. 特別指示事項：充分研究圖書，報告須逐目整理，言論一致。

二、委座訓話（下午四時於辦公廳）要旨：

1. 行動、態度、言語不可失禮，勿為人所輕視，以補我智能之欠缺。

2. 知之為知之，不知為不知，務要懇切，實在不可偽裝不知為知，是為人竊笑鄙視，故真實、謙虛為第一要訣。

3. 凡要考察事項，必先自己充分準備，且須先徵詢其同意，如其不欲，切不可勉強。

4. 對華僑之歡迎者，尤須酌情處理。

1月28日　星期二

上午訪友，下午在寓，晚赴唐先生寓晚餐。

一、讀泰、越、緬及馬來亞各地之人文地理。泰、越與我國脫離政治關係後，日本伸張其國力，恣意經營，如今越、泰兩國幾為其勢力所控置，以為南進及建設東亞新秩序之基礎。越泰和議成熟後，其勢力必益且鞏固，而英國之緬印則日益感受其威脅，即英國整個東方之勢力權權利亦將日益衰弱或喪失矣。

二、鄂西北方面敵似有蠢動模樣，但自南寧撤退以後，敵再無深入企圖，以免自陷泥淖，鄂方之動態蓋所以掩飾其消極之暴露與南進之積極也。

1月29日　星期三

上午晉謁委座，下午糧食會議與會報。

一、委座訓示去緬甸以前，須與商主任多多與英武官
　　談話。

二、對於糧食問題何等重大，而竟以敷衍了，此會議可
　　嘆可嘆。

三、總顧問席上再三說明中蘇民族之合作與中國內部之
　　團結，方能打倒日寇，打倒破壞世界之文化者，方
　　能得到最後抗戰勝利。其一片苦心令人感動，就吾
　　人今晚精神之表現，中共似不能離開抗戰立場，而
　　與我方加大摩擦也。

1 月 30 日　星期四

　　上午訪友，下午在寓閱讀委座對陸大十六期畢業訓
詞及糧物籌理辦法實施綱領，晚赴陸福廷晚餐。

一、杜軍長來談，此間兵工廠第十廠能造三七及七五砲
　　彈，每月八千發，第五十廠能造機三七步兵砲及迫
　　擊砲與 105 砲，每月造三七砲有六——八枝，其他
　　煉鋼廠能煉鋼每月一千二百噸，又材料檢驗所、彈
　　道檢驗所化學室均甚新穎精良。

二、對於豫方向，確山、春水鎮北犯之敵，如能在其側
　　後使用一軍機動挺進，必能予敵以打擊，而阻止牽
　　制其北犯之企圖也。

1 月 31 日　星期五

　　上午在寓，下午會報，晚夜閱英國陸海空軍準備

情況。

一、中共之最大弱點有二，必須切實反省改革者：

1. 下層幹部極無紀律，收編匪類，擾害良民，使民眾對於中共漸次借用同盟真相。

2. 以團結抗戰為名，實際自私，希圖擴展勢力，其利用機會自私自利，任何宣傳，國民洞見其肺肝。

二、對於豫境敵人進犯之所見：

1. 敵人之進犯決非總攻開始，因敵軍係由各戰區中抽調而來，並非新增兵力，因其兵員缺乏也。

2. 敵人之進犯決非占領地盤，因敵人之兵員最忌陷於一地，長久不斷消耗也。

一、現代軍官之學問智識必須具國際化，而余之修養則覺欠缺，此後必更努力前進。

二、凡派遣國際考察人員，必須在國內富有經驗者方可，否則結果收效必甚淺淺薄，而一切準備亦必甚為幼稚。比如此次出發緬甸準備擬定考察各種表格，除後勤部派林相尚能精密適用外，其他均未見中肯，仿彿學校裡課程一樣，是因沒有切實經驗之故，蓋其學問並未造詣到實際功夫也，如此出國考察必事倍而功半，徒然浪費人力財力而已。所以舉凡一事必先熟慮深思，把握要領，然後發表，方不至為周圍動盪空氣所左右，而移易原來之本旨也。

三、此次考察之意義與本旨在確實步入世界戰之一環，而與英國在遠東方面相互合作，相互協力，而最前

　　提則在維護緬甸之安全與排除馬來亞之威脅。

四、基於右之本旨，此次考察之目的主要者如左：

　　1. 求聯合作戰之協調。

　　2. 求認識戰時英方遠東之實力。

　　3. 求我方將來使用兵力之適度。

　　4. 求戰略上運用之有利。

　　5. 求戰術上措施之得宜。

　　6. 求戰時補給之暢順。

五、因此考察之事項分為二類：

（甲）關於鄰邦兵備者。

　　1. 兵力：駐緬陸空軍兵種兵力番號、印度能轉用兵種
　　　兵力、戰時最大限度之兵種兵力、遠東艦隊之艦種
　　　數量力量。

　　2. 軍事設備：各要塞名稱地點性能、軍港設備、機場
　　　地點設備、對空設備、交通之修理設備、倉庫地點
　　　與內容、衛生機關之收容量、兵工修理廠之種類與
　　　能力及原料情形。

　　3. 戰鬥力：英軍及地方軍戰爭心理、訓練程度（技
　　　術、體力、紀律）、編制與裝備情形、軍官素質生
　　　活行動。

　　4. 補給力：主要交通線之運輸力（工具、人工、速
　　　度）、主要倉庫之設置地、可由印度轉運之補給品
　　　與數量、就地生產或製造之物品數量。

（乙）兵站地之所在。

（乙）關於兵地理者。

1. 緬甸東部一般地形及有利戰場與可使用兵種（對泰國國境地形之一般觀察、攻勢地區、守勢地區、山地障礙程度、地質等）。

2. 通泰國各道路與交通狀況（公路大道、路面、路幅、土質、下雨時、修理易否）。

3. 河川之狀況（河幅、水深、流速、兩岸橋樑、舟隻種類數目等）。

4. 預想戰場內之宿營給養力量（重要村鎮、住民、房屋、物資、飲水、風土病等）。

2月1日　星期六

　　上午閱列強海軍實力比較，下午閱英國陸海空軍之準備情況及委座訓詞、糧食籌理。

一、中午陪英大使及英武官宴酬，遂融洽。

二、晚奉委座賜宴，陪顧問福爾根及崔克夫武官。

　　委座對福顧問十分褒獎，並即席贈勛章，顧問十分感動，崔武官亦十分羨慕。

三、福顧問對於戰略上著眼與余相同，而余所不及者，乃其率直自信之精神，此種精神，凡軍事將領必須具備，余甚自愧之不如也。

四、崔武官亦富於經驗，為一優秀軍官，惟關於政治上修養似尚不及福顧問也。

　　中央辦事就本人所見，其毛病有二。

一、酬應嫌繁。

二、開會過多。

　　因此使許多重要幹部之精力，耗費於奔走言論之中。質言之，即使各高級人員減少埋頭苦幹之時間，而終日忙忙碌碌於非實際工作，竊以在此抗戰建國當中，若非實事求是，埋頭苦幹，於事實仍無際也，故宜對於酬應力求減少，而對於開會亦宜慎重，敷衍之會不如不開，如一經開會，則必力求貫徹研究，澈底解決，如此則精神存在，方不枉費功夫也。

一、審查考察團各種考察用之表式。

二、於本月初六以前一切旅行之準備完畢。

三、與英武官再接談一、二次刺探其意見。

四、請各長官於旅行前訓示方針。

五、函復李主任任公報告一切。

六、研究保護緬滇路之作戰計畫腹案。

2月2日　星期日

上午在寓，天氣放晴，下午出外，遊覽訪友。

一、到重慶後遇天氣真正清朗者，今日為第一日。

二、傍午松桓偕啓湯同樂，據云同學數百人分發東南各省見習者均在此待車，而實際交通車擁擠，無法購得客票，只好在宴株守購票機會等語。

三、此間生活狀況觀察如左：

1. 勞力與經商者並不窮乏，惟養成其高貴生活習慣，易陷社會經濟於險境。

2. 公務人員高級者，因平時有儲蓄，尚無困難，尚能保持其固有生活，惟低級人員則頗惴惴自守，殊覺艱窘也。

2月3日　星期一

上午紀念週，下午會報。

一、赴緬考察工作預定大綱：

1. 考察前之準備（另定）。

2. 考察之實際。

3. 考察後之結論與所見。

二、徐部長商談二事：

　　1. 戰史編纂之人選。

　　2. 陸大研究院之辦法與主任人選。

　　對於第一項答以吳石最為相宜，因性情、學歷均覺相宜。

　　對第二項意見：

　　1. 研究院為陸大教官之製造所，其條件：（1）須推陳出新（人事上、學問上），常保持必要人數（卅人）；（2）須分組研究（鄰邦兵備、戰史、戰略、戰術、後方勤務、諜報宣傳、政治、濟經、國際與國際公法、海空軍戰術）；（3）人選教育長兼任；（4）研究員、各組主任，中外軍事學有素養有經驗之軍官；（5）研究員，中外陸大畢業而曾任部隊長有年者；（6）任務求軍事學之日新，求軍事學之獨立。

2 月 4 日　星期二

　　上午在寓，下午外出訪友，中午警報，閱敵軍火生產力之調查。

一、此次赴緬感想，吾人近於為外交策略上之一偵探哨兵而已。英國紳士態度，非到不得已不肯說出並肩攜手的話，他認為他乃是站在援助我們的，不是出於自救的，所以吾人赴緬，他認為一種軍事觀光，不是有所商討。但是他的內心感覺到如此國際環境，是否要我們軍事上互助呢，是否肯直捷的表示

協力呢，此則為吾人此行之任務，亦即偵察探哨兵之任務也。

二、觀日本軍火生產力中，飛機、唐克、汽車數量頗大，足見其軍事上追隨時代頗為努力。

2月5日　星期三

上午赴黃山，委座賜午宴，賀、商同席，下午會報。

一、委座訓示各點：

1. 如赴緬印見其當局，我階級不可超出其上。

2. 我不可有向其請接濟軍需物品之表示，關於此事可說已由中樞接洽辦理。

3. 對滇緬路運輸力量、防空、行車紀律等必須速澈底改善，最好偕俞部長同往。

二、丹賀會談摘要，丹之表示：

1. 兩國協力最有效之方法為中國牽制日寇，使打破其南進企圖。

2. 粵方之互助。

3. 機場之準備。

4. 英國可能範圍之協力。

2月6日　星期四

上午赴軍令部辦公，下午程副總長、徐部長訓話，晚孔院長餞行。

一、上午對於遠東中英協力計畫腹案加以審定。

二、下午程副總長及徐部長訓詞大意：

  1. 儀容謹肅。

  2. 態度安詳。

  3. 言語溫和。

  4. 行動謹慎。

  5. 問禁問俗。

  6. 注重禮節。

  7. 留心考察。

  8. 說話小心。

三、孔院長訓詞：

  1. 對於各國風俗不同須先研究。

  2. 對於言語舉動熱心，須自知係代表軍隊，民族關係格外要注意，使勿被人輕視，使僑胞欽敬。

2 月 7 日　星期五

    上午到部辦公，下午會報，晚白副總長晚餐，本團談話會。

關於到緬印時必要談話材料之準備如左：

一、關於敵方者：

  1. 敵之兵力總數，使用於我方數量，所餘數量：陸軍若干、空軍……、海軍……。

  2. 陸軍師之編制與裝備若何。

  3. 空軍驅逐機、轟炸機之種類名稱如何。

  4. 特種砲兵、戰車之數量及使用於中國戰場數量。

5. 敵軍常用之戰略、戰術及其特種戰術如何。

6. 敵軍歷年傷亡之數量。

7. 敵軍目下之戰鬥力如何。

8. 敵軍此後主要之企圖如何及其理由（南進、占領滇緬路）。

9. 敵國財政資源之一般狀況若何。

10. 敵軍在華作戰主要將領姓名。

二、關於我方者：

1. 我抗戰國軍第一線兵力與後方兵力若干師或若干萬人。

2. 我師之編成概要。

3. 我裝備上之缺點何在。

4. 我國軍之特長何在（富於革命精神，勇敢服從耐苦）。

5. 我軍歷年傷亡之數目。

6. 我軍戰術上之特點（因時因地）。

7. 我抗戰戰爭之特性。

　　為世界公理正義而戰，為求民族生存而戰，有堅決得到最後勝利之自信心，不以一時戰鬥勝敗而動搖抗戰必勝之心理。

　　兵員在全體國民，物資在全部國土，到處可以作戰，不以任何一地得失而影響抗戰全局。

　　兵員眾多，地形險要，土地廣大，任何戰線擴展皆認為於我極端有利。

8. 關於新四軍事項：整飭軍紀加強抗戰、純係軍令不

涉政治、軍隊內部之事無關國際。

三、其他事項：

  1. 對華僑說明祖國抗戰情形如左：

    國軍富於革命精神（服從、勇敢、耐苦、意志堅強）。

    國民全體同仇敵愾（軍民合作、抗戰情緒緊張）。

    抗戰建國（政治建設、經濟建設、軍事建設）。

    國際情勢之有利。

    敵占領點線而我則控置全面，以面制點線，故敵愈消耗愈衰弱。

  2. 中英共同協力之主要意義何在，如左：

    同為維護人道保障、世界正義及爭取人類自由而戰。

    歐洲之德意亦由亞洲之日本，而中英兩國同為求打倒東西遙遙相對之侵略惡霸。

    遠東方面更有緊密關係，尤其滇緬印唇齒相依，滇緬安定則馬印兩地亦自萬無一失。

  3. 對於世界全般戰局之見地如何：

    日德義為一戰爭集團，中英美為一戰爭集團，至為真確明顯。

    日因對中國戰事無望單獨解決，德義亦因對英戰事難以單方面解決，於是成立三國同盟，其目的在求先共同解決英國。

    德義如對英本國或地中海方面發動真面目攻勢，則日本亦必在遠東同時發動南進軍事，其時期並不甚遠，因日本並不肯待到 1942 年英美之擴軍成就也

（尤其空軍）。

戰爭原則，凡聯合作戰，先須合力擊破對方較弱而關係較切於我較有利之一國，則英如先以相當力量解決日本，蓋以英美空軍撲滅日本之海空軍乃輕而易舉之事，日本海空軍撲滅後，不但中國陸軍可以揚眉飛躍，而東西資源可悉數供英國對德義戰爭之用，而可以用經濟策略降伏德義為無一失，故也。

2月10日　星期一

上午在寓整理行裝，下午二時起飛赴昆，住沈司令辦公處。

一、下午六時到滇，同行有多人在機上嘔吐。

二、飛行四小時，中間三小時飛行所見景象：

多荒山、多燒山、少房屋、少耕地。

三、龍主席明日約四時半見面。

四、晚在劉師長寓晚餐。

五、昆明街道尚通達清潔，惟近郊無防空設備，民間上午十時以前下鄉躲避警報，下午二時以後方回，故下午三時以後方有市面。

2月11日　星期二

上午赴西山何總長請訓，下午謁龍主任，本日留滇調查滇緬運輸事。

一、上午八時會報，研究考察滇緬路運輸事項及其注意之

點如左：

1. 道路：面、幅曲、坡、橋洞、通信、油站、警備、
   培養。
2. 車輛：種、數、管理、修理、汽車油料。
3. 行政組織：管理、調度、組織、訓練。

   以上為調查之事項，其注意之點有三，如左：

1. 現在實際狀況。
2. 缺點與改良意見。
3. 戰時如何加強。

二、何總長訓話要旨：

1. 搜集軍事有關圖籍準備週到。
2. 意志統一精神團結。
3. 不時舉行會報集思廣益。
4. 對華僑應準備告知各點如左：

   a. 愈戰愈強應奉事實。

   b. 戰爭國際化日益有利。

   c. 國內團結，滇防鞏固。

   上午考察西南運輸處，十時警報，下午三時解除，
下午考察中運公司、滇緬局。

一、西南運輸處似大而散漫，汽車1300餘輛，能用者600
   餘輛，此路需要進行者如左：

1. 加強接運能力，現只有2000噸，須加4000噸之車
   輛，1500-2000輛（每月二次，600輛能運3000噸，
   但須有800輛車）。

2. 堆車遞放須有大量之庫房，因臘戍遞放者可望超萬
噸故也。

3. 路上工程：甲路面修理或改用柏油，功果橋樑加設
渡頭或多架橋樑分散配置，尤其路上電話設備缺乏，
對空、行車均不利便。

此外缺點屬於本項行政上者如左：

1. 車輛之檢查修理制度不佳。

2. 配件不足，無製造廠。

3. 司機無食宿，最不易管理，聽其散漫。

4. 車隊長知識能力不足（無技術上能力知識）。

5. 無確定計畫與確定預算（指事業費）。

6. 醫院力量不足（如加新車或代其他運輸機關人員醫
療時）。

7. 行車地區過度廣泛，無法照顧管理周密。

8. 人事地位未確定，使服務者常懷觀望。

二、滇緬公路局約一〇〇輛能行，小而緊張，車亦較新。

三、中運公司車有千餘輛，能行駛者數百輛，行於滇緬路
者180輛。

四、該路（滇緬路）通行之車輛有許多機關，如能統一
管理指揮，則效力大，經費省，弊病少，何故不統
一，莫名其妙。

2月14日　星期五

上午八時楚雄出發，中午雲南驛，考察航空初級班

及修理廠，下午六時到下關。

一、昆明市對於防空設施尚待充分進步，山洞、單人坑、警報、通信、防火。

二、人民生活甚苦，體力亦差，知識水準亦低。

三、昆明——楚雄公路轉彎小，上下坡多，路面下雨時甚滑，路幅如兩車對開不能暢行，路標亦不充分，道房少，無電話，故就道路觀測，不能加大運輸力，否則必須改善以上諸點。

四、一平浪省府辦有煤礦及製鹽廠，規模尚好，每日出鹽六萬斤，將來可到十萬斤，每日餘利三萬元。

五、雲南驛——下關地勢比較開闊，宿營給養比較容易，而部隊早晚必須有防寒裝備，宿營地之飲料亦須相當顧慮。

六、下關運輸機構複雜：中運、西南、資源、福興均有站。

七、沿途學校甚少，教育頗不發達，女子纏腳者尚多，民廣，土質密，小山上多荒少樹。

2月15日　星期六

上午八時卅分出發，中午大理聖巆花園，下午永平，118 公里，人口八千戶，產金、銅、鐵。

綜合滇緬路改善運輸意見之要旨如左：

分區運輸	各機關分區、大區分段	設食宿站	使關機〔機關〕方便且易管理
妥配輸力	責任分明，檢查察勿	沿途巡查	防弊病，探遇險
編號行車	督監週密，管理容易		
整理牌號	工場材料不至複雜 修理力量可以加大 同一牌號者同用於一個區域	增設渡頭	功果、惠通兩渡
統一站務	與分區運輸有關 設備人員均經濟 在一地點不必各運輸機關均設車站	訓練幹部	隊長班長側重技術訓練
注意保養	每日洗刷調整 每千公里加機油 每千五百公里換油 每五千公里進廠檢修	整訓司機	整編餘額則加以訓練
計劃備料	種類、數量，每年須有預計購備，使修理力可以儘量發揮	嚴明賞罰	照規定切實施行
增加車輛	按全般狀況保持必要運輸力	獎勵商車	適當待遇，統一管理
保持路幅	預定六公尺須確保此幅，現下關以西過狹易遇險	專員督辦	選才專任
架設電話	行車與防空均所必需	確定職位	文職或武職

　　經數日滇緬路實地考察之結果，對於吾國辦事竟有所感：

一、欠缺統一合作性

　　要辦之事各自顧到自己立場，各別爭辦各不相謀，各定辦法以至機關林立，人力、財力分散，效力減低，考核困難，弊病百出。同一中央機關同辦一事，同其一路，為何不能統一，為何不知合作，殊無理由。

二、欠缺精密計畫性

　　要辦一事，說辦就辦，未曾全般籌劃，澈始澈終，比如運輸一事，應計算如何經常保持必要運輸力，精密切實於是，路長、車輛、修理、配件、經費等均可依上

之前提而得到精確之數目，不至今日有車今日啟運，明日無車明日停運。今滇緬路運輸，任何人不能說出其經常之輸力，更不能說出其經常輸力是否為其必要之輸力，蓋因無全般澈始澈終之計畫故也。

三、欠缺注重人才

凡辦一事，對於需要人才並未確實打算，或責任不專，或不能勝任，於是雖有辦法，雖然有其人而不獲其用。比如西南運輸處而有四個副主任之多，此顯然不合理者，而主任亦未能專心督辦，且亦非專門人才，此其一；編隊行車，本來甚善，但隊長、分隊長、班長均無技術訓練，對於司機缺乏內行管理之能力，則雖有編隊之良法美意，實際仍不能收獲功效，此其二。滇緬路司機甚少，而實際技術尤其保養技術並不熟練，比如西南運輸處車只千餘，而司機則有四千以上，竟至車輛損壞纍纍，2700 輛車，能行者不逾 800 輛是也。

2月16日　星期日

上午六時出發，八時功果過河，十六到保山，137公里，產銅、銀、金、鐵、米，人口 40 萬、8 萬戶。

一、功果重修新橋月底可竣功。

現用門橋，汽車操綱渡，儘量可渡 200 輛總數，現在籌架浮橋，月底可成，且正籌加闊橋渡碼頭，故對功果過渡問題並不嚴重。

二、瀾滄口功果段小幅約百米，流速 5 米，急時則15米，

水深 1 米——10 米。

三、西南運輸處車輛數目，各處所報不同，很難明確計算，而近似計算則如左：

總數二千六百輛，作廢七百餘輛，現有1820輛（4/10可用），可用800輛，其中滇緬路500輛，黔渝、昆渝共300（最大限），故滇緬路運輸力每月約二千噸，為其極限。

2月17日　星期一

上午由保山，十時過惠通，中午臘猛，下午五時芒市，203 公里。

一、惠通橋能過五噸車，下游渡場未成，上游新吊橋及滑鋼渡正建設中，水深 2-12 米，流速最急 4 米，寬約 100 米。

二、芒市產米菽，多瘴疾，急待開發與發展國民教育。

三、雲南對於土地開發實業振興，風氣開通、政治清明特別重要，故政府方面須注意者如左：

　1.實業政策：提倡保護獎勵民間各種農工業。

　2.政治中心工作：視各地之需要須有確切之預定，上下貫徹。

　3.利用學生假期服務，深入民間，為推行工作之重要補助。

四、芒市擺夷三萬餘，地產宜棉糠 3000 餘平方里，及擺夷有文字，山頭粟粟，各夷皆所不及，土司——阮

——寨——夷人。

2 月 18 日　星期二

上午八時半由芒市，中午遮放，下午臘戌，宿火車上，272 公里。

一、自芒市——畹町到路不甚良好，而英國之路則柏油路（預備照料），且新架電線相形見拙，殊失國家體面，況在事實上，如用柏油路甚經濟也，吾人辦事精神不及外人者在此。

二、芒市附近、畹町附近堆積軍品油類甚多，頗有被炸危險，必須火速努力內運或疏散儲存。

三、下午一時入緬境，土地肥美，人煙稀少，此種現象我西南各省亦有相同，獨此地為尤甚，其故乃英人防範緬人發達政策之所至，執役者印人及擺夷為多。

四、英上尉 Parde（and Disc）在國境相候，每遇檢查則由彼登記，每站如此，不似我國隨便直衝，其守法確實之精神令人敬佩。

2 月 19 日　星期三

上午六時臘戌開車——仰光火車，途中九時到瓦城。

一、上午十時 Disc 大尉告以分組考察之預定，其如左：

　1. 計畫周密：日期、行程、地點、食宿、業務。

　2. 區分高級官與各組考察之分配，甚為得體週到。

　3. 第一組：莫密、康燭、麥瓦低、文元、大勾、景東、

　　老衛、湯夷、密杍拉、陰方、坡密。

4. 第二組：瓦城、眉苗、臘戍、肯輪、康特間、壘壘、八莫、密支那。

5. 第三組：喀勞、坦裕曼、羅倫、勘漢村口、諾墨、特努、雷克、琪漢、荷渡、莫起、同古。

6. 第四組：摩爾敏、可加瑞、梅耶的、城多、摩爾敏土瓦、丹老、勃生（仰光南）。

2月20日　星期四

　　上午十二時五十分車到仰光，下午四時緬總督花園茶會，寓 Stren 飯店。

一、車到站，英方派總司令來接，我國主要官吏均在場。

二、下午茶會，約千人以上，男女繽紛，文武俱備，日本領事亦在內，此會不僅為總督連絡緬印之用，且予日本以暗示。

三、明日對各團員參觀規定事項如左：

1. 兵營（構成、設備、內務）。

2. 訓練（精神、指揮、操作、編制及火力配備）。

3. 兵工廠（製造部門、製造力、組織原料）。

4. 飛機場（設備、空防、容量）。

以上由杜軍長領導前往。

四、整理考察滇緬路之運送力情形報告書。

2月21日　星期五

上午十時拜訪駐緬總司令麥根勞，十一時拜訪總督克任林，下午參觀兵營及飛機場。

一、總司令麥根勞表示：

1. 中英遠東軍事聯合之方案已定否。

2. 遠東全般聯合方案須待遠東總司令濮普漫訪委員長後再定。

3. 關於緬甸方面之協力方案，候請示遠東總司令及候考察團回來再研究。

二、總督表示：

1. 緬滇路之重要。

2. 臘戍不宜多屯物資。

3. 希望共同管理。

三、下午四時考察其兵房於飛機場，感想有：

1. 英在遠東缺少本國兵員，大部利用殖民地之兵員人工，為其缺憾。

2. 表面散漫，家眷均隨營居住，倘國民教育差池，或原無此習慣之國家，不足效法。

3. 正在擴充機場，使用多數掘土平地機器，故人工省而迅速。

上午全體七時半出發考察仰光水上防禦區與煉油廠，下午三時十分。

一、防禦區性質：係仰光商船入口檢查之設備，與要港或海岸防禦之性質不同，蓋並無對敵防禦作戰之性

質也，指揮官係一砲兵中校。

二、仰光碼頭經正式構築者，長約一浬，普通　噸輪船均可靠岸，起重機有三噸者、有四十噸者，甚多。

三、防禦區之防衛：

1. 燈塔：出海河道其航線甚狹，仰光口上之匯流點及距仰光二、三十海里之彎曲點水流尤險，且流沙不定，每至輪船沉沒，非對著燈塔指示與使用入口領港入口不可（引水共24人，領港共12人，已統制），一旦破壞燈塔，任何船難以行駛，故燈塔亦為防衛設備之一。

2. 巡查：外船入口時有巡船檢查，給予通行旗幟懸掛，而砲台則遠望旗幟是否合於暗號，否則不准通過。

3. 掃雷艇：航道常有掃雷來往巡視，以備不測。

4. 砲台距船舶檢查地點約十海浬，瞰制該地港道，有砲兩門，係六吋口徑，附近有探照燈三座，燈與砲之指揮可同在一個指揮所內，歸一人指揮，砲射距十海浬以上。

兵員平時約一連（非英人），據云係去年1940方設置，故一切不甚完備，砲座及指揮所對空、對艦砲之防禦均不充分。

四、煉油廠：距仰光市約五哩，■市邊設置，平坦開闊。

1. 產量：來源距仰光約三百哩之八莫以南地區之油礦，每月出油50萬介侖，飛機油約1/3，汽車油25/10（編按：原文如此）。

2. 人員：英人三十餘人，工人（非英人）約六千人。

3. 油級：提油分兩次，第一次熱蒸法，第二次化學法。
   其第一次熱蒸法之提油程序，飛機油、汽車油、精煤油、粗煤油、柴油、精臘、粗臘、餘渣。
   第二次化學提煉，即將餘渣用化學方法來提機、汽、煤、柴各種油類及洋臘，所餘渣滓再不能提，科學之道，精益求精，是其證也。

4. 手工蠟燭一部門手工機器化，因做封套包燭棚商標等各有專司，其迅速幾同機器，科學之道，分工合作，是其證也。

5. 試驗所檢驗煤油，光力檢驗蠟塊，重量檢驗煤煙多寡，科學之道，實事求是，是其證也。

6. 管理：各部門管理嚴密，門禁尤嚴，似過於軍營。

2 月 23 日　星期日

提要　上下午均在寓準備出行諸事。

一、上午整理行裝，凡不攜帶者計皮箱乙只、紙盒二只，寄存榮總領事處。

二、中午赴華僑商會宴及榮總領事館午餐。

三、下午一時有余寶榮攜來一密函，內說日諜活動消息，並擬在勒戍、愛城中間將不利於吾人，但覺不可靠。

四、晚赴陳處長（西南運輸處）晚餐。

五、十時半上船由仰光開摩爾門。

六、英兵招待，凡飲食起居日用品無不準備周到，不但
　　熱忱可感，而其招待軍官辦事之能力亦可佩也。

七、昨今兩日報告，各組人員均因事繁材料少，未能
　　交出。

2月24日　星期一

提要　上午八時車抵瑪打萬，即過渡至摩爾門，寓該地
　　　官舍。

一、上午到摩爾門，有華僑商學界歡迎。

二、摩爾門有市長（英人）及副縣長二人（內一緬人），
　　華人商業以米、木為大宗，學校四個，中學一，餘
　　為小學，每校百餘人，華僑共約一萬五千人，住民
　　共約五萬人。

三、上午考察：

　　1. 民團訓練團本部有一民團指揮官，其槍械約敷200人
　　　之訓練，為訓練國民義勇軍之機關輪流訓練。

　　2. 飛機場係印度人守備，約一連，有防禦設備，機場
　　　甚少，故設備亦簡良，須擴充。

　　3. 緬甸軍第二營幹部多數英人，士兵係北部緬人，中
　　　餐係市長招宴，一組在營部敘餐。

四、摩爾門本身無險可守，且背河之不利。

2月25日　星期二

提要　上午九時由摩爾門乘船，下午六時到成都——格

克雷克。

一、沿寄河至成都約三十五英里，河幅3-5-8百米，水淺淺只能通河內小輪，每小時行約五英里。

二、摩爾門與馬打萬之渡口，宜對防空有設備，增加碼頭過渡，又葩奔——杜溫未渡河，直似應設備碼頭。

三、成都與格克雷克共有華僑三、四百人，各有小學校一所，對我們甚親摯，商人甚守舊，小學生頗活潑可愛，只有一個黨部所派之指導員在內指導，辦學等事比較尚好。

四、格克雷克居民約六千人，從此至馬瓦地道路不良，四十英里需時約三時，如下雨則需五小時，產米、木，惟飲料頗困難。

五、摩爾門與格克雷克一帶，多牛車可以利用，缺乏騾馬小車。

2月26日　星期三

提要　上午七時由格克雷克出發，下午一時至馬瓦地，四時回中間，宿基地蘇克利。

一、格克來與馬瓦地間山深林密民居稀少，山徑亦少，除公路外通行困難。

二、國境河水深時20英尺，旱季可徒陡〔涉〕，河幅20-100米，無大障礙。

三、該地區軍事上之優點：

　　1.敵大軍，尤其重兵器不易行動。

2. 得以少數兵力拒止敵人。

3. 地方交通工具少，物資貧乏，敵人如前進，大後方頗
為困難，係一天然之國境防禦線也，其弱點所有民防
全係板製，容易起火，且絕對不能行村落防禦。

四、雙方警備皆疏，此方僅有一連軍事警察。

五、泰國通此地道路有新舊兩條，新者70哩，舊者50哩。

2月27日　星期四

提要　上午七時由蘇克利出發，經克格來，沿公路到摩
爾門。

一、克格來僑胞歡迎會午餐，有小學生十餘人，頗精神
清秀，亦能說國語。

僑胞最大缺點，不能國語，缺乏常識，關於開會儀
式以及穿衣敘餐等事皆非所諳，我黨部若不於教育
及新生活方面著手指導，將來必不能得英政府之特
別重視也。

二、下午四時到摩爾門赴華僑周先生之花園茶會，中外
人士畢集，甚盛事也。周為巨商，生長於此，生不
能國語。

三、蘇克利至摩爾門之公路大部待修，與赴馬瓦地之路
相當。晚八時十分赴副市長夫人之晚餐會。

2月28日　星期五

提要　上午七時由摩爾門出發過渡，乘火車，下午二時

半到 Paao，下午五時半開車。

一、摩門周君係華僑巨商，相送情頗依依。

二、勃固有華僑約二、三千人，以米與洋貨為大宗。

三、摩門——勃固中間以 橋梁最為重要，防空設備特需注意。

四、摩門以西係平地，開闊田野，少村落森林，亦易攻難守之地也。勃固以北沿鐵路、公路兩旁均係開闊平野，生產極富，中有河道不甚闊，約百米以內，長水時或較寬也。

五、彬直查亦有華僑，有小孩陳成水甚佳，十三歲，國語頗好。

軍事上觀察：

一、英國陸軍原來甚少，對遠東殖民地乃以防亂為主，防邊次之，尤其在緬甸方面為然，故軍隊數量甚少，不過一旅（若干營）及若干軍事警察隊而已，素質亦複雜，以緬印人為主，英兵不過四、五分之一，裝備亦極平常，甚或不及我國。至於邊防對敵設備向極缺乏，自不待言。

最近以來雖感覺遠東危機日見緊迫，無如歐非方面軍事亦均甚緊張，勢不能兼顧遠東，是以增加兵力擴充部隊一層，難以辦到。其中心想望友軍之援助，亦勢所必至。目前所努力設施者，如機場之擴充、交通之整理、訓練之加緊、出勤之準備諸事而已，其將來預定對緬馬之防衛最大限者，使用若干

兵力尚不得而知，以現狀推測，至多不過三個師團而已。

就空軍使用力量推測，馬緬連合第一線至多不能超過三百架，蓋仰光與摩爾門機場原來甚少，擴充以後可共容百數十架，新嘉坡方面至多二百架，則三百架之數亦頗合理也。

海軍力量是否能控制暹羅灣海面，尚屬疑問，容考察後方能明白。

二、就戰略上著眼，緬泰國境一般山高林密，交通不便，難以使用大軍，故敵以主力由泰入緬之公算甚小，將來敵如南進，必以主力由近路直趨星坡，而另以有力一部分由摩爾門及阿瓦打芝。蓋向摩爾門則以期截斷仰光與馬來亞之陸上交通，使馬來星坡其陸上陷於戰略包圍之勢也。其向阿瓦打芝乃欲達成其截斷滇緬路阻止中英軍之直接聯合，並進而為破壞沿伊洛瓦底河之油礦之目的也。

因此推測將來敵軍進兵之方略要旨如左：

1. 以泰越聯合部隊由景東孟盼向打芝阿瓦（約二師）。

2. 以泰日聯合部隊由馬瓦地向摩爾門（約一師）。

3. 以日軍主力分由曼谷乘車及由□登陸，合力而犯星坡（登陸點係圖上研究，尚待實地考察）。

4. 另以海空軍阻止各地對星坡之增援，並掩護其登陸。

基於以上之推測，吾人應取之對策預擬如作：

1. 對馬來亞上陸空之設防及陸上之防禦設施必須完

整,同時須控制必要兵力以策萬全(二、三個師)。

2. 另以有力一部(二師之軍)由馬瓦地附近採取攻勢,擊破當面之敵而進取加隆,威脅盤谷之後。

3. 另以有力部隊(一軍以上「友軍」)由景東孟盼向東壓迫,而直趨蘭邦。

4. 同時以海空軍控制暹羅海灣,阻止敵之活動,並毀壞曼谷、西貢及其他各要點。

三、就戰術上著眼:

1. 南部以馬瓦地一帶為最好國境防禦線。

2. 中部以蓋根及底興來克及「孟大孟」附近為最好國境防禦線,因為馬瓦底與來克孟太均有敵人侵入之公算,而該地地形險阻,得以少數兵力固守故也,若就積極方面而言,馬瓦地至泰國塞江之克羅克車站南部不過50哩,大寶來克至泰國北鐵路亦有公路可通,至於孟太距泰北巨鎮景邁尤近(70哩),皆三、五日行程便可到達泰北鐵路線而威脅其南部。

3. 就泰緬交界一帶地形攻防之要訣:

甲、攻擊	分進	山林叢雜不宜集大兵於一路，在守者連絡交通不易，勢必分散守備，倘我一路成功，自必瓦解，故宜分進。
	毒氣	叢林陣地目標甚晦，火力不易收效，最易收效者莫如毒氣。
	火攻	對堅守之叢林使用火攻亦易收效，但以不在雨季為限。
	襲擊	地形蔭蔽，易以輕裝潛襲，行白刃戰。
乙、防禦	設伏	攻者前進必利用道路，而叢林之地最易埋伏，使敵難以前進。
	斷後	山林地帶運輸補給困難，如能誘其深入（因山地縱深數十哩——數百哩），而以伏兵截斷其後路，則不難施行局部包圍殲滅。
	消耗	此種地形最好行逐次消耗方法，即逐次構成抵抗線，使敵人兵員物資漸次消耗缺乏，然後一鼓反攻而殲滅之。
	清理	燬舍，該地房屋甚少，如果再行燬舍，則敵必多疾病不能持久。
		徙牛，該地耕牛甚多，為不被敵人利用計，必要時令部遷徙。

4. 其他之注意事項：

甲、兵力集中地以接近國境之交通要點為有利。

乙、部隊以步兵為主體，迫擊砲與手榴彈及擲彈筒等武器宜充分配備。

　　山砲可用最好用山砲、野砲少數可用，但以沿公路之開闊地為限。

丙、戰車使用地區甚少。

丁、無論攻擊防禦，夜戰與森林戰、山地戰等要特別練習。

戊、摩爾門與湯夷之對空設備須從速整備。

己、增加馬打萬與摩爾門間之過渡碼頭，以備敵之轟炸。

增加那邦及太古之渡河力量，並須有對空設
備，沿途公路亦須特別整理。

庚、邊境各要地之民眾組織管理特須加緊。

辛、部隊行動必須攜帶帳篷及蚊帳，而運輸工具必
須預先準備週到，因臨時不易雇夫，並且地方
之交通工具亦缺乏也。

壬、偵探間諜之養成與布置須及早準備，布置特別
重要。

癸、部隊行動必須有撣部土人為響導及通譯，此種
人員每連、每司令部至少二人以上，亦先預先
準備。

甲、地方土人頗重現銀（硬幣），不重鈔幣，此亦
須準備妥當。

3月1日　星期六

提要　上午繼續由勃固北開，下午四時到選榮鐵路終點新樂，汽車，寓湯夷。

一、自瑪打萬──選榮共404英里，共行約三十小時，火車速度每一小時約十四哩。

二、自瑪打萬傍鐵路線至景樂，均有良好公路，同古以北多山地，但不甚高，最高山不過一千四、五百米，喀勞為風景避暑區。

三、此間地方亦大，商店以印度為最，中國人次之，有雲南、廣東、福建等地華僑。

四、湯夷駐軍約一營13營，在此南撣部及東部區兵力據說約有一旅，以緬印人為主體，實際係新擴充之部隊，從前並不駐兵，故營房均新近，設備因陋就簡，此地駐兵專防景樂也。

3月2日　星期日

提要　上午考察湯夷駐軍，下午遊覽，晚宿湯夷。

一、上午九時出發，考察麥留旅之部隊，其步兵曾在此演習方了，故未看到，留此者只有旅部之直屬部隊山砲一連（3.7吋口徑印度造四門）、重機槍一連、輜重連一連、衛生隊。

二、山砲一門用八馬馱馱均可，馬匹係美國種，輜重車係汽車與騾馬車混合編成，騾馬就地購用（印澳雲緬），調養十分良好，無一傷損者，極其乾淨，車

輛亦輕靈，能載 800 磅。

三、士兵以北部緬人即擺夷山頭人為最多，短而結實，排長一級英緬人均有，連長則類英人。

四、裝備亦極普通，雨衣、毛毯、軟布包、皮鞋、水壺、乾糧袋、服裝，軍官大裹腿、軍衣、短褲、洋鐵盆、軟帽，兵相同。

五、操練重形式，動作甚用力，卻難確實。

六、湯夷有小種馬所設備，係英馬種與東方馬種相配合者，又有步靶場設備，又有無線電台及助補通訊設備。

3月3日　星期一

提要　上午考察駐湯夷之撣兵營及 13 營，下午赴土司邀遊四村湖。

一、撣兵營係新擴充者，備駐邊防衛之用，所有動作、刺槍、瞄準、體操、徒步、擲彈筒、補助通信、小槍射擊、識字等分班教練，此外騎兵連之徒步戰與班教練，又17 營係汽車步兵，著重在汽車訓練。

二、視察結果覺其長處如左：

　1. 新兵教育28 星期，每星期有統一確定之進度頗詳密，各連遵守進展。

　2. 教練確實（有實物、不敷衍、尚競賽）。

　3. 班長、排長能力良好，服裝設備均富有。

　4. 忙與閒調劑得法，使其精神不苦，而營養亦良好。

三、土司甚精幹有為，比我縣長能力為高，殊非吾人所
　　始料所及，四湖村之一村，千餘家業絲，即係該土
　　司所提倡，其所轄居民約十五萬。

3月4日　星期二

提要　上午七時半由湯夷出發，中午，下午約六時到，
　　　　共約 164 哩。

一、山地叢林大軍不易行動，宿營因民房稀少，亦不得
　　到舍營。

二、山並不甚高，離平地約數十米至二百餘米，步兵山
　　砲可以運動。

三、那邦渡沙工渡河設備尚須加強，現只有一個簡單門
　　橋，用兵時決不夠用，河幅減水時約百餘米，漲水
　　時不明。

四、渡河係怒江本流，水甚急，其渡車係兩岸架鐵索，
　　依流力，兩用滑網渡尚迅速，水幅百餘米，漲水時
　　約加倍。

五、道路除公路外不易行動，因叢莽遍野故也。

六、自湯夷至不獨，大體地形觀察，野砲兵絕對不能使
　　用，但步兵、山砲兵作戰則頗活躍。

3月5日　星期三

提要　上午七時由太古出發，午時到孟平，下午五時半
　　　　景東。

一、太古以東山高林密，比以西地區尤甚，兵隊行動愈見困難，除公路外，惟步兵尚可活動，其他兵種難以使用。

二、太古以東可以逐次守備，行持久消耗戰法。

三、房屋甚少，山戰甚多，故宿營頗感困難。

四、景東縣境頗大，各地居民俱有，華僑據說有千餘人，亦有說百餘人者，不明其確。有兩學校，一為華僑學校，已辦多年，一為啓明學校，係新辦者，學生每校不過數十人，此外尚有回教教會，其首領亦中國，但不能說中國話。

五、景東係軍事上要點，英人之縣長就本人觀察似非上選，且習於起居舒適，洋氣太重，乃完全一治殖民地之官僚也。

3月6日　星期四

提要　上午七時由景東，中午蒙劈克，下午六時太豈來克。

一、自蒙劈克以南地形開闊，難守易攻，故此地形如取攻勢甚有利，如取守勢則應在蒙習克以北地區。

二、此路為通泰要道但其缺點頗多：

1. 太古以東道路狹窄，來往不能錯車。
2. 無電話、電報線設備。
3. 道路橋樑均有修理必要。
4. 沿途無巡查警衛，劫殺常有。

5. 各要地人民未有嚴密組織，間諜出沒極其容易。

三、雲南至此常有騾馬隊來往，此項騾馬頗可利用為軍
　　事運輸。

四、此間僑胞受泰國壓迫，多遷居於此，有中正學校，
　　尚好。

3 月 7 日　星期五

提要　上午十時半由太豈來克，下午三時蒙劈克。

一、太豈來克有中正小學及南僑小學，學生各數十人，
　　男女均有，兩校人力、財力支持均難，但兩處均不
　　願合併辦理。

二、太豈來克與泰國交界係一河（南河，即湄公河之支
　　流），無大障礙力，上通一公路橋可直達泰國多南
　　邦，約290 公里，兩橋頭有泰緬兩國警察，外人來往
　　白天均甚自由，至晚六時後、早六時前，泰境不准
　　行人通過。

三、太豈來克至泰境一帶地區平野開闊，如取攻勢似甚
　　有利。

四、距太豈來克25 哩之蒙林，可為進攻時之前方集中地。
　　該地有廟，本地土人參拜甚盛，無論男女衣服整
　　潔，面目亦非苗猺可比，殆漢族之遺裔也。

五、參看蒙習克一連步兵、一排騎兵之臨時兵房，兵士
　　自以竹編蓋者，與我國相似。

3月8日　星期六

提要　上午六時半考察駐蒙習克之步兵一連、騎兵一排，八時動身，一時到景東。

一、考察課目：

　　1. 閱兵分列。

　　2. 步兵一班對飛機射擊。

　　3. 騎兵演習對空防衛及徒步戰。

二、成績：閱兵分列（整齊，各個有精神），對空射擊及騎兵演習尚有精神，動作亦活潑，騎馬訓練良好。

三、所見：

　　1. 物質上每天三、四套衣服（運動衣、操衣）、毛毯、水壺、飯盒、乾糧袋、綁腿、毛襪、皮鞋、膠皮鞋、口盂、臉盆、毛巾、帳子、蓬帳、枕頭、鋪蓋布、繩子，此外就是武器。

　　　庫房內米、麵粉、糖、酒、鹽應有盡有，保管良好，尚有地窟要件及不能乾晒者儲存於此，衣服不但可洗，每日要燙，皮件保存、馬匹調養均甚良好，對於物質上可謂並無遺憾。

　　2. 訓練上（下接星期日）。

3月9日　星期日

提要　上午九時半動身，中午孟平，下午八時「那夢明」，太古之下一站。

　　2. 訓練上因時間短促，動作固定，不能斷定其程度，

但操作確實則無疑問，惟因官長、軍士大都係印人，緬人秉性遲笨，其實地上有靈活變化，活用則亦艱難。

3. 精神上「待遇良好」，實戰時能否處困難之境而長久保持如一之精神，則屬難料。「生活優遇」，英國軍官連只一、二人操練之事，不遇臨場監督，其他則悉每於軍士，不復顧問。

緬人、印人無論如何勤勞，其成績不過在操練上與物質上而已，不于精神訓練定必缺乏，一旦實戰，到了險境，必至成群作俘也。「習慣怪僻」，英軍官現過優裕生活，於是養狗、養貓、養雞，每人都有一嗜好，與狗同食，不論有無外賓，習以為常，前途未可樂觀，是以世界陸軍國惟有日、德、中三國可稱無愧。

3 月 10 日　星期一
提要　上午七時由那夢明動身，中午「羅林姆」，下午四時到湯夷。

一、外國軍官與中國軍官不同之點：

1. 生活優（營長汽車、連長馬，打考爾夫等）。

2. 能力強，凡交際辦事其他技術知識均豐富，至于在刻苦耐煩精神與意志，中國軍官實甚優也。

二、外國軍隊平常有不住民房習慣，尤其緬甸為然，其駐軍軍地必有預先計畫之兵房，佶實經久，一鎖一

　　閂亦然，軍隊所在環境，四周無不清潔美觀。

三、外國人交際上亦有非議之處

　　1. 與貓狗同入座，亂抓人衣。

　　2. 飯後庭溺。

　　3. 手抓點心（飯前）。

　　4. 一日三餐兩點，大麻煩。

四、外國人辦理市政最得力之處就是清潔整齊。

五、外國人對於計畫之實施十分認真，如不能實施或出
　　入過時，定計畫者認為大辱，而實施計劃人負亦必
　　十分努力遵照計畫達成也。

3月11日　星期二

提要　今日在湯夷休息，起草報告，整備服裝。

　　報告要旨如左：

一、往返經過及日期地點。

二、地形概要：景東安點、孟大──景邁戰略要線、一般
　　地形。

三、敵情推測與英方軍事準備及其將來戰略與我軍集中地
　　之研究。

四、各地僑胞之歡迎與勗勉事項：

　　1. 團結與組織。

　　2. 注重教育。

　　3. 協助地方政府偵察間諜。

　　4. 戒絕私販仇貨。

　　5.毋忘祖國。

五、僑胞之缺點：

　　1.散漫無組織。

　　2.常識欠缺。

　　3.國情隔膜。

六、中央對於僑胞此後應進行之工作：

　　1.規定組織辦法實行組織。

　　2.編訂必要常識頒發並加指導（尤其抗日國民公約）。

　　3.如何傳播國內重要情形使其明曉。

3月12日　星期三

提要　正午十二時由湯夷出發，經喀勞打芝，下午五
　　　時到美克拉。

一、昨晚在湯夷軍營聽蘇格蘭音樂及士兵體操尚好。
　　軍隊各部門必須有選手另獎給特別符號或特製必要
　　時穿帶，如此足以鼓舞與引人觀感也。

二、自湯夷以西至美克拉中間唯喀勞，至平羊一段有山
　　地，但不甚高峻，其餘地形概係平坦開闊。
　　故全緬重要地形在東南沿薩爾溫河一帶，為守勢有
　　利地形，如果敵人侵入薩爾溫河以後則無險可峙，
　　而全緬東北部之交通中心必難保矣。

三、下午狄克司邀本組去訪一上尉太太，光頭襯衫而
　　往，又不在家，非禮也。本晚當地民政長官邀晚
　　餐，亦約如此灑脫，亦非禮也。

四、駐緬一上尉公館有洋房、汽車、馬匹、僕從多人，
　　奇怪。

3月13日　星期四

提要　上午七時半由美克拉出發，十時到恰克，下午四
　　　時葉朗陽，十時上船向仰光。

一、恰克與葉朗陽油礦係緬甸三個公司開採。

二、恰克油井約1000餘，緬甸公司約80，每月產油量
　　六十萬加侖。
　　葉朗陽油井約3000餘，許多待續者，每日產油量約
　　三十萬加侖，工人六千。

三、產油之程序：
　　1. 開井（最難）。
　　2. 取油。
　　3. 分析油與氣。
　　4. 用氣方法做養氣燒燭爐供給發電廠壓送油至仰光（分
　　　四段）供給燃料。

四、舊式採油方法極不經濟，葉朗陽尚保留有80個舊
　　井，據云係支那人發明，每日所得二十個緬幣一
　　井，不足以支持生活。

五、此種油礦對空極其暴露，只要戰事一發，便不能保
　　其工作。

3 月 14 日　星期五

提要　上午乘船有葉朗陽南行，下午六時到蒲魯姆轉乘
　　　火車，九時半開車。

一、依洛瓦底江為緬甸唯一水運之道，兩岸平坦，水幅
　　約 500-1000 米不等，葉朗陽以南可航千餘噸以上
　　之船。

二、蒲魯姆係一縣城，並不大，華僑一、二千人，業
　　商，有三小學共學生二百人。

三、華僑對於祖國考察團頗熱烈，可惜其舉動一切都不
　　甚適切，不諳儀節，而黨部亦未見有切實人員前往
　　指導。

3 月 15 日　星期六

提要　上午六時半到仰光，中午赴賽馬會約看賽馬。

一、整理報告與行裝，並定製晚餐禮服。

二、賽馬會各地土司及民政官都來仰光參觀。

三、賽馬會係一大賭場，每次收入約十萬盧幣，且兼之發
　　現無賞標與特殊階級之表徵。

四、關於此次所得全部意見如左（對英緬）：

　1. 維持遠東秩序此後不能如既往之見解，必須有全般
　　　著眼擴充陸軍之計畫。

　2. 遠東須有相當規模之士官學校以應擴軍之需要。

　3. 緬甸環境已非昔比，此後關於政治經濟諸措施須適
　　　應軍事上之要求。

4. F軍（編按：日軍）侵緬重要路線如左：

甲、馬瓦地——摩爾門。

乙、毛奇——同右、毛奇——樂愛口——荷臘。

丙、猛大——孟盼。

丁、越泰邊境——景東。

如F軍之目標為新嘉坡時，則入緬主力必出（甲）路。

如F軍之目標為緬甸時，則入緬主力必出（乙）（丙）

兩路，（甲）（乙）為副。

5. 基右觀察，英方應整理之交通路：

甲、馬瓦地——可倫克。

乙、毛奇——同右、毛奇——樂愛口。

丙、孟盼——猛大及河邊。

丁、蒙習克至景東——太古渡河碼頭。

6. 沿甲、乙、丙、丁國境為要點，平時須配備必要兵
力（一團）。

7. 沿甲、乙、丙、丁各路線須有固定之通信設備。

8. 主力集中地區

甲、塔古附近。

乙、羅來姆附近。

9. 空軍根據地須速決定與設備，密支那或臘戍或亞蘭。

10. 沿交通線與各要點之對空布置與訓練。

11. 沿甲、乙、丙、丁各路之民眾組織與防間設施。

12. 與中國防空情報之連絡辦法。

13. 與中國軍令部情報交換辦法。

14. 與中國邊境官吏連絡辦法與交換情報。

15. 英緬軍之特優點：

（甲）新兵教育良好嚴密。

（乙）馬匹調養良好。

（丙）軍隊內務物品保管良好。

（丁）注重選手教育。

（戊）通信教育甚佳。

（己）軍隊與社會家庭接近。

16. 英緬軍之弱點：

（甲）語言文字複雜，指揮困難。

（乙）精神教育困難，有意外危險。

（丙）戰鬥技術不及其制式技術。

（丁）下級幹部多係緬印人，其所受軍事教育甚淺，戰術修養不足。

（戊）軍官生活過於舒適，玩物喪志。

（己）士兵待遇頗佳，戰時後方追送供給甚難辦到。

五、向英方要一較好之緬甸全部地圖。

3 月 16 日　星期日

提要　上午、中午在寓，下午八時半赴緬督宴會

預定關於緬甸考察之結束及到印後之考察業務如左：

一、在船上先開一次結束會議，其要旨：

甲、報告書之目錄分兵備、兵要地理、政治經濟、華僑狀況及特種附錄，綱目另詳。

　　乙、特種附錄專集各頁之所見，戰略戰術、諸種設
　　　　備（防空、防毒、通信、交通、補給及友軍連絡
　　　　諸事）、英緬軍特優之點及其弱點各由，扼要
　　　　列舉交編纂組。

　　丙、編纂組：按照目錄將各組所報分目彙編。
　　　　杜主任、陳起草，馮、侯協編，劉圖表。

　　丁、限三日內到印以前整理完畢，一面起草，一面
　　　　修整，一面審查。（接下頁）

3月17日　星期一

提要　上午十一時緬駐軍司令談話，下午一時國防部長宴
　　　　會，四時駐軍司令茶會，英德行武官八時宴。

二、到印後之考察方法：

　　甲、照原規定分組及分第一、二、三組。

　　乙、各組之主要任務：

　　　　第一組：以兵要地理調查為主，但海軍兵備歸
　　　　　　　　周擔任。

　　　　第二組：以兵備調查為主（包括學校、動員
　　　　　　　　訓練）。

　　　　第三組：以通信補給工廠及空軍攸關事項為主。
　　　　　　　　非主任務，亦應該相當留心記錄。

　　丙、關於政治、經濟宜請鄭、劉二位特別注意，並隨
　　　　時記錄，事後提出報告書，劉副官加入第三組。

三、凡關於地方民政官吏姓名及土司姓名駐地表，由劉

鄭合作。

本日擬電報告委座電文要旨如左：

3 月 18 日　星期二

提要　上午在寓整理行裝，下午四時乘輪，五時半開行。

一、報告行程經過。

二、報告緬督餐間關心緬滇運輸事宜，贊成我國擬議改
　　組西南運輸處辦法，否則彼亦獨自改善其緬方運輸，
　　使增進其效力。

三、報告關於緬駐軍司令之談話：

　　1. 敵情判斷與入緬路線均有準備。

　　2. 必要時希望吾人間接協助，其目標似在香港。

　　3. 關於彼此防空情報之連絡及軍事情報之連絡，由中
　　　央與大使館武官洽議。

　　4. 其他關於防空、通信、交通諸意見之接受。

3 月 19 日　星期三

提要　上午九時在船上開一會報，竟日航行中。

一、會報決定緬甸考察結束報告目錄及擔任編纂人員與
　　日期。

二、會報到印考察業務，國防兵要、兵要地理、政治經
　　濟三大項目，其最要著眼者：（一）兵工廠、（二）
　　騎兵、（三）機械化部隊、（四）政治。

三、此外決議編纂左之三項意見：

1. 敵人南進目標，其主旨在引起英方希望中國協助之必要性。
2. 敵人用兵方法，引起其對緬之守軍尚不足恃之心理。
3. 攻堅要訣，引起其勿輕視攻克要點，並了解有各種重武器之配合。

以上各項意見須於二十一日以前提出意見。

3月20日　星期四

提要　上午、下午均在船上，竟日航行，四望不見岸影。

一、上午練習英文。

二、下午草擬敵南進目標與其南進作戰方略，又敵人慣用戰法及攻堅要訣等等。

三、晚間寫感想第八，以結束緬甸之考察。

四、英人每言緬人性懶，似其被統治為正當天道，實則緬甸女人撣部者多勤勞整潔，不亞於英人，或且遇之緬男人似覺懶惰，但印人則甚努力，何以又要被人統治乎。可見勤勞刻苦雖屬美德，但無政治知識、民族思想者，於中央國運仍然無濟，故欲復興國家，促進人民進化，非先從教育與思想解放著手不可。我總理之數十年革命呼聲即所以促進外國人思想之進化，故現在方有如此之成果。

3月21日　星期五

提要　上午在航行中，下午八時半抵加爾各答船埠。

一、各爾各答碼頭長數百米，裝有起重機三十餘架，規
　　模宏大。

二、進港以後沿岸行標甚多，頓覺較他港完備。

三、進港以後兩岸磚窯有數百家，而森林暢茂，地方
　　整潔。

四、加爾各答地區頗大，人民眾多，街市熱鬧，街道寬
　　敞，較仰光過之。

五、到埠後黃總領事及陳、張兩副總領事來接，英方派
　　大尉□來接，寓□旅館，甚宏大也。

六、今日檢審考察報告草稿，交馮高參整理。

3 月 22 日　星期六

提要　上午在各爾各答，下午二時開車赴德里，晚宿
　　　車上。

一、上午十時駐各爾各答之英武官數人及印督代表來寓
　　相會。

二、赴書局購地圖，係印度人主司其事，極其遲疑緩慢，
　　對緬甸紙幣不信任，印度人辦事太無時間性及不靈
　　敏，除工人與僕役外，實不合高級人才，至於迷信
　　與排擠仇視，則又出於天性，似此民族非有數千年
　　之良好教育無望其能獨立自主也。

三、下午二時開車，設備甚佳，可惜熱不足，搖擺頗甚，
　　較緬甸火車少穩，不及我國蒸鋼車也。

四、余等所寓旅館極其官冕，完全貴族富豪口氣。

一、自各爾各答赴德里，車行二十五小時，一路平坦開
　　闊，一望田野樹木極目無涯，印度誠為英人之寶庫，
　　所有勞力工作印人任之，而指揮享受者則為英人，
　　似此現象宜乎甘地等有志之士倡導獨立也。但從客
　　觀評論印度之獨立，為其尚遠，其原因：

　1. 宗教魔力勝於政治理解，而宗教複雜相互傾軋，故
　　　在政治理解上不能得到一致之呼聲與號召，而使全
　　　力量意志集中。

　2. 人民教育不太發達，一般以勞力謀得生活便覺滿
　　　足，智識淺陋無獨立自覺思想，印人服從性幾同天
　　　賦，尤其對於白種人認為自己為當然僕役。

　3. 印人腦力遲笨，行動不靈，而且性情猶疑，毫不果
　　　決，似此情形而願與英人爭獨立，誠翕翕乎其難矣。

二、英人對我國體，外貌尊敬而實際軍事合作精神相差尚
　　遠也。蓋吾人四年抗戰雖樹立聲譽，但西人觀察最
　　重實事求是，我之軍隊如不到合理強化程度，我之
　　工業不到自給自足程度，我之政治不到統一自如程
　　度，彼之內心並不真正信賴於我，求助於我。此次
　　表面歡迎合作之舉，乃一時迫於西歐法國之投降，
　　東亞之陷於獨立，不得不將就而出此而已。故吾人
　　反省須首求自強，而自強之道則在全國上下外內一
　　致團結，一致之精神，以實事求是之精神來努力事
　　功。無論軍事、人事、經濟、政治均捐除私見，純
　　以國家為中心，一步步腳踏實地實事求是去做，不

可分歧，亦不可虛偽。果能本此精神向前邁進，則
建軍建國口號自能得到實際，屆時英人自能改變其
內心，真正有利於我，則一切之表現亦自能又進一
步矣。

本星期工作另詳考察日程表。

3月23日　星期日

提要　上午車行，下午三時到德里，寓帝國旅館。

一、到印第一步感覺其分配旅館任務極有秩序，凡將官
　　每人一室，邊有會客起，校官以下每人一室及一浴
　　室，此層在我國甚不易辦到，且人未到以前房間號
　　碼早已分配妥定矣。

二、新德里與舊德里迥不相同，新德里以英人商店為主，
　　舊德里以印人商店為多，街道不潔，熱鬧繁雜，如我
　　國之上海三馬路，可見英人治印以安靖獲利為主也。

三、印人所有大小商店均以男人當其事，絕少女人任事
　　者，且女人至今尚多蒙面，其頑固與緬人相較不及
　　多：大抵緬女人較印人為強，而緬男人則不及印人
　　之能刻苦耐勞也。

四、敵與敵間之反對行動，英人並不禁止，並亦其政策
　　然也。

3月24日　星期一

提要　上午晉訪國防部內各部，下午印督午餐，下午

訪國防部內各部。

一、上午十時訪國防部副部長、情報部副部長、副參謀
　　總長、軍令部、兵工署、外交部。

二、下午三時訪航空部、海軍部、軍需署。

以上詳情另行記載。

三、午餐布置頗有條理，而貴族階級氣味殊覺太重，凡民
　　主國家與社會主義國家必不禁睹此排場也，印度人
　　如教育發達思想進步，其對此情景更不知作何感想。

四、新德里之政府完全係按學理建設，中央係王宮，左
　　為政府，右為國防部，海軍部與議會則在其左近，
　　王宮馬路直達約三公里，其直如馬路，路之左右均
　　係廣場，草坪、樹木、河道均係人工構成，遠近則
　　為新式建築之高大商店、旅館，政府與廣場之建築
　　費三千萬元。

3月25日　星期二

提要　上午七時考察英軍野外演習，中午英營會餐，
　　　　下午三時回。

一、上午七時參觀英邊防第十七營退卻演習，十時半參
　　觀第五營訓練，中午第十七印度步兵旅各營午餐。

二、本日所見如左：

　1. 該第十七營分四連，每連三排九班，每班輕機槍一、
　　　擲彈槍二，每排高射槍一、二吋迫砲二、戰車槍一，
　　　每營部之直屬連有二排通信工兵（□）、迫砲（三

吋）、防空、特務、汽車。

2. 汽車每營四十餘輛，每連之○○車五輛不在內，乃機械化營也。

3. 營內之連，印兵宗教不同，一連回教，二連印度教，使相互監視。

4. 各種演習動作甚確實，尤其在退卻前先依偵察組決定下次占領之陣地後，派傳令兵赴前方引導退兵是也。

3月26日　星期三

提要　上午十時遊覽印度舊五宮，下午遊覽莫罕莫德回城及寶塔。

5. 營內汽車排之教育良好，隊形與位置均有模型，排列一望而知。

6. 汽車教育之零件材料，據云係各軍官私款購備，於此亦可見軍官之財力有餘。

7. 印度兵待遇不及英兵，但每日兩餐儘其飽食，此外尚有兩茶點。

8. 印度兵愚而服從，二、三十年不會起革命，但作戰時缺乏自動精神和能力，無民族國家觀念，故遇戰況不良時易引誘其投降。

9. 每兵不見有工作寫真，其部隊之工作力殊屬疑問（必不及日本）。

10. 營部俱樂部懸掛紀念品與勳章、獎章，歷史愈久者愈多，因其給獎制度除個人外，尚有團體勛獎也，

此方法可模倣。

11. 邊防第 13 營中有年方二十而晉級中尉者，可見英軍官之缺乏，其營內軍官許多係文職方面調來者，故兵員問題為英國最關心之事也。

3 月 27 日　星期四

提要　上午七時動身赴米也納20 戰車團、14 戰車團，中午在軍官團分組午餐，下午參觀機械化砲兵團營。

一、戰車團係前騎兵廿、十四團所改編，係輕戰車 55 量〔輛〕，速度 35mie〔mile〕，內裝機槍一、戰車槍一，車長一、御手一、射手兼通信各一。

二、演習節目：一、列隊，二、高坡攀登急轉灣，三、隊形，四、攻擊。

三、下午在機械化砲兵營，共兩組，一組八門輕擲砲，二組八門野砲，共需汽車百餘輛。演習節目：一、列隊，二、偵察占領陣地，三、躍進。

四、其各種優點：

1. 無線電話指揮。

2. 教育法良好，實在迅速。

3. 汽車修理工場設備良好。

4. 砲兵自下令進入陣地與射擊開始只要半小時至一小時，極其迅速。

5. 通信完備，有線、無線電話。

6. 動作敏捷而沉靜。

3 月 28 日　星期五

提要　上午十時由米也納動身，下午參觀□之工兵團，
　　　晚六時到德拉丹。

今日參觀項目如左：

1. 工兵課目：偽裝，著重偽裝網，每汽車二個，每砲
一，每機一，每門射槍一，每觀測所一，最好平時因
令準備，戰時攜帶相機使用。
阻止戰車，一、爆破坑（鑽孔為主），二、壕寬18
呎深6呎，以木材被覆，三、鐵條（路軌）拒馬，
四、鐵桿，五、水泥墩，六、鐵絲網。
渡河，一、橡皮舟（二人偵察團），二、帆布舟（八
人用摺疊式），三、完成摺疊舟（十八人、廿八人，
可載較重量），四、定式門橋（過汽車、戰車），
五、小汽船（二船載十六人），六、實式架橋。

2. 工場課目：電汽附手工、鐵工、木工、錫工、縫工、
皮工、漆工、燴工、電桿、汽炸、零件、修配工、機
器製造工、蒸氣機器、氣壓機器（引水鑽鋸）、零件
打樣，凡軍事機器無一不能。

3. 訓練優點：
　1. 一般教育。
　2. 專工分組。
　3. 進度分級。
　4. 器材普及。
　5. 使用有道（留至駕駛手分發）。

3月29日　星期六

提要　上午七時半考察7R、10R 新兵，十時考察軍官學
校，下午三時考察司令部。

軍校內容 200 學生，印籍為主，英籍亦有，一切一律由二年半減為一年半。

分三期，每期半年，一期普通，二期戰術攻防，三分科訓練。

課程重點：一、戰術，二、軍隊管理，三、常識。

要求標準：每人能使用汽車，能造各種電機，能武裝游泳。

分課與設備：

1. 操場。

2. 劈刺場。

3. 運動室。

4. 遊樂室。

5. 球場。

6. 物理室。

7. 運輸模型室。

8. 圖書室。

9. 餐室。

10. 寢室。

11. 官、學生、准尉休息室。

12. 講堂。

其教授最著重者為電理戰術。

故此後學校課目之趨勢，著重於普通的機械教育應無疑義。

本星期三遊覽王宮感想：

此古王宮係莫臥兒之後麥罕德時代之王宮，前百年此王宮認為人間天堂，其特點內■外殿及起居宮均係玉石砌成，寶座值六百萬英鎊，內殿水渠玉石為底，鑲金銀線，屋頂牆壁均係玉石，四壁凋花，鑲以金銀寶石鋼鑽，有土耳其式之浴池，均鑲金寶，有熱氣浴、冷氣浴室及噴香水池，其繁華奢侈實超過吾國古代帝王不知若干倍然，而人事滄桑。

1. 劫於印度人民者，狩眼被劫於部下（五次被劫）。

2. 劫於朝廷者，轉眼間又被劫於英國。

3. 英國所得之贓物，是否能永久占有，誠又一疑問。

印度王朝之寶物現均已表現於英帝之冠與英倫敦之庫矣，古今世界一劫掠之場也，可勝嘆哉。

莫罕默德城之寶塔，據說十萬人五年築城〔成〕。

高二百餘尺，共五層，階級七百餘，級至其頂。

塔底寬四丈餘，層級之間均有凋〔雕〕刻，至今七百餘年，塔尚完好，全中國無此高塔，而且無美術，塔均係石塊砌成，磨之甚光。

此外尚有環抱之鐵塔一座，已千餘年並不生銹。

3 月 30 日　星期日

提要　下午二時半由Dehra Doien 出發，六時到安擺拉

Ambala，宿PARRY 旅館。

一、上午寫「英人與印人生活如何乎」之感想一篇。

二、自德拉丹至安擺拉計 120 英哩，約需時三小時半。

三、印度交通線極密，而各地各城市均有良好事業，民居亦頗繁盛，我國相比實相差甚遠，可見我國尚待極度開發也。

四、安擺拉計有步兵一營、山砲兵一營及航空訓練班等，步砲兵似在改組擴充中。

五、到安擺拉後即有旅長及航校長前來拜訪約十餘分鐘，因外國不重多人迎送而禮節卻又週到又不費時，而客人亦甚安便，比之我國迎送可厭習慣愈多多矣。

3月31日　星期一

提要　上午八時考察安擺拉新兵營。

一、英國新兵技術訓練之特點：

　1.體育力求其活潑，發育關節靈敏壯實，費時三個月。

　2.刺槍由基本而應用，有實槍、實靶、壕溝、障礙物、重層、壕靶。

　3.射擊由基本而應用，瞄準架、固定靶（每人皆有）、活動靶、隱顯靶、減藥射、實彈射（每兵教育完必須有120 發實彈）。

　總之技術方面著重此三點，而貴在有實物、有器材、有程序，故不落空而進步迅速也。至於保管上六十分付以根底，如皮件擦拭、衣服洗濯、槍械擦拭等亦占

多數時間，與教練並重。

二、參觀體操音樂與柔術及土風舞。

印度考察所得之優點（自 3/20-3/31）

（一）尊重歷史（紀念、發揚、進取）

1. 番號（有百餘年者、有兩個番號者）。

2. 旗幟類。

3. 勛章類。

4. 書畫類。

5. 物品類（虎皮羊角）。

6. 相片類。

（二）注重俱樂部（愉快、團結、風度與交際）

1. 每營有軍官俱樂部。

2. 每連有官、士兵俱樂部。

3. 任何草創之兵舍，俱樂部則必先備。

4. 必要時眷屬亦可參加。

（三）公私分明（精神高尚，重視公令）

1. 公事物房或操場，尊重秩序階級。

2. 宴會，頗暢談自由。

3. 私人交際，則極平等，一上尉之婦可作總督之貴賓。

（四）內容充實（名實相符，不虛不濫）

1. 工兵團工廠，無所不備。

2. 戰車部隊（米也納），戰車、汽車、無線電等無不
完善。

3. 機械兵化砲兵，一切汽車及配件無不完整。

4. 士兵服裝應發者無有欠缺，因其擴充不濫也。

（五）教育實在（成績優良，進展迅速，實才實用）

1. 寶貴時間不使浪費，無遊課無陪座，學必實用，習必實物，一時都不虛費，故常採取分組辦法，即甲組習機器，乙組習電器，丙組習戰術，輪流實習實物。

2. 力求達效並非草率教育，乃想出種種教育方法，使學者特別容易了解，如軍校之地上輸送布置講堂之汽車隊模型，以及各種器材之分解剖析等等。

3. 教材完備不惜材料，凡講課所有者，實際上亦必有實物，凡虛渺想象之課皆所不取，練習所用器材決不吝惜，如電料、油料、木料、子彈、彈藥等等。

4. 分等獎勵以固定之模型，各級懸示，最適用於工場，逐級上升以資觀感鼓勵，且極公允。

5. 師資優秀無濫竽之師，更無掛名之師，師材必具真實本領，只談高論亦所不取。

（六）其他可取之點

1. 折疊式帆布方舟：可作渡河門搶架橋之用，攜帶輕便，一個汽車能載數個，其詳另有說明，各部隊均可採取應用。

2. 草棚：內係布幕，外蓋以茅草，每班一個，極其易搭，而且整齊容易管理，如無兵房可暫替用。

3. 毒氣實驗：使用士兵者防毒具進毒氣室實驗，以壯其膽力。

4. 操練服裝：正式軍衣（外出）與操練衣分開，操練時靈敏而且易洗濯，極其經濟。

5. 教育注重：與電氣蓋部隊漸趨機械化，任何學校部隊均著重於此項教育，以期實用。

6. 刺槍設備周到：分基本與應用，均在實地有實物，如刺刀、靶壕、障礙物地形等等。

7. 擲彈操練：表示壕內外擲，置木柵表示人位置，而置於一定目標使其習練。

8. 固定瞄準靶每兵一個，使個人均可對靶練習瞄準，至於活動靶、瞄準架等自不待言矣。

9. 保管教育：極其注重軍校有此一門學問，如槍械、皮件、器具之擦拭保存均有方法。

10. 音樂隊及一切選手獎勵：奇異服裝參觀表演等。

11. 適當娛樂：如樂音樂比賽，表演跳舞（非女人）。

12. 室內機槍射擊：以電光指示目標直至是否命中。

4月1日　星期二

提要　上午九時半考察航空學校，下午五時考察山砲
營，十一時上火車赴帕次瓦。

一、航校考察節目為高級初級飛行、「林克」訓練、降
落傘、講堂參觀、攝影參觀，又參觀第一技術（工
藝）學校。

二、航校為訓練飛行偵察人員，六月畢業，約八十人。
工藝學校專訓練電氣及無線電、飛機機器、飛機機
身三大部分，共十七項目，每人習一大部分，亦六
個月畢業，約八十人。

三、畢業後分發部隊工作，其成績佳者則三大部分皆通
之，畢業後可先航空站站長職務，其設備之完全，
教育之迅速，可想而知，不待言矣。

四、山砲訓練係舊砲馱載分解訓練，一班九馬，最後則
送手體操。

4月2日　星期三

提要　上午由 Ambala 向帕須瓦火車，行程中，下午八時
到達，十時參觀表演。

一、早餐「前後」，中餐「伶姆」，晚八時到帕須瓦，
十時當地軍警表演，為倫敦籌募捐款。

二、表演節目與意義大約如左，而活潑之中處處有嚴肅
整齊之表現：

　1. 體操，雙槓與木馬與其他軍隊具同等技藝。

2. 警犬訓練，表演警犬之能力，警惕人民作賊必無幸
   逃法網之理。
3. 土風舞，活潑合節。
4. 乘馬表演，極其純熟整齊，馬匹人員調教極佳。
5. 山砲表演由馱載卸下到射擊不過一分鐘，由敷列而
   馱載不過一分十秒，其迅速驚人。
6. 燈陣，分散排列行動，極錯落燦爛之巧妙。

4月3日　星期四

提要　上午參觀帕須瓦部隊及牛牧場，下午赴省政府宴。

一、上午九時行檢視禮，參加步三個營、砲二個連、工
　　一、運輸一、連軍樂隊，英軍訓練部隊雖覺注重形
　　式，其實可佩。

　1. 精神充滿：各個人平均的具有充分精神。
　2. 裝備完整：無論汽車、皮件、車輪、鞍具等之無不
　　　配備完整，隨時可以出動使用。
　3. 馬匹精壯：輸送隊及行李用馱馬選之精壯，至於乘
　　　馬更不必說，此項馬匹有印產、美產、英產。
　4. 步法整齊：無論人馬車輛行動均不紛亂，可見其操
　　　演熟純。

二、閱兵以後，繼乘機遊覽邊境，繼參考牛牧場及牛
　　乳廠。每英兵連每日 500 磅，其順序：1. 冷水 60°、3.
　　裝瓶、4. 瓶消毒、5. 蓋塞。

4 月 4 日　星期五

提要　上午九時半赴西部邊防視察，下午二時半赴北部
　　　邊防視察。

一、西部：與阿富汗接界，由印度直轄省境，起中經獨
　　　立土酋地區以至邊界，沿途缺水，多荒山，少居民，
　　　而居民強悍好鬥，遊牧無定，英人不欲以武力殲滅，
　　　留作緩衝外，防範頗嚴，沿途碉堡以土兵用游動警
　　　戒，而軍隊則集中於營壘。至與阿富汗接界之處，
　　　要點均築碉堡，後方若干規模兵營歸一旅長指揮，
　　　交通線有鐵路、公路，其對阿防頗重視也。

二、北部：則與蘇聯國境接壤，中隔喜馬拉雅山脈，防
　　　範不甚嚴密，僅以土酋地區為緩衝，政治亦極緩和，
　　　只阻止外力之侵入為已足。平時以巡防隊擔任維持
　　　治安，純取拉攏土民心理之政策，英人對於邊防政
　　　策大體如是。

4 月 5 日　星期六

提要　上午八時卅分出發，一時抵「拉威品地」寓。

一、路過 Attaok，橋上通火車，下通汽車，其附近係
　　　1000 年前之印度舊王城，土地平演，想當年必盛繁
　　　盛，如今所有城堡均無遺跡，只沿河有一城堡，係
　　　英兵駐紮，蓋此地乃西北邊境必經之孔道也。

二、係一省會，此區駐軍有 3R3、1AR、1KR 及戰車隊，
　　　軍區司令官中將駐此，似統轄西北部及北部者也。

三、下午 6.30 駐軍師及行政官員來訪，並邀赴駐軍俱樂
　　部之花園茶敘，亦頗誠懇。

四、此地有一古物陳列所，內部佛像及零品據云一部分
　　由亞歷山大於紀元前由希臘流傳於此，我國唐僧取
　　經亦曾到此。

英國之使用印度

印度地大物博人多，其地位安全，四鄰無慮，東南對新
嘉坡，西南向非屬地，均能照應，誠為英本國以外之最
好、最要之策應基地，故其使用印度之主要目的有三：

1. 募兵，即出產兵員並含下士官。

2. 練兵，即訓練各種士兵及軍官。

3. 養兵，即軍事經費及各種軍需工廠，以保育加強部
　　隊也。

　　就 1 項言，歐戰時印度出兵曾及百餘萬，在平時不
過十餘萬而已，此次非州作戰亦以印兵為主，將來東方
有事亦必使用印兵無疑。據其當局估計，募兵之數可增
至百餘萬不成問題（因印度邊地人民甚無士兵待遇優厚，
故多亦於當兵也）。

　　就 2 項言，全印分軍區，軍區之下又有十餘個師旅
管區，每區有砲、騎、步、工、輸一、二、三團不等，
此等部隊皆為訓練新部隊之基幹之用也。此外尚有各級
軍官學校尚在擴充之中，各地分防部隊皆由印度部隊訓
練後所派遣，故印度又有練兵之中心地。

　　就 3 項言，印度每年所負擔軍事費總在約五十萬萬元以上，至於兵工廠、被服廠之資源與費用，當然亦出之於印度，故印度又擔負養兵之責任。

英國在東方除了印度，便無可支持戰事之國，有印度則其餘各地皆有生氣，皆有保障。

4 月 6 日　星期日

提要　上午10點赴□遊覽，中午野餐，下午五時茶會，八時赴總司令宴。

一、高七千餘英尺，公路盤旋而上，亦不覺其高上，有學校、旅館、商店、住宅，倣彿與我國牯嶺相似，而較高寒缺泉水。

　　在山頂可看見喜馬拉雅山之第二、三高峰，一望遠山，一片白雪，山之北為仰光什米爾高原，過此為阿方，為公路腹地境，故印度全部國防除阿富汗方面之外，皆無絲毫可慮之處。

二、中印交通新建設，彼不甚贊成，亦因國防著眼，蓋彼不欲多開一顧慮之道也。

三、印度海軍之士兵 6/10 為□境方之人，無他故，乃歷史性之問題也。

4 月 7 日　星期一

提要　上午八時卅分視察「拉威品地」之兵工修理廠，下午一時卅上車往孟買。

一、拉威品地之兵工修理廠在印度有六處，但非製造，
　　此廠內部：
　　1. 修配廠。
　　2. 修檢廠。
　　3. 光學部。
　　4. 電學部。
　　5. 研究部。
　　6. 儲藏部（每月能修機槍500支、步槍一千支）。
二、對於此廠吾人覺感興趣者：
　　1. 假木槍，其重量樣式與真槍一致，將來是否可以改
　　　 造真槍不得而知，乃供教練之用也。
　　2. 汽車馬力檢驗。
　　3. 無線電波檢驗及檢驗波長之。
　　4. 防毒面具檢驗及檢查是否漾氣之用。
　　5. 檢槍與瞄準器檢驗更不待說。
　　6. 凡工廠必設有學徒訓練班，以資學習。
三、此廠工人二千餘人，而英人不過 20 餘人，其他皆為
　　印度人。

4 月 8 日　星期二

提要　上午八時至新德里，繼續開行，竟日在車中航行。

一、自新德里經米也納、達拉丹、安哲拉、帕順瓦各地
　　考察，尚覺滿意，惟新德里之各主官訪問毫無所得。
二、拉威品地考察則毫意義，因不野餐、茶會、酒會、

晚餐。

因此吾人得到以下之結論：

1. 考察課目之或認真或敷衍，各軍區司令見解不一致，乃由其自由規定，非總司令部之統一規定者。

2. 印度緬甸軍事當局之見地與英大使武官並不盡同，例如緬方請求或派海軍多協助，而大使館則云無此必要；又大使館不主張我們軍服，而印度緬甸亦表示歡迎。

4月9日　星期三

提要　上午九時車到孟買，寓海濱一個大旅社。

一、車到站，接待隆重，地鋪紅氈，活現著皇帝政治之體制。

二、孟買規模頗大，彷彿上海，商務遠不及戰前，我華僑不 2000 人，以工人小販為多，聞我政府欲向印度僑胞籌款 150 萬，可見毫無準則。

三、十一時半參觀造幣廠，余因腹病未往，每月能造幣 200 萬斤。

四、下午三時參觀汽車工廠，係裝配汽車之用，每月能裝配乙千五百輛，有相當大之規模，並能製砲彈月 20000 顆。

五、夜間英軍司令部及中國領事館晚餐，下午五時中國僑胞各界茶會。

4月10日　星期四

提要　上午考察製胎廠、防空警報所，下午茶會等。

一、製胎廠英國共有五個，分設南美二、西一、英印各一。

二、製胎廠原料有三大類，（1）布、（2）橡皮、（3）化學品。（二）（三）製內胎用，（一）（二）製外胎用，經種種機器手續以至成品，均由一屋入口以至出口完成之。

三、每月產量 700 個，最要者係防火設備，故有特製水塔冷水裝置及噴水裝置，能於極短時放水滿屋。

四、此外軍需材料廠及各地汽車裝配成就集中於此者，每月 3000 輛，其他材料亦多均由此廠支配各地（非洲、印度）。

五、防空警報所其佳處能同時對各地發警報，能同時對多數電話機告知警報（自動），惜無防空設備及預備警報，所似不及我國也。

4月11日　星期五

提要　上午考察船場，中午領事館宴，下午五時動身起Boona。

一、船場係舊葡萄牙之堡壘，沿海建築，嗣為英人占據，尚存有舊砲已二、三百年物。

二、現英人加以修理擴充為在陸上教練水兵之用，據云水兵共六千人，四千在船上，二千在陸上受新兵訓

練及槍砲初步訓練，設備完善（就生活上說），自
不待言。

三、船塢本身據云係舊式，不勿修改，只能勉強將舊。

四、現該船塢修造驅逐艦八隻，約半年以後可望成功。

五、晚八時到 Poona，駐軍與學校頗多，係第四師，其
師部距 Poona 約百餘里。

本星期所得考察結論如左：

一、英方對於備戰應戰上下均能一致努力。

　1. 各地修械工廠蓬蓬勃勃，發揮其最大工作力量。

　2. 各地訓練班振作，辛勤製造，需要人才。

　3. 造船塢日夜整艦，以備對付潛艇之用。

　4. 各地募兵及新兵訓練均極其能力而進行。

二、英方軍械缺乏，尤其火砲戰車之類。

　1. 訓練以木槍代替，士兵槍械亦有未發滿足者。

　2. 各軍隊訓練都用舊砲，未見新砲，砲廠所修理者亦
　　多舊砲，儲械倉庫之槍架多空設。

三、英方竭力擴充機械化教育，因其汽車來源頗富（美方
　每月供給5000輛），故大量擴充官兵之機械化教育。

四、一國之作戰準備，其基礎大小須在若干年以前確定
　之，若臨時大量擴充，實不容易，且隨時增產，隨
　時消耗，只能支持戰局，不能解決戰局，此英方軍
　事同前之情形，任何努力亦不能超過此希望也。

五、德軍陷落□以後，巴爾幹戰局不亦支持，同時東方

之考慮加大，為英之計，此後英採取左之方針：

1. 放任巴爾幹戰場，勿再零星加兵，穩定北非戰場，以培養戰力，準備30師團控置備用。
2. 本國三島守兵需有半數立時轉移運用之準備（如本國有150萬兵，則至少有80萬可以立時相機轉用者）。
3. 印緬竭力擴兵與訓練。
4. 對緬馬方面，陸上須聯合中國，利用中國陸軍相助。

4月12日　星期六

提要　上午7.30動身，在中途早餐，中餐在戰車學校，晚回Poona。

一、該校係戰車汽車訓練班，有英印軍官及印士兵官60-80，士兵300人。

軍需七星期（已習汽車者），士兵三個月畢業，分發部隊或遣回部隊。

騎兵軍官則習戰車，其餘則習汽車。

二、其表演事項即其平日教育之概瀏，大致如左：

1. 原理，機件、電路、油道、水道、氣道等，或用實物或用模型，極其明晰易解。
2. 操作，（一）分解與裝置（機件全部換裝需20分）及零件調換，（二）各種障礙地帶行動。
3. 檢查每行2.30'、3.00'必檢查行車一次，其方法水、油、胎、螺絲特別注意檢查。
4. 射擊，（一）操場不動姿勢對定目標，操場動姿勢

對不定目標，（二）室內證明射擊地形模型、活動
目標用汽槍或電光揮指射擊。

5. 演習，戰車障礙之掃蕩，對戰車之攻擊，戰車之威
力偵察。

4月13日　星期日

提要　今日在客寓休息，下午茶會，晚餐在寓內。

一、上午赴市上遊覽，無大商店，華僑有小牙店二，其
他多山東人以負販市足為生，頗能刻苦。

二、天氣甚熱，在旅館讀孫吳問答一章，最可注意者
如左：

1. 散地：集人眾教，保城備險，輕兵絕其糧道，因而
誘之，可以有功。

2. 輕地：以人為務，無以戰為，無近名城，無由通路，
設疑拔銳，衝殺先入。

3. 爭地：讓之者得，求之者失，建旗鳴鼓，趨其所愛，
分吾良卒，密有所伏，人願我與，人棄我取，此爭
先之道也。

4. 交地：彼來則分卒匿之，示其不能設伏，隱慮出其
不意。

5. 衢地：衢地貴先，所謂先者，必先重幣輕使，約和
旁國，交情結恩。

6. 圯地：先進輕車，與敵相候，大將四觀，擇空而取，
皆會中道。

4月14日　星期一

提要　上午參觀□之通信及戰術□學校，下午三時三車
　　　赴安拉柱。

一、通信學校，全印一個通信訓練班性質。

二、該校每期九個星期補習教育，凡軍官軍士之已有通
　　信智識技能者到此補習，以備將來充作通信部隊幹
　　部之用。

三、該校有無線電話及有線電話電信之課程，器材不
　　新，教官係由部隊中補調而來。

四、戰術學校內分高級、初級二班，高級班備升營長之
　　用，初級班備充連長之用，使具有必要之戰術修養。
　　該班教育側重實地研究，期間為六個星期。

五、印度尚有若干參謀補習班，六個月短期訓練。

4月15日　星期二

提要　上午車行，下午車抵 Agra。

一、安格拉係一遊覽區，亦一繁盛，區內大學聞有八個，
　　人口40餘萬，軍隊四千，內英軍一人，餘為印度軍。

二、此地最高長官係一旅長，其餘為縣長等文官，華僑
　　似未看見，據說亦有中國店。

三、自今日起無正當考察課目，不過遊覽風景而已。

四、今日所得新聞如左：

　1. 詳載日俄協定之條文及美國表示意見，對日蘇國交
　　重加考慮，並聲明不因此協定而變動其既定國策。

2. 巴爾幹方面希臘軍退峙阿爾巴尼亞之國境要地，南斯拉夫與希臘作戰均呈不利之狀態。

4月16日　星期三

提要　本日在安格拉休息。

一、安格拉之名勝地區有五 Sight Seeing：

1. Taj Mahal

2. Fort

3. Itmad ndcnla〔I'timād-ud-Daulah〕

4. Fatehpur Sikri

5. Sikandrah or Tomb of Akbar

二、上午九時赴安格拉醫院拔去牙齒三個，手術與中國普通醫生相仿。

三、同事諸君遊覽仙奇莫漢墓，該墓係夏奇漢王后之墓，構造25年，需費不知若干萬萬。

4月17日　星期四

提要　今日仍寓安格拉旅館。

一、上午七時半赴　堡，據傳夏奇漢之太子所居，嗣太子即位，因其父建造「仙奇漢莫」浪費太甚，乃禁其父居此堡內，此堡內係王宮與教堂，規模偉大，純係白石磨光，構成光滑■常，至於王宮，千房百室窮極華麗，可惜歷時三百餘年，幾經浩劫，壁上雕刻金銀寶石全已喪失，不能睹得其象，而建築之

偉大堅固（全部用巨石砌成，要緊之處覆以白油石，
鑲以金銀寶石），令人驚嘆不已。蓋蒙古種人征服
全印後，喜功好大，窮奢極欲，故有此等建築也。
我國歷史嘗有記載帝王窮奢極欲之語，實則不迨印
度各王宮遠甚矣。

4月18日　星期五

提要　上午九時乘車赴各爾各答，竟日車行中。

一、安格拉上車無送行者，雖為遊覽性質，但默察其意，
　　似已略有厭倦矣。

二、本日閱加爾各答課程表，知與原定者實際多有變動，
　　軍隊船塢之考察均經省去，余覺自新德里——拍須瓦
　　中間考察課程較為認真而有價值，自品第——孟買
　　——安格拉直至加爾各答中間似不及過去之認真，其
　　原因何在不得而知，要不外由於左之各點：

　1. 天氣太熱顧慮余等辛苦。

　2. 或同事中有覺辛苦之意流露於外為其所察覺。

　3. 或因考察中或事後或言語批評，以余發覺其前後課
　　程鬆緊之度，確有變動也。

4月19日　星期六

提要　上午九時車到加爾各答。

一、到加爾各答車站，有英軍准將及總領事與華僑迎接。

二、準備結束與進行之預定計畫如左：

1. 緬甸考察報告書之結束，限到達仰光以後，即在仰
   光期間竣事，由林、洪、陳三員負責辦理，並由團
   本部委託柴〔榮〕總領事付印。

2. 印度考察報告書之初稿，限到達新嘉坡時交出，初
   稿負責主官係原定各組主任杜、侯、林三君及二位
   劉、鄭覆核，完竣期則在最後到達仰光以前，由
   林、馮、唐、劉四人負責，仍在仰光付印。

3. 新嘉坡考察如無特別情形，則分組如前，仍為杜、
   侯、林三位擔任主任，而其特別注意事項如左（軍
   備、地理、政治並重）：

   （甲）軍備

   陸海空軍實力（由現在以推測將來）。

   作戰準備（兵力配置、築城、防空、使用兵器及
   要塞設備等）。

   （乙）地理

   一般地勢（攻守之得失利害）。

   設防地帶（海上港口陸上）。

   決戰地帶。

   戰略要點要線。

   交通狀況。

   補給力量。

   （丙）政治經濟

   對殖民地根本政策。

   馬來亞人心一般之心理。

政黨情形。

財政狀況。

僑胞情形（組織中堅分子生活）與其運用方法。

以上關於新嘉坡考察報告，須於回國行程中擇地限期整理完畢。

三、此外在新嘉坡考察時，在行動上特別注意者如左：

1. 避免批評考察等項之好壞得失。

2. 勿露消極態度，無論對已知未知之事項。

3. 勿言語中流露辛苦意思，任何繁忙解熱時機。

以上意見擬於廿二、三日在船上航行中提出會報報告，以供各同仁之商計。

4月20日　星期日

提要　上午九時華僑歡迎會，下午總領事宴會，寓加爾各答。

一、上午七時半赴植物園、動物園遊覽，因九時須赴會，故時間倉促，並無所得，而植物園中有一種榕樹一根，而產生六六〇株，占地□尺，亦頗奇異，此樹已一佰陸柒拾年矣。

二、華僑不諳開會儀式與種種規則，各地大同小異，而列舉之約有注意之點如左：

1. 主席人，中央規定以最高階級在場者為主席，譬如有上將、有中將等，則領導行禮自須上將，即應以上將為主席也。

2. 國府主席或委員長姓名時，必須一致起立，但以一次為度。

3. 黨歌黨員守則與遺囑須誦讀暢順，力避方言，不可傑格不順。

4. 儀式程序必須照中央規定，不可隨意杜撰，贊禮者尤須訓練。

5. 會場中宜貼臨時必要標語。

6. 歡迎者之團體組織，備領名單不可省。

7. 會場須有主席領袖之照片，平時必須準備。

8. 茶會散會行動須定出秩序。

4月21日　星期一

提要　上午十時兵工廠，下午赴省長晚宴。

一、砲彈廠有新舊二廠，舊廠每月能出彈（三吋及六吋以上口徑）千餘顆，新廠仍仿美國式，在一廠之內材料入口，而出口則係製成品，內部純係機械操作，節省人工，出口迅速，乃最新之計畫。

二、製槍（及機槍）廠每月出品步槍一萬二千支，機槍約千挺，內部人工約六千人，而英人管事不過七人，其餘全廠英人亦不過四十餘人，於此足見英人管理能力之強，同時亦足見所有工廠非依賴他國人不可，又不禁為英人危懼也。

三、晚間與駐軍司令旅長及其海軍軍官暢談世界戰局，所見頗覺融洽。

4月22日　星期二

提要　上午八時上船，下午八時開船向緬甸。

一、預定上午九時開船，故於八時上船，誰知竟因不開，
　　而船上亦不告知，以致竟日浪費，不然可以赴各書
　　店採購圖書也。

二、下午六時在船上召集開一會報，決定之事項如左：

　　1. 緬甸報告書之結束限在仰光為止。

　　2. 印度報告書之目錄，請各主管組自擬按照兵備、地
　　　 理、政治大綱交審後編訂，其日期為到新嘉坡時。

　　3. 新加坡之特別注意事項。

三、晚間鄭傳士與談二員頗堪注意者：

　　1. 以無數法國名義歡迎一市長（印人），已不值得，
　　　 況終為英人阻止乎。

　　2. 亞尼可羅請其協助關於對中國物質貿易事，尼頗表
　　　 抱歉。

　　　 凡以上二事均為不明國情、不達事理之舉，聞之深
　　　 覺可愧。

4月23日　星期三

提要　今日輪船由加爾各答向仰光航行中。

一、上午審核緬甸報告書之軍備部分，最不易明了者為
　　其兵力與指揮系統及駐地區分，尚須修改交陳。

二、下午審校緬甸報告書之地理部分及其附件，附件可
　　用交候，地理略須修整，並加指示，交馮。

三、晚間審校（到仰光後）對於印度考察報告書之軍備
　　與地理之目錄，頗為同意，交杜、侯。
　　其後勤政治之目錄未到。
四、關於緬甸之後勤與政治報告書未到，又經過路線圖
　　未到。

4 月 24 日　星期四

提要　竟日在印度洋航行中。
　　關於我國抗戰建軍一層意義，余之所見摘錄於後。
一、現代性的質，傳統性的用。即用的方面須發揮我民
　　族傳統的天才，質的方面須具備現代新穎的要素。
二、樹立獨特精神，培養中堅幹部。使軍隊全體富有捐棄
　　效忠殺身成仁之精神，與中初級幹部均有優秀進取
　　之分子，此為奠立國軍之基礎，無此基礎則其他一
　　切皆無效力（以黨的主義精神樹立軍隊精神基礎）。
三、以實情實理來審定法規（設計），以實事求是來執
　　行法規（行政）。
　　1. 人事制度。
　　2. 給與制度。
　　3. 會計制度。
　　4. 兵役制度。
　　5. 管理保管制度。
四、組織合理化，人才專門化。
　　組織合理化之意義：

1. 縱的方面，上下一貫，如團部、師部、軍部、集團軍部之各部門與軍政部、軍令部、軍訓部之各部門組織之大小雖殊，而脈絡上下則一貫，有所承上有所屬。

2. 橫的方面，分工合作，如一部之各科處軍委會之各歷部業務清楚，權責分明，絕不混亂，無牽制。

3. 將技之機構膨大之人員，絕對裁減以求組織之靈活單簡，健全組織之基本條件，因事不因人，以上為合理化之意義。

4月25日　星期五

提要　竟日航行中。

　　關於人才專門化，乃發展事功之必要條件，無論參謀人才、軍需人才、兵工人才、會計人才、物品保管人才、副官人才，下至書記、司書等均須經過專門訓練，此種訓練合於專校或特設短期班，事屬必要，用途亦有一定，於是方能達到人盡其才之效用與原則。

五、軍權至導，法令絕對。軍權主導者，即軍令大權絕對統一，無論軍隊之存廢、改變、調遣、使用，惟令是遵，令出如山，不遵則伐。法令絕對者，無論任何法令，如通知全軍者，則全軍須遵守，如只行一部者，則一部須遵守，不准少有私自出入。此外如軍隊編制，如確定戰略單位有幾種時，屬於甲種者即絕對照甲種編成，乙種者照乙種編成，對下固

須如此，在上亦應本此精神，既不得隨便通融，亦
不可明知辦不到而輕率規定，裝璜門面，以貽部下，
輕視法令之漸也。

4月26日　星期六

提要　上午八時到仰光。

一、到仰光後聞敵人在沿海寧波、溫州、福州、海門各
　　地猖獗，遙念老母在黃，未知情形如何，中心焦灼，
　　莫可言喻。

二、家信自出門，迄今未接一函，不知何故，亦令人
　　焦灼。

三、陳長庚頭腦昏庸，朽腐不知大體，竟依新嘉坡總督
　　之容納而攻擊國內行政人員，並蔑視領袖。古人云，
　　老而不死，是謂賊，信也。

四、陳長庚昏庸頑固毫無常識，竟受中國仇敵共產黨之
　　利用而不自覺，及以為自鳴時髦，恬不知恥，令人
　　可恨。

關於考察新嘉坡特別注意事項

一般：

　　1. 英軍對於馬來亞之作戰方針及馬來亞全般地勢。

　　2. 對於英軍在馬來亞方面作戰之實力評估。

　　3. 遠東軍之組織與其情報組織。

陸軍：

1. 陸軍之編組兵力、裝備訓練，尤其戰車、砲兵及工兵。
2. 陸上防禦設置，含陸上要塞。
3. 海正面之防禦設置，含港口及海岸要塞。

空軍：

1. 空軍之兵力與編組。
2. 各重要飛機場設備情形。
3. 防空設備及防空情報網之組織。

海軍：

1. 新加坡對海上防禦之配備。
2. 艦船之防空部屬。
3. 海軍之編組與兵力，含武器商輪。
4. 第一次大戰後所建造之新艦。
5. 船塢及浮動船塢。
6. 水雷、魚雷倉庫。
7. 海軍之空軍及海防之快艇部隊。
8. 機關之工作方法。
9. 訓練機關與招募機關。

4月27日　星期日

提要　本日寓旅館候船。

一、赴新輪船須在本月三十日，此數日乃候船期間，整理各項報告以結束緬甸考察，而起草印度考察之報告。

二、上午審查緬甸報告書之軍備、地理之整正稿，交劉

副官準備在仰光付印。

三、報告書付印之種種規定及付印價格之審定。

四、序言之大意規定交馮高參起草。

五、赴仰光公園遊覽，覺頗清淨，足以濯人煩熱，回想我國任何都市並不注重公園，使一般公務人員以及民眾無一可以散步遊覽休息之地，良可慨也。

4 月 28 日　星期一

提要　本日寓旅館候船。

一、上午在寓整理報告。

二、下午日領館在本旅館酒會，余等因出入不便，赴外晚餐。

三、購中國書籍多種，以便赴新嘉坡船上之需。

四、中國報紙新聞甚少，關於海門之事並無登載，家鄉情況不明，而桂林家書又甚言之簡略，中心繫念日夕懸懸，甚望早日了結此行，俾得國內確實消息也。

五、緬甸對於娛樂場所以及應酬奢侈之事較印度為少，而當局亦頗崇尚簡樸，關於跳舞場所均在禁止之列，即茶園酒館亦不甚多，似乎中國街反較繁盛。

4 月 29 日　星期二

提要　本日在旅館寄宿候船。

一、上午十時赴總督府謁見卸任總督談次，總督表示如左：

1. 對於余等如有所見，不妨儘量直言，彼甚願接受。
2. 對於滇緬路運輸事，彼深望更有進步，不但華方如是，即緬方亦有不盡之處，該路運輸力應每月有二萬噸，而目前僅及半數，實人力上有未盡之處也。
3. 關於敵人南進之說甚囂塵上，以彼觀察，目前敵人或不敢竟冒險與英國為敵，蓋彼如南進，勢須顧慮美國在其側方也。
4. 彼本人約於下星期由昆明赴港。

4月30日　星期三

提要　今日在旅館候船。

一、整理報告書，將緬、印、馬分為三卷考察報告書。

　　第一卷緬甸

　　第二卷印度

　　第三卷馬來亞

　　編成總目錄，合訂一本比較經濟，另附錄一卷，含機密性，成單行本。

二、付印本數尚待考慮。

三、此次報告書原定即日在仰付印，而在事實上覆核與校對功夫尚欠認真，而臨時要附貼許多照片，故來不及，只能待再度到仰時付印。由此吾人得一教訓，凡一個團體行為，其團體分子任何高明而領導者，總須督促嚴格方能達到所期望也。

　　新嘉坡考察在軍事上之外，尚有若何要事，余等為

考察軍事，固為余等本務，但軍事之考察範圍，亦只以可為我軍借鏡者為限，其他如在作戰上，既與我無直接關係，聯合行動之考察而其弱點彼所不能者，吾人當然亦無從補救，其所特長者，如海軍與要塞、船塢者，吾人亦無從可以效法。是以名曰軍事考察，而實際考察之要著眼之點，亦有一定之範圍者也。

至於其他事項，余之意見以為華僑問題而已。其著眼點有二：

1. 「如何能確實統御團結一致指導自如發展大效，欲達成此種目的應採用如何步驟如何方法，如何負責，實際如何鑑別人選」。蓋過去國內多事，對於華僑無力兼顧，大體放任，不得已乃採用拉攏遷就一、二華僑首領政策，或間或派員施行極短之宣傳工作，其目的亦不過求達到一時利用而已，此彼誠非根本之辦法也。按吾國華僑數達二、三百萬，殊非安南、緬甸、印度之比，彼等在國外與國情隔閡，倘恃一、二僑胞首領為助，而中央不能直接有統御之把握，則非常危險，最少亦減低很大效力。蓋所謂僑胞一、二首領，不過一、二資產階級而已，其對於主義與思想及政治之事，並未能有真正若何之修養，設一旦為其左右宵小所利用，或為邪說偽宣傳所惶惑，而一反中央之意旨，或消極牴觸，或遇事要求，而中央又不能直接統御多數僑胞，則唯有隱忍曲從，否則必失多數僑胞之望。蓋彼一、二首

領者，固常挾多數僑胞為後盾以為己用，蓋已非一
日也。是以我中央必不能放任數百萬僑民於一、二
人之手，必須自求直接統御，其方法若何，應為吾
人考察團應有之任務。

2. 敵如攻略馬來（含新加坡、賓榔嶼），欲求我多數
僑胞之人力、財力不為敵用，應有如何指導，為使此
指導能見諸實施，則事前應有何等之準備，此問題亦
殊重要。蓋吾僑胞在馬來亞者人口數百萬，財產數萬
萬，如果戰前一無準備，聽其自然，則一旦敵人攻克
馬來亞，英方所失者為地區、地物，而吾國所損失者
則為極大多數之生命。地區予敵不過增加其管轄之面
積而實益尚少，若將極大極多之生命，即人力、財力
資敵，則敵之活躍必愈見增大，而其猖獗跳梁更將不
可思議矣。是以，對於僑民緊急時之指導處置，如不
加注意，以至為敵所利用，是不但我國之極大損害，
亦即英國之極大不利。故此種準備不但為英方應有之
任務，亦為我國應有之責任也。我考察團應利用此考
察時機，實地研究，求得比較單簡可行、行而有效之
辦法貢獻中央與英軍方面，以供其採擇。僑事前有所
準備，我數百萬之人力、財力不至陷於敵手為敵所利
用，而轉以助我是也。

3. 此外關於馬來亞方面，日人之貿易與日貨之銷售屯
積，以及我僑胞商業之情形，亦應在注意之列。蓋
鑑於緬印方面，日貨屯儲甚多，而日商購運米鐵亦

頗自由，故對於馬來亞是否亦有同一情形，自當特
加注意。

5月1日　星期四

提要　本日午後二時乘船（海利）向新嘉坡出發。

一、午後二時整裝出發，乘海利船，此船係英國得自挪威者，共四千餘噸，船身不大而速度頗大，每小時可行十五海哩，同船中外人員約 40 人，以貨物為多，其中汽油不少。

二、約三時開船，開船前緬甸駐軍司令親來相送，益提及我們對於緬甸考察後之意見可否將筆記提出於新加坡總司令濮浦漢，供其參考。蓋緬甸軍事亦歸濮總司令指揮，給濮亦無異給彼故也。

三、開船後海風颺涼，波浪不興，連日旅寓困疲之精神為之一爽，晚餐食中餐，尤覺適口，飯後倚船望月，情思悠遠。

5月2日　星期五

提要　本日竟日向檳榔嶼航行中。

一、上午五時起床沐浴整衣完畢，讀書至早餐。

二、早餐後少事休息，船主命練習穿著救急圈，全船重要船客均須演練。

三、本日與林君慎兄同道整理致緬甸駐軍司令之意見書，此書係侯參謀長起草，少娟〔嫌〕繁重，故略加修正以備翻譯後，到新加坡時可交與濮浦漢。

四、全團主要團員本日頗認真整理緬甸與印度報告書，各復行其應有之任務。

五、本日風浪平靜，雖平時最怕風浪者亦能在船照常
　　工作。

5月3日　星期六

提要　本日竟日向檳榔嶼航行中。

整理致新加坡總司令及緬甸駐軍司令之意見書，其要旨。

一、敵情判斷

　　1. 敵軍南進之企圖：（甲）數十年傳統政策，（乙）
　　　　國際局勢之機會，（丙）中日戰局陷入泥淖，欲以
　　　　世界戰爭來解決中日戰爭，（丁）南洋各地工業開
　　　　發資源豐富。

　　2. 敵軍南進之徵候：（甲）占領海南島，壓迫越南，
　　　　操縱泰國，積極構成擴張陸海空軍根據地，（乙）
　　　　控置機動陸海空軍於南洋一帶，（丙）德國軍官數
　　　　十員到達海南島策劃指揮，（丁）海軍大將大角及
　　　　其幕僚赴海南島指揮艦隊中途被我擊落，（戊）日
　　　　蘇之協定。

　　3. 敵軍南進之目標：（甲）新加坡主，緬甸副，（乙）
　　　　香港，（丙）荷印必先占領新坡或同時以一部威脅
　　　　荷印。

　　4. 敵軍南進之兵力：陸軍十萬，海軍1/3強，空軍500
　　　　架以上，其他泰越部隊之一部協助作戰。

二、情況判斷

　　1. 中國戰場不能轉用其可轉用者，仍控置南洋部隊與

滿洲一部或其本國一部。

2. 南洋戰場為其南進主要戰場，故吾人須有靜待援軍支援之準備，敵以陸軍主力入緬公算亦多，故我應集結優秀兵力。

三、日寇戰法——檢討

1. 日寇陸軍之戰法：（甲）速戰速決主義，（乙）獎勵迂迴包圍機動，主宰戰場，有時正面以快速部隊挺進，（丙）兵力部署集中優秀兵力於決戰方面，（丁）利用間諜擾亂後方，（戊）夜間戰鬥亦其所長。

2. 日寇海軍行動：常避正面強行登陸，而以小艇藉空軍掩護，由叉港潛進登陸攻擊要點。

3. 日寇空軍行動：數年來絕少大多數（數百架）長時間（連續竟日）之作戰行動，其技術亦不甚佳。

四、緬印之所見

1. 防空亟應注意：監視哨網、工廠、倉庫、礦產、工場之防空。

2. 防間應有組織：鄉村各級之組織管理、要地渡河點之警戒、車站碼頭之監視。

3. 交通通信：敵侵入可能之通路，改進與沿線固定之通信設備。

4. 緬甸空軍根據地之選擇及對日貿易與市場之注意。

5月4日　星期日

提要　本日上午九時到檳榔嶼。

一、上午到埠來迎者有高總領事及葉領事、朱參謀，英方有少將一、准將一、少校一及派駕上尉。

二、華僑有若干代表來寓相晤，茶點後即散。

三、午餐後整理緬甸報告書至下午四時止。

四、下午四時45分在旅館會，齊赴當地行政長官處酒會。

五、下午八時回旅館晚餐。

六、下午九時卅分招待電影，但余因另有事未曾前往。

七、明日課目：八時半參觀索奇柏他尼，十時參觀討儉泡及依斯所步兵團，十二時參觀樸儉步兵團，二時半昌隆邊境，三時四十分阿拉他兒飛機場，四時半在 RAF 俱樂部茶會。

5月5日　星期一

提要　上午出發參觀馬來亞部隊及邊境，下午八時回寓。

一、上午八時四十五分出發，汽車過海周輪渡，其設備於碼頭與渡輪間架以活動可以高低之鐵橋，裝卸甚速。

二、過海後經索奇柏他尼（師部）向討儉泡前進約二百里，沿途多檳榔、椰子樹，對空十分蔭蔽，英方沿途添築兵房約計一個旅舍，原有駐兵一旅，共為一個師。

三、十二時許到討儉泡參觀十一師之兩個團，每團只看到一個營，其一個營都係英國兵，其他一營係印度兵。

此二團之每一個營所見到者，裝備十分齊全。

　　營部所屬之各排同印度軍之編制，惟機重槍連乃係輕小唐克式，由每二輛則有平射戰車槍一挺，其他則為高射槍。

5 月 6 日　星期一

另記載本星期反省錄內。

提要　上午由英方引導覽閱全嶼形勝，下午赴領事館茶
　　　會及僑胞公宴。

　　機關槍一，一連共九輛——十二輛（本日所見者有十八輛）。

　　每連三排，每排除步槍外有輕機槍三、自動步槍三、指揮汽車一、高射砲、小迫砲一、行李汽車二。

　　旅部有砲兵兩連，一係山砲，一係平射砲，十八磅，專對戰車，直接瞄準，皆係舊式，惟士兵操作頗為確實迅速。

四、下午二時卅分到昌隆，乃馬泰交界公路、鐵路通之，頗為重要，防範相當嚴密，工事勿新構築，界內道路有破壞準備，且路上有機槍座，其兩方均係山林，尤其樹林廣密。

五、四時看其飛機場設備，同我國機場有直接射擊永久工事七座（每座平高砲座各一），均能相互側防，此外有疊土捲蔽飛機，以防破壞之用。

5月7日　星期三

提要　上午十一時由檳榔赴太平考察邊防營，下午四時
　　　到。考察二時，乘火車赴吉隆坡。

一、太平之一營所考察者

　1. 一排戰時動員：人30、行李車一輛、排炊具全套40
　　　人份，配備全。

　2. 每排攜帶服裝十一件，捆在帳篷布包。

　3. 每兵攜行服裝九件，在背包，每兵每日食物定量。

　4. 每兵留營服裝。

　5. 偽裝法：裝車卸車及射擊訓練連有汽車五，排三、
　　　連部二。

　6. 營輸送隊、汽車隊噸半者54輛，35者12輛，機腳踏
　　　車14，拉水車2輛。

二、六部隊所考察者

　1. 旅部無線電車：對師者一、對營者二、旅長者三
　　　——四。

　2. 辦公車：旅部二、營長一。

　3. 游動工程修理車隊之車，有工具、有自衛、有防
　　　毒、防空。

　4. 印度兵之各民族有六種，大概中部之苗族及西北、
　　　北方各族。

5月8日　星期四

提要　上午在葛隆坡考察警察訓練、測量局、師通信隊，

下午考察行政、軍樂隊。

一、上午九時半出發赴本地警察訓練所考察，其課目係閱
兵分別式，步伐整齊，操作劃一，與北洋部隊相仿，
經訓六個月以上者。

二、測量局所表示者為一最新式機照印刷地圖，每點鐘
能印三千張，一切不用人工，純粹機械化，其次則
為印刷鈔票機器，亦係新式。

三、師通信隊計有三連，其一連供師部用，有線電車
十二輛為一部分，無線電汽車十二輛亦為一部分，
其餘則為通信，每乘坐汽車若干輛，另有機器腳踏
二十七輛。
其他二連編組與師部用連不同，蓋一連為配屬旅部
之用，一連為配屬砲兵旅之用。

5 月 9 日　星期五

提要　上午赴芙蓉，下午六時返葛隆坡。

一、上午九時四十五分出發，約十時二十分到達芙蓉，
參觀澳洲師步兵隊之演習，其演習之結構大約如左：

1. 為步兵營之對抗演習，不含其他兵種。

2. 假想敵為一團，而實兵則為一營，敵前登陸占領要
點，以掩護後續主力之繼續上陸之安全。

3. 我方為三營之一旅，餘二營係假想敵，而實際亦只
一營對上陸之敵與以阻止或殲滅其一部，以對主力
到達之反攻。

4. 演習性質係自由發展，逸出統裁部之該令計畫，故
未得若何結果。

5月10日　星期六

提要　上午九時由葛隆坡出發，下午七時到新加坡。

一、上午九時出發，約十一時到Sememben，中午在Mela
CCA 聚餐，經MUAR 及Bandar 兩渡口均有華僑招
待，八時抵新加坡。

二、上兩渡口一次僅能渡兩車，將來必須擴張其力量，
尤其通新加坡之Caubeway 大橋危險性最大。

三、馬來亞全部經過比緬印均極其良好，其事實：

1. 全部經濟因樹膠與錫之開發而極其活潑，人民生活
大部得到水準。

2. 樹林茂盛，房屋整齊，地方乾淨，疾病稀少，交通
發達良好。

3. 氣候良好，風景宜人，住民之性情十分活潑，勤勞
大異緬印。

4. 地方安定，盜匪絕跡，華僑教育及其發達，每市區
總有數十個小學，故馬來亞為東方最好之地，其全
部功債由於右之二者，積數十年而成：

1. 英人之治理。

2. 華人之勤勞。

二者缺一則不能到有今日。

上午九時出發視察全嶼，由該嶼司令旅長率導。

　　該嶼市區在東，而有敵人侵入之顧慮方面有西、北、南三面，因此其警備區亦分為三區，而最要者為北、南兩區，而西區則只有三小港，上陸公算甚小，即登陸後與檳榔市縱隔大山，不能發展，故只派監視部隊已足矣。南區以 Relon son 為主要防線之中心，東迄於海，西迄嶼之中區之山地，為第三道防線，亦為主線。其最南端海邊高地有砲台，為第一線砲，亦有 150 砲，砲二門，射程二萬五千碼，有觀測所指揮所、間接指揮室、電話設備、電器指示距離方向設備、探照燈二，可照一百——八十碼，及對空武器與偽裝等，仿彿我國砲台，而指揮所之設備則轉佳。砲台方面則為沙灘，亦有機步陣地，此為第一道防線。第一、三道防線中間則為第二道防線，乃包含飛機場、掩蔽敵陣地在內，該線工事利用椰子樹桿構成步機掩體，飛機場本身守兵一連，專防空中降落部隊，其他則皆含於第二線守備部隊之內，第二線之防務隊在機場後方，蓋一正面部隊機場之掩蔽確定也。

　　北部、東部以 Bayan Jasmal Tokong（東部）各地為要口，沿海邊均有防禦工事，尤其在 Batu 之東海邊高地有堅固支撐，且有 20C 之大砲二門（尚未裝好，砲座已成），與南部、東部之砲台相互合作。

　　該嶼總兵力約有四營及若干砲兵，北部一營，南部一營，南、中部一營，預備隊一營似在 Batu Uoan。

　　最可異者，全嶼防禦設備如此嚴密，而對於人民行動生活並無一點妨害，處處泰然，不動聲色，誠可佩也。

5月11日　星期日

提要　竟日在星加坡。

一、星期日休息，上午遊覽公園及海濱，在海濱飯店午餐，下午遊覽各街道，到處休息，惟中國商店尚多營業，但英方則禁止也。

二、自星期六至星期日各店大體休息，所有飯店、茶樓、酒館、戲院，軍人、非軍人及其眷屬飲酒跳舞娛樂通宵連日，何其盛也。

三、英方所定功課表已發出至十六日為止，預定十七日開星坡，故四同仁以為最後之地，即去於此購物品、整理報告，均須在此得有眉目，故相詢請延長一個星期，四日整理報告，三日購買物品，但仍以船期為準，如船期較早，吾人亦可提前回國也。

5月12日　星期一

提要　上午參觀Chongi砲台及軍官訓練班，下午海岸防禦設備。

一、上午九時四十分出發參觀Chongi砲台，在星坡東北角，與其對岸之島Rubin形成崎角，以封銷〔鎖〕港口。

二、該砲台指揮所，其設備與一般者相同，其上層為海軍瞭望所，使海軍與要塞格外能密切合作（能直接用傳音筒談話）。

三、砲台配台計分三種：（1）主砲15吋（及9吋），自

動裝置30-20公里；（2）副砲中口徑6吋，近距離對
敵作戰及掩護封鎖線之用；（3）自衛砲小口徑3吋，
對魚雷艇射擊每分鐘70發。各種砲隊均附近各別性
能之探照燈。

四、其間接測量對敵目標有三種方法：（1）砲隊本身之
儀器，（2）各要點觀測所之報告，（3）飛機偵察，
三者並用或分用。

五、高射3.7吋之砲一排兩門，一組有測空器及電器裝置。

六、海岸遍布鐵絲網及7.5（十八磅彈）砲與重機槍永久
工事，頗為周密。

5月13日　星期二

提要　今日參觀星加坡軍港。

一、上午十時四十分出發到海軍總司令部，由彼派員率
領參觀軍港，其要點：

　　1. 士兵生活極其優裕，衣、食、住與娛樂運動場無一
　　不備，無一不優，1200人。

　　2. 船塢為遠東最大者，能修理數萬噸之船艦，工作工
　　人共約7000人，以華工為多，英人約600人。

　　3. 機器修理廠最新式者，係修理輪船機器之用，亦能
　　造機器。

　　4. 重要倉庫為彈藥兵器庫等，均在地下。

　　5. 海運來之海軍用品可直接使輪船停泊於倉庫之外
　　卸貨。

6. 該軍港區長約五英里，在此區域之內一切行政均歸
   海軍司令。

7. 對空以積極防空與消極防空並重，故主要高射兵器
   均集中於此。

二、中午在總司令公館午餐。

5月14日　星期三

提要　上午參觀星加坡補給倉庫及後方醫院，下午馬來
　　　亞義勇軍。

　　上午九時出發參觀補給站及後方醫院馬來營，下午
二時赴英國運輸艦歡迎由英開星坡之部隊，下午五時考
察中國義勇軍，以上所得要旨如左：

一、補給站

1. 給養站：為馬來最大之倉庫，同等者共有三所，其
   餘較小者八所，分布全馬來各地，其總共之儲藏量
   以供給全馬部隊六個月為準，目前儲藏量約為五萬
   五千人六個月之數，該庫麵包廠每日能製五千人之
   食量，今日所製即明天所食。
   該庫特點在有巨大之冷氣室，能收藏各種之肉類，
   罐頭積久不壞，其來源以澳洲為大宗，因此該庫區
   分六部分，製麵包、儲藏肉類、罐頭、麵粉及分配
   收發。

2. 軍需庫：為全馬補給之中心，其內容包含工具、被
   服、汽車零件及修配槍械彈藥，以及軍隊日用品等

無所不備，由於右之所見，軍隊補給必須有庫有廠方無或缺，有計算方能足食足兵。其次工具、軍械、被服、零件等，在英國包含於一個機關管理，因其能力強也，在我國則應分儲管理，人須有專門訓練。

二、醫院

係後方醫院之完善者，能容 600 人，戰時尚可增加，其設備之良好較之我國南京之中央醫院有過無不及，惟可注意者，官兵待遇之差別不遠，至其優良程度我國目前絕無望。

（1）步兵一排專對戰車作戰。

（2）由公路兩側以兩塊木板上置地雷各三個，封鎖戰車之退路。

（3）不遠之兩側以隱伏之戰車槍射擊。

（4）再隔不遠之一側以燃燒劑投擲。

（5）於兩側可通之路設置真假地雷。

（6）再隔若干距離隱伏機槍，並於路上橫列鐵絲以妨害其機腳車人員，即將對所來之各種識法連續布置，誠為訓練良法。

四、軍隊水運

船舶運輸最重要者為商輪之改裝，務使士兵得有鋪位，利用船之空間，並安設各種庫室，此次所得即在於此。

五、義勇軍訓練

尋常時期對義勇軍，公家不負一切給養責任，概由

國民自備（除軍服、被服）。此次教練為盲目操作機槍之動作及改正射彈之故障，以熟習暗夜動作，可取法也。二個月訓練期，輪流召集訓練。

5月15日　星期四

提要　上午參觀飛機場。

　　上午八時四十五分出發參觀兩處飛機場，其重要者為 Seletar 飛機場，已成三、四年，面積約三千畝，範圍廣大，設備完全，為遠東唯一之飛機場，修理所、倉庫、指揮所等等無一不備，其所得主要者如左：

1. 飛機場之防空與直接防護方法，有駐守部隊、有直接機步槍掩體、有飛機掩體。
2. 空軍指揮所設置於機場內，一切對空設備、指揮設備極其完全，如此故空軍指揮官能安心工作，同時並能指揮如意。
3. 機場係中間凸起式，故不須跑道全地可用。
　下午六時我總領館有大規模之酒會。

5月16日　星期五

提要　上午赴 Melsing 海岸防區考察，下午六時回星坡。

一、上午九時出發，約十一時二十分到達 Melsing。

二、該地係星坡要塞區之東北之防區，沿海濱、沿公路均有周密之鐵絲網與機關槍掩體，其最高處則設瞭望哨所與觀測所。

三、該地駐有步兵三營，每營有裝甲汽車（一機槍、一戰
　　車槍）及機槍戰車各五輛，兩營印兵、一營澳洲兵。

四、該地設防於最近一個月開始，故工事大部未完，而
　　預訂砲兵4.7吋及其他砲兵共約三十餘門尚未到齊，
　　營房亦未設備，多數係住帳篷。

五、回程中赴 Johoe 僑胞歡迎會。

5月17日　星期六

提要　今日在寓整理物件、購買物件。

一、中午赴省長宴會，下午赴駐軍總司令宴會。

二、船期原定廿一，而下午忽改於十九日，對於星坡報
　　告不及整理，故今晚發一通報要旨如左：

　1. 預定十九日上船，關於星坡考察材料務望於一、二
　　　日內儘量搜集。

　2. 馬印兩地報告書均到船上整理，星夜趕辦。

　3. 本月十九日十七時以前，各員行李務須裝箱完畢。

　4. 到緬甸耽擱最多三天，一切報告必須在緬整理完
　　　竣，在緬付印。

　5. 星坡未了之私事，可開車托總領事館代為整理。

5月18日　星期日

提要　今日在寓休息，馬來亞地形研究。

　　研究馬來亞國防，就地形上觀察應分二大部：（一）
沿邊、（二）中樞，如左。

一、沿邊又分南部（星坡柔佛Johor、柏客Pokong 及柏
　　享）、北部（穿格收Crenggance、開蘭他Kelontou、
　　奇塔Kedah）三區及檳榔獨立區。

二、中樞又分核心（葛倫坡至馬六甲）及外軸（柏他
　　Patoni、依波Ipoh、力披司Lipis、克羅何Kenong、
　　著懷Jana Rota），沿邊敵人侵入公算最多者在南
　　部為著懷、為梅心Melsing、為拍打Patang、為映
　　桃Endau，東北部為興隆（Chang lun）、為盼立司
　　（Perlis）、為可他罷羅（Kota Bharu）、為哭拉穿格
　　般（Kuala Trengganu）。

5月19日　星期一

提要　上午至下午四時參觀軍港及要塞司令部。

一、要塞司令部係地下建築，水泥厚十公尺，地層十餘
　　呎，有多道鐵門，尚未完全完工。

二、今日兩次晤濮總司令，其表示大致如左：

　1. 對滇緬路盡量保持安全，在中國方亦必如是。

　2. 由安南向此路時交通困難，公算至少，萬一敵軍冒
　　　險，中國軍隊可由安南方面側擊之，與正面英軍相
　　　協力。

　3. 馬來亞防禦關於高射兵器者尚不及半數，無能再助
　　　中國，唯有將美國供給英軍之飛鷹式戰鬥機一百架
　　　忍痛讓與中國。

　4. 在馬飛機英軍約有百架，多做機場南北移動，以速

敵國。

三、中午海軍總司令聚餐,下午六時馬來總督酒會。

5月20日　星期二

提要　今日在寓整理行裝,中午赴柔佛太子宴。

　　故基於以上地形之觀察,英軍平時之兵力配置應如左:

一、北部:興隆附近及通鐵路之聰亞司又可他罷羅應配置
　　有力之警戒部隊,構築工事,以及破壞準備等。又
　　哭拉穿格收亦可上陸,但乏良好道路西進,縱然西
　　進亦非要安塞,僅置少數警戒兵力已足。

二、南部:有登陸之顧慮者為哭他(Kun Tar)、為柏
　　享,但登陸之後只能向西進展,並不重要,而公路
　　只有哭他向西一條,且與新加坡作戰呼應困難,故
　　此二地亦只要有相當警戒隊為已足。南部最要者為
　　映桃、為梅心,而梅心尤為重要,因星坡水道不易
　　進攻,由梅心比較可與星坡方面。

5月21日　星期三

提要　上午在寓,下午五時上船,荷蘭船,萬五千噸,
　　　　新設備甚舒暢,六時英總司令來送。

　　相呼應而直攻其側後地也,且映桃雖易上陸,而上
　　陸後之行動仍須合於梅心,故梅心必須有力部隊擔
　　任警戒也。

　　故就地形觀察,北部重點在興隆、柯他罷羅,南

部重點則在梅心、柯他聽奇（Kota Tingi）及拍打
Patang。

三、檳榔嶼則為獨立守備區，守備防敵之海上與空中之
　　襲擊而已，其配備兵力須與要塞海軍部隊配合，擔
　　任獨立作戰。

四、由以上之論斷則其他區部隊應如左配置：

　　1. 南部以克羅恩、拍他Patan、立披司各地分列控置支
　　　 持或反攻部隊。

5月22日　星期四

提要　上午六時開船，無風浪，九時在船開一會報。

　　2. 北部以拍他恩Patan、格立司Gris 分別控置支持或反
　　　 攻部隊，而以拍他恩須比較有力。

五、至於總預備隊，則其任務專任機動出擊掃蕩敵人，
　　凡敵人任何方面進襲，均能集中主力於主攻方面大
　　規模出擊，故總預備隊以控制葛隆坡及馬六甲一帶
　　為最適當也。

六、假如五師主力，則北部一師、南部一師，其餘二師
　　半則集中相當地區為總預備部隊。

七、空軍主力在南部沿海機場，其一部則在北部沿海及
　　陸上。

5月23日　星期五

提要　竟日航行中，風浪平靜，入夜稍有風浪。

八、海軍在東海沿海岸則以潛水艇及驅逐艦遊弋警戒為
　　主，在星坡、安南、菲律賓、香港間之洋面及掌握
　　制空權，最少限亦須有多數潛艇橫行其間，此項潛
　　艇宜以菲律賓為秘密根據地。

5月24日　星期六

提要　竟日航行中，下午稍有風浪。

一、整理報告書，照昨日會報規定辦理（會報事項另記）。

二、規定到仰光後全體行李運輸與監視辦法（另記）。

三、整理意見書，因材料不充分，此項意見整理頗感
　　困難。

四、全團同仁中年事較長者不必說，而年富力強真無好
　　學不倦者，實未易得。余所囑託於彼等書寫之件，
　　兼旬不報，催亦無效甚少。英軍官少校司體達所謂
　　之馬來亞軍事頗為重要，彼等皆已筆記，而此項筆
　　記屢催之而整理不出，青年如此，前途深為可慮
　　也。回憶本人當年確不如此。長官見委，日夜不敢
　　稍忘，必卒其事不後已，是因余天資短拙所以特別
　　小心也。
　　敵軍南進實際乎？曰難說或者不會實現，其故：

1. 南進則必與英軍正式開戰，而敵國唯一生命所繫之
　　海空軍有孤注一擲之危險。

2. 假使美國參戰之可能，最少限增重美國敵視之不利。

3. 蘇聯為日本真正之敵人，而日本南進作戰則蘇聯舉

足輕重勢必坐大。

4. 南進之後則戰事愈擴展，兵力愈分散，力量愈薄弱，中日戰爭之結束更加遙遠無期。

5. 南進發動後則中、英、美三國之結合愈緊密，甚至有聯盟可能。

以上所舉皆必然之勢、當然之理，而皆為敵所不利者也，是以敵人目前或不致有南進軍事行動而取採取方針。

1. 避免與英國海空軍正式作戰。

2. 減少國家四圍之敵國。

3. 藉軸心聲勢與南進姿態而求在南洋獲得經濟利益之保障，以維持中日長期戰爭之消耗，而求於中國獲得全勝。

英之遠東政策如何乎？曰對日避免戰爭，對中表示好意。

1. 日本對南進方針與其內心，英軍固早已窺破之矣，故呈虛張聲勢並以美國參戰可能相恫嚇，而內心則亦力避與日本正面發生衝突。

2. 對中國表示親善合作，但對於中日戰爭則不能積極援助，以免招敵怨對〔懟〕，滇緬路必然不再封鎖，蓋恐失美國之同情也。

5月25日　星期日

提要　午前航行，中午後三時到達埠上岸，夜赴總司令宴。

英德有單獨媾和之可能乎？曰不易實現，其故：

1. 德軍任何強盛必不能滅亡英國，而長期戰之結果在乎經濟能否支持，以分其勝敗。英之經濟力足可支持長期戰，況有美國經濟力相助，何必亟亟忍辱媾和乎？

2. 英德之戰不僅英國一國，其背後尚有許多國家在內，如美國、荷蘭、比利時、波蘭、法自由軍、挪威、廸克、希臘等，英國中途示弱，其將何以對天下，英國亦決不至以偷安苟活心理無故受辱而失天下萬邦之心也。

3. 目前媾和無異自認失敗（因淪陷各小國德必不允恢復也），其結果所至，各殖民地從此有分裂性之可能，各殖民地如果分裂，則英國等於亡國。

5 月 26 日　星期一

提要　上午在寓整理報告書，中午陳質平午餐，下午沈祖同晚餐。

一、審查馬來亞報告書關於軍備、地理、後勤各部分，均已審查完成，增政治、經濟報告書未到。

二、據重慶5/21 日消息，關於此次敵軍在沿海蠢動之隊號：

1. 鎮海、寧波登陸部隊為第五師團之第九旅團。

2. 溫州登陸者為第五師團之第二十一旅團。

3. 海門登陸者為近衛師團之一部約千名。

4. 福建連江、大澳、小澳一帶登陸者為二十八師之一
   部主力約兩聯隊。
5. 在長樂、福清登陸者為第十八師團之一部約一個
   聯隊。
三、天氣自昨日起轉入雨季矣。

5月27日　星期二

提要　今日在旅館整理報告書及行李。

一、審查印度報告書，其地理、軍備均有修正，後勤早
　　已審查完畢，政治、經濟仍未完成。

二、所有行李於今晚上可以整理完畢。

三、此次考察對於緬馬印——軍政長官錄名於后：

緬督 Sir Regihald Dornan Smits

　〔Sir Reginald Dorman-Smith〕司末次

緬總 McLead〔McLeod〕麥克萊

印督 Lord Lilinthegow〔Linlithgow〕林立之戈

印總 Auchinleck 奧欽萊克

　北總 Heartley 哈他萊

　南總 Riddle-Webster 懷勃司脫

5月28日　星期三

提要　今日在旅館整理行李及報告書。

馬督 Sir Thomas Shenton Thomas 湯姆司

遠總 Sir Robert Bisoke-Porham

〔Sir Robert Brooke-Popham〕濮普翰

馬總　前任 Bond 邦德

　　　現任 Pescievel 白司甫

海總 Layton 李頓

空總 Air Vice Marshal Pullford 普福特

5 月 29 日　星期四

提要　上午在仰光，下午乘車向勒戍。

一、上午十時駐緬總司令麥克萊來寓送行，並徵求余等對緬考察之意見，對滇緬路亦頗注意，並對本團各員各別握手。

二、本人宴本團各員，以為結束紀念。

三、下午九時三刻出發，十時一刻開車。

四、所有報告書因無餘裕時間，不及在緬整理完成，尤其各種照片不及整理編號，故預定改在勒戍整理，帶回國內付印。

五、杜軍長因事未了，仍住仰光，定明日乘其自備汽車趕到勒戍。

5 月 30 日　星期五

提要　上午乘車中，下午五時車抵美謀，寓彭各樓。

一、上午十時車抵曼得勒，天氣頗熱。

二、下午約五時許車抵美謀，曾次長及緬督派來秘書到站傳述緬督來電，準於明日九時趕回美謀與余等晤

面，並定明午聚餐談話。

三、余與商先生及劉、鄭二位下車寓彭各樓，其余各團
員則仍向勒戌前行。

四、晚在曾次長寓內晚餐。

五、美謀風景頗佳，天氣涼爽，與我國之廬山相仿，不
過規模較大耳，蓋其面積較廣，而英國經營為避暑
區已有四十餘年矣。

5月31日　星期六

提要　今日仍寓美謀。

一、中午赴緬督別墅午餐，餐後聚談，其所述大要如左：

　　1. 滇緬路中國邊境各站堆積貨物多而零亂，對空不妥。

　　2. 車輛麕集於一、二村落，警報時難以分散，目標
　　　亦大。

　　3. 夜間車上點燈成隊長行，對空亦不無可慮。

　　4. 滇緬鐵路緬政府雖不至贊成建築，但欲必盡其力使
　　　其迅速進行，早日觀成。

　　5. 彼受倫敦命令協助中國，彼在責任與其個人意志均
　　　願竭誠幫助中國，望中國相信勿因小事之故而有疑
　　　慮，彼亦開誠盡力也。

　　6. 未言中英二國在同一戰線，彼此互助以獲得最後
　　　勝利。

六月四日視察臘戌車站西南運輸處之倉庫情形

（甲）新站倉庫

一、臘戌車站開築軌道三條，由站台延伸至西南運輸處
所設倉庫地點以便起卸，該地之站名曰新站。

二、該站築有倉庫十九座，南竹為支柱，周圍蓋以洋鐵
皮如左：

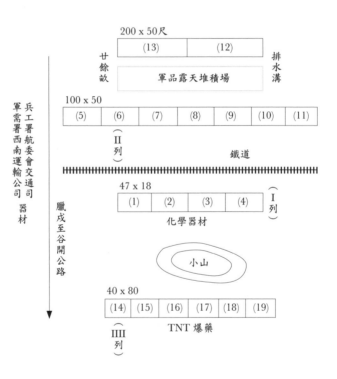

三、右圖各倉庫積存貨物總噸數為二一、二二六噸又
五五〇公斤，內中存露天堆積場者為一一、〇〇〇
噸，其餘存放倉庫內。

（乙）新建疏散倉庫

一、臘戌至古開公路離臘戌郵局7.3公里處新建倉庫五
　　座、辦公室一座，已落成者三座及辦公室，現尚未運
　　存軍品，此地靠近公路，有森林蔭蔽，環境清靜。

二、距臘戌郵局8.1公里處開闢支路約三百餘米，通至山
　　麓，於森林蔭蔽之下堆積汽油及附屬油，設辦公室
　　一座，是為露天蔭蔽堆積站，現已運存汽油約三千
　　大桶，此地如施以偽裝則更佳，環境亦幽靜。

三、離臘戌郵局8.3公里處開闢支路約三百米，透入谷
　　部，沿山麓構築疏散倉庫七座，每座相距約三十
　　米，利用山林以作依託，其辦公室與倉庫已落成四
　　座，其餘大體亦已完成，約月餘便可全部竣事，其
　　中已有倉庫一座又二分之一已堆積兵工署由美國運
　　來之子彈頭及儲備司之被服等。

（丙）西南運輸處收入及轉運情形

　　西南運輸處本年一月——五月收入進口物資，除在臘
戌交由各機關自運者不計外，共收入四萬八千八百十二
噸又八十三公斤，而轉運至內地資物則共五萬七千
七百六十四噸又六百四十五公斤。

（丁）結論

一、西南運輸處倉庫儲存保管情形，業經本年二月份軍
　　事考察團第二組經過時作一度之考察，並將亟應疏
　　散及改良之要點逐一指示，此次新建疏散倉庫及將
　　露天堆積物各軍品分別疏運留存，並開設排水溝

等，均本照考察團第二組所指示要旨辦理，兩月以來趕速舉辦，頗著成績。

二、新站第二列倉庫比節毗連，目標顯著，尚被炸損害，公算過大，應將第六、第八、第十等三庫予以拆除或騰空不儲軍品，以資隔絕，減少損害公算。

三、各庫內軍品種類龐雜，各機關所有混淆，對於轉運、起卸、查點均不方便，亟宜分別機關，使各撥有專倉庫，以使軍品種類數量分清，而不至混複紛亂無章。

四、爆炸品倉庫所存TNT炸藥堆存立方體質過大，應每隔五十箱或一百箱留一小甬道，僅可容單人通過，以通空氣且便於檢查（英星坡藥庫即如是）。

五、警戒方面現由英政府負責派兵守衛，西南運輸處似宜於倉庫內外酌派便衣巡邏，不分晝夜巡察，以策安全。

一、整理行裝遄返昆明，其日程預定如左：

第一日——臘戌——芒自

第二日——芒自——保山

第三日——保山——永平

第四日——永平——下關

第五日——下關——楚雄

第六日——楚雄——昆明

二、第一日到呢丁以後，擬赴內雲參觀航委會工廠。

三、在途中擬將全部報告書再加審查。

四、視察沿線公路情形、倉庫情形及調查車輛情形，作成
　　滇緬路改良意見書上呈，以期增進該路之運輸力量。

6月1日　星期日

提要　上午十時乘車赴勒戍，即寓勒戍西南運輸處。

一、車中間鄭科長轉述緬方克勞參議之意見如左：

1. 國境——保山路面須加修理，然後由緬入滇之車輛方能減低損壞率。

2. 遮放、芒自、保山間囤積……四萬噸，其堆積物品希望妥善，尤其汽油不宜堆積一處，以避危險。

3. 車輛之檢查與管理希望須有一負責之機關。

4. 由緬到保山之車輛，其車夫之食宿緬方擬派人照料，妥為設備，希望中國方面予以協助。

5. 獎勵緬車內駛辦法，最好准其攜帶貨物返緬，其貨物攜帶運費以比較中國方面各車者為廉。

6月2日　星期一

提要　今日仍寓西南運輸處。

6. 車輛之防空設備，尤其在夜間使用燈火，勿顯光亮。

7. 緬滇鐵路英方當盡力建築。

8. 西南運輸處目前對於緬方之港務、鐵路、海關及運輸機關似有閒言。

9. 特務工作人員常私自入緬境，在彼無多意，又在緬方則不無懷疑其作用。

　　今日借用西南運輸處司書二名，專事謄寫報告書，馬來亞報告已由各團負責交清初稿，趕緊審查中。

　　節候自六月一日起已入雨期，每日有數次下雨，天

氣亦涼爽似秋。

6月3日　星期二

提要　今日仍寓勒戍西南運輸處。

　　關於滇緬公路之整理加大運輸力一節，中英當局十分注意，而該路始終未能達到最高力量者，其故何在，竊以對該路整理應分五部研究（公路、車輛、調度、工廠、管理）。

（甲）公路

　屬於公路應研究之件如左：

　1. 公路寬度，足用否。

　2. 傾斜與曲半徑，適度否。

　3. 路面，平正結實否。

　4. 保存，平日如何巡視、如何隨時修補，有修補站否。

（乙）車輛

　　屬於車輛應研究之件如左：

　1. 行車數目與行車距離速度，每日平均能行若干輛，已足用否。

6月4日　星期三

提要　今日仍寓臘戍西南運輸處。

　2. 車輛檢查，如何檢查方法，應分自己檢查與檢查班檢查兩種，是否照此規定施行。

　3. 車輛修理，沿途是否設置修理班，其小修理應由修理

班擔任，大修理則送工廠修理。

（丙）調度

屬於調度應研究之件如左：

1. 站段之設置，每隔若干距離則設站辦理行車業務，每一支線或合若干站，則設一段以綜理各站或全支線行車業務。

2. 沿線之通信，沿路是否有電話、電信及無線電信，如無有或不完備時，是否要設置，大站須有通信所，小站須有修理檢查班。

6月5日　星期四

提要　今日仍寓臘戌西南運輸處

3. 沿線之巡查，稽查行車之是否合於調度，有無意外之情形，每大站須有莫托車若干、巡查員若干，專事沿線巡查。

4. 警報之收發，如接有警報一面發布警報，一面指揮車輛行動，是否有此設備與規定。

（丁）工廠

屬於工廠應研究之件如左：

1. 修理車輛工廠之數目及其能力應如何，是否足用。

2. 能否製造修理之機器，此節亦屬必要。

（戊）管理

屬於管理應研究之件如左：

6月6日　星期五

提要　今日仍寓西南運輸處。

1. 倉庫之數目及管理（位置、外形、構成、質料、內部布置陳列等）。
2. 停車場之設備（對空、數目、通路、警衛等）。
3. 食宿站之設備（含旅食及汽車夫、工人等）。
4. 搬運夫之管理（有定價、有符號）。

　　如果我滇緬公路能照此五個部門分別研究，實心整頓，切實改良，而以一、二大員全權負責統轄全路，再附以若干機腳車憲兵巡視軍風紀，防範流弊，維護沿線安寧，再予功果、惠通兩橋配備有力高射兵器，則該路運輸力之增進可以斷言也。

6月7日　星期六

提要　今日由臘戍到芒自。

一、上午十時動身，下午十一時半到芒自，中間在畹丁耽擱約一小時半。今日沿途所見情形如左：

1. 道路：臘戍——畹丁並不甚好，畹丁到芒自路面不平，或碎石嶙峋，或泥渣黏滯，或路幅不足，尤其遮放——芒自坡路路滑，絕對難行。
2. 行車：卡車轉彎不叫喇叭，又不編隊行走，每每車塞於途，無人指揮補救，沿途倒斃之車計有五、六輛。
3. 管理：沿途停車宿夜並無停車場，或不進停車場無人顧問，一要站上下行，兩停車場多開叉道。

司機工人絕無適當之食宿地，亦無人管理。

4. 物品：存儲物品每見露天堆積，許多汽油桶離大道甚近，行人可見。

5. 司機：我方司機常與人爭打，行車亦少規矩，對於車輛之愛護檢查想亦不會認真，對於司機技術上與規矩上之訓練似為亟要之舉。

二、畹丁中緬交界之區域，在緬方辦公機關與警兵宿舍均覺清潔整齊，而房舍在一稍高之高地上，四圍照料亦甚方便，而其環境亦打掃清潔，可資休息散步。及至我方，辦事人穿著軍衣既不整齊，而閒雜人等雜亂無章，車輛叢集東西南北方向不一、位置不定，屋舍四週污穢，甚至內部是辦公，洋房外圍之不潔亦復如是，國旗用竹桿馬虎懸掛，無論何處令人一見而起不快之感，同令人發生輕蔑之心。

是以，以余個人意見，最好無論運輸機關或警戒部隊或各辦事處人員一律須重新檢閱，擇其良否，分別去留，另派幹員，同時須特授一人指揮全部之權，而對於設備經費亦不可吝嗇。

國家有好多事不可不特別處置者，人員與經費亦須有特別辦法者，如果各部各機關都照科員固定式辦公方法，那必有因小而失大的結果。

外國人高級官不時在外巡查視察，應興應革之事自動處理，故辦事效率大，而在下者亦易做事。我國高級官出門驚天動地，到處接客到處演說，結果款款歸來一

無所成，依然如舊，此中外辦事精神上之大分別處也。

6月8日　星期日

提要　今天由芒市乘車到保山。

一、上午八時出發，中午在夢明午餐，下午六時到保山。

二、今天路上所見情形，公路行車管理等與昨日所見者大同小異。

　　保山比較稍好，夢臨附近公路亦比較稍平，但該地係風化石，岩不堅固，每見倒塌，而路幅亦覺不足，故該處兩旁坡度頗竣，萬一有失不可救藥，故路幅宜特別加寬。

三、公路所以辦不好者何故，中國辦不好之事不只一件，其原因何在，中國要如何辦法方能著著進步，以上問題真值研究。

四、一路未看見男人作工少，女子作工多，荒地亦多，中國人口與糧食均發生問題。芒市一元一斤，夢臨米較芒市尤貴。

6月9日　星期一

提要　今日由保山乘車到下關。

一、上午七時三十分動身，中午永平，晚八時寓大理聖六公園。岩常崩下，路幅不足，又漾鴻以東路幅亦須加寬。

二、今日所見情況與昨日相仿，永平附近路面較平坦，

但岩常崩,路幅不又〔大〕,漾濞以東路幅亦須加寬。

三、下關車輛雲集,沿途皆是,似應擴充,多加停車場。

四、芒市、保山一帶士兵伙食,計食米須四十八元、菜十元,肉類無有,柴火由士兵自伐。

現在士兵伙食情形,西南運輸處津貼 22 元,軍糧局津貼 24 元,士兵餉銀 12 元,合計 58 元,僅僅米菜之需,而一旦如調動,則西南運輸處之津貼無著落,而士兵伙食又發生問題。類似此經理,真可謂不澈底、不切實。

6月10日　星期二

提要　今日上午九時動身,中午雲南驛,乃滇緬路最易最適開展之地,下午五時半到楚雄。

關於滇緬路之我見

滇緬路最大癥結何在乎?曰在不統一,一條公路而路之機關與車之機關不統一,各自運輸之管理調度又不統一,軍運、官運、商運各自為政,因此不統一之故。而發生左列諸弊端:

1. 路政不合於行車的要求。

2. 車輛之稽考管理修理困難,工場多而功效少。

3. 路上與站上一切設備進行不力。

4. 運輸物品緩急失其度,而奸商易於從中作弊。

故整頓滇緬路要從絕對統一起,即所有路政車輛及一切建築物統歸一個機關直轄,而該機關且需有確實、有專任負責之人主持,然後再議其內部之組織如左:

6月11日　星期三

提要　今日上午七時半由楚雄出發，中午祿平，下午四
　　　時到昆明。

1. 調度部：為陸軍之參謀部，車輛之運輸，物品之
　緩急，即運輸力之調節計算屬之（行車編隊等事
　亦屬之）。

2. 公路局：公路之修理保管培養，及公路上應有之設備
　屬之（包含壓路車、穿山機、輾石機等亦屬之）。

3. 車輛部（附工廠及機器廠）：凡車輛之檢查大小修
　理，以及製造修理汽車之機器廠屬之。

4. 管理部：旅客之旅館，車夫工人之食宿站、停車場、
　車廠、倉庫等之設備經營建設均屬之。

5. 通信部：全路之通信屬之。

6月12日　星期四

提要　今日仍寓昆明，中午赴西山遊覽，下午謁龍主席。

6. 警備部：全路之警戒治安，以及對空警備均屬之（包
　含各倉庫之對空蔭蔽）。

　　除以上各組織之外，尚須有直屬主管長官之巡查，
但此組最好由特別訓練之憲兵軍士與軍官擔任，另備機器
腳踏車數十輛，沿途視察是否合於一切之規定。此外尚需
成立一訓練機關，常以設置專門訓練司機人士及車隊長人
才。大工廠之內則附設學徒班，造就工匠人才。

　　如照以上辦法行之一年，必然能收分工合作之效，

不難百廢並舉，而且人才因有訓練機關而匱缺乏。

6月13日　星期五

提要　今日仍寓愉園。

一、上午電賀主任請代轉陳擬由貴陽轉進桂林，料理行裝，遲十日赴渝。

二、電話於愨遠兄請（一）項之意作一簽呈於賀代呈。

三、下午晤盧總司令，係拜訪性質。

四、下午七時半劉參謀長耀揚晚餐，席間彼談數點：

　1. 士兵伙食費不足。

　2. 第九集團軍已有屯糧，第一集團軍尚未，應請酌撥屯糧運輸費。

　3. 偵探費原撥三萬元，現因物價漸高，請增撥三萬元，連同無線電台經費共六萬九千元。

6月14日　星期六

提要　今日上午七時由昆明，中午曲靖，下午五時平彝。

一、自昆明——平彝地形大體平坦，有山不高，高山上人煙不盛。

二、平彝縣甚貧，不成街道，不成商店，女多小腳，民居亦少。

三、對一般民眾及學生等應使了解者如左：

　1. 國際地位之提高，即人民在國家上之身份提高，此身分謂之國際身分，乃由內部統一、對外抗戰得來。

2. 個人知道國之充實，即國民每個人在社會上有文明
   高尚之身份此身份，謂之國民身份，乃由實行新生
   活得來。

   可知吾人一身有兩個身份，一個就國家之地位而言，
   一個則就本身而言，在國家地位既高，而在本體之身
   份亦須文明高尚也。

3. 英、日、法對於殖民地人民之情況，激發堅定愛國抗
   戰之精神。

　　本月十一日下午九時半俞樵峰所說滇緬路改進預定
計畫如左：

一、公路：現在遮放——芒市間與級三坡附近之處加以臨
　　時修理，將來此路改為柏油路，其程序：

　　1. 畹丁——芒市七月底

　　2. 芒市——武鄰九月底

　　3. 武鄰——保山今年底

　　4. 保山——昆明明年六月底

　　以上關於經濟、人力、物料均有準備如左：

　　柏油：由美國來九千數百噸（自賺六百噸）已起運
　　一批，計全路所需外，尚餘二千噸。

　　經費：人力亦已有準備。

二、車輛：美國一萬輛明年六月底可到齊，已到500輛，
　　自己另購約四、五千輛。

三、機器：關於車輛修理最感欠缺，擬整頓大小工廠，

並設短程修理所，大部配件機器由美另購。

四、外籍人員聘請：左列外籍人員以為本次之助。

　　1. GMC 車輛之工程司一、技士三。

　　2. 道祺車輛之工程司一、技士三。

　　3. 公路管理專家一。

　　4. 運輸調度專家一。

五、關於外來商車雙重納稅事，將來設法改為一次，以
　　省手續而盼統一。

6 月 15 日　星期日

提要　上午七時半由平彝出發，中午盤縣，下午六時到
　　　安南縣。

一、自平彝到安南都係高山，絕少平原，與昨日逕路情
　　況大不相同，人煙稀少。

二、將到安南二十四盤上山工程良好，第二十四盤之下
　　便是安南縣城。

三、平彝、盤縣、安南均係山城，安南市面似較盤縣
　　為佳。

四、安南縣有軍政部後方醫院，未到其內部，惟從其外
　　表觀察，似無病人而布置亦殊不見高明也。

五、就黔境內見人民情況，經濟生活上極其艱苦，鄉
　　間未見高樓大廈，住居極污穢，營養不足，尤其
　　一般苗民兒童失學自無疑義，人民知識與教育有
　　關係，人民教育與經濟有關係，故發展社會經濟

為政治中要務。

6月16日　星期一

提要　上午五時出發，因盤江水漲橋壞，不能通行，折
　　　　回安南。

一、盤江橋被炸後，地方交通機關改用浮橋過渡，但對
　　補助過渡方法未曾盡量準備，故上流水漲，交通斷
　　絕，殊不知此橋之效用與功果、惠通兩橋同其價
　　值，蓋同為西南交通之要道也。

二、中國人做事最大毛病，事前不能週到準備，事後則張
　　大其辭以圖卸責，在服務精神上不及外國人之忠誠。

三、沿途（西南運輸線自渝——滇——臘戍）通信不靈
　　為最大毛病，何以不求解決，誠屬怪事。余意宜全
　　線設一通信司令，籌備全線之通信及沿途駐軍之通
　　信，有全國重要運輸線而各項不能相互通信之理。

四、安南招待所係奉公籌辦，內容極不合時代化、新生
　　活化，乃委託非人之故也。

6月17日　星期二

提要　今日寓安南招待所。

一、盤江上流天雨，盤江水量增高，流速甚急，浮橋之
　　船被衝去三隻，又無其他設備船隻，故浮橋不能重
　　搭，工程事既無事前準備之材料，又無事前準備之
　　補救方法，束手無策，惟歸諸天意。

二、杜軍長及侯參謀長因急須回安順軍部料理公事，故
　　於今早九時輕裝搭小船過河先行。
　　馮高參衍與周上校應聰亦輕裝先赴貴陽。

三、竟日時雨連綿，因守旅舍，殊無聊忙。下午及夜間
　　看近代史若干節，覺我國目前情形與十九世紀末期
　　之土耳其頗有相似之處，而民國初之政治則與歐洲
　　十九世紀中期之各國政治相似，是我國之落後不啻
　　近百年也。

6月18日　星期三

提要　今日仍寓安南招待所。

一、盤江之水位高漲不已，浮橋之修復仍無希望，兩岸
　　堆積之車輛愈見擁塞，而騾馬則逾千數，似此情形
　　不但交通運輸中斷，物質上受到很大影響，而一遇
　　天晴敵機轟炸，車馬疏散困難，甚可慮也。至於旅
　　客之坐食興嘆自不必說，行路之難一至於此，良可
　　慨也。古人云，人無遠慮，必有近憂；又云，有備
　　無患。誠哉言乎。

二、省府與公務方面都希望余等個人先行，但余等總希
　　望橋梁早日恢復，故遲遲不走，無形中藉以督促其
　　努力也。

三、中國人並不算不聰明，但是不切實、不緊張，此二
　　者有連帶關係，因有此二個大病，故雖有天賦亦不
　　能發揮大用，惜哉。

6月19日　星期四

提要　今日仍寓安南招待所。

今日親赴渡頭視察工程，所得之情形如左：

一、盤江兩岸河暢，多則百米，少則四十米，水流雖速，而遍舟可渡，如此河川何為浮橋一被衝〔沖〕斷，經多日斷絕交通而無補救辦法乎？其故如左：

　　一、滇黔全路平時無救急機械之準備，如起重機、滑車等是。

　　二、全路平時無救急材料之準備，如鋼軌、木材之準備。

　　三、平時無預備渡河方法之準備。

　　四、臨時不熱心實行救濟方法，如浮橋被沖後明明可改滑鋼渡辦法，不肯設法；明明可用渡船載兩岸輕裝旅客，兩岸用汽車接運，而不肯實施。

6月20日　星期五

提要　本日寓安南縣招待所。

　　五、無熟練技術之工人。

二、安南縣城雖小，而各機關、油站、車站、修理站等各自林立，至不統一，至於公路之壞與旅行社、招待所之腐敗，電話之不通，猶其餘事。

三、我西南主要幹線交通之敗壞一至於此，不但無以利軍運，亦以無從慰行旅也哉。

　　委座遠居簡出，人言云云，安明真象，官僚政治蒙

蔽有餘，此路如不以軍事方式斷然整理，則於軍事、經濟兩均不利，可斷言也。

6月21日　星期六
提要　本日寓安南招待所，鋼索橋已將成，水少退，浮
　　　橋尚不能搭。

滇緬邊境之苗夷各族瑣考

一、儂人：係出獠人，來自邕州儂志高之遺部，人口頗
　　盛，其俗男惰女勤，好居樓居，有語無文，近代漸
　　通漢語，舊歷六月一日為歲首，染五色飯祀神。

二、女不纏足，授螺髻於頂，吉帕包頭，帕兩端綴以細
　　繐，收青黑，有裙袖口鑲三寸寬之雜色，邊飾有簪有
　　環，有戒有鐲，皆銀質已。據云婦常歸母家，農忙時
　　節一歸，工作青年男女自由唱歌，既洽即成夫婦。
　　儂人好食水牛、田螺，猶好食蝦■蟲、蜻蜓幼蟲、
　　蝌蚪。其宴賓之俗頗重照助，遠客光臨，闔村分
　　款，無須主人負責。有病不求醫而求白馬（巫名），
　　竟日送兔，極迷信又能養蠱惑人，放藥病人。

二、沙人：即儂人之變種，明末酋長沙定洲率屬叛亂，
　　其部謂之沙人，種族多居河濱，每於沙灘乘涼，出
　　生小兒臨沙上則無疾病，言語風俗悉如儂人，惟裙
　　無摺耳。

三、猺人：其種有二，曰頂板，曰藍靛，刀耕火種，逐
　　山菁以為家，性疑膽怯，竄徒無定，種類已微矣。

猺人不輕入城市，不置田產，喜獵，男惰女勤，俗
謠客與其婦女調笑，主人乃樂，有書父子自相傳習，
筆畫似漢文，但字與文均難索解。

考察猺裝飾，面髮左右分，由後上束於頂，長六
寸、寬三寸之木板中繫紅繩上蓋花帕，前後無細
珠，如冕旌然。

藍羚猺將青黑色著褲衣，長邊漆像以紅白色之邊，腰
繫帶，髮結細辮繞於頂以五色細珠串集，竹編為圈，
蓋於髮上，覆花帕，善種羚猺人均穿耳跣足健步。

猺人有邪術能符咒、筆籤、卜卦，極其迷信，其遺
物人不敢取，死則大葬殮骨置瓦器以便遷移。

四、猓玀：分白、黑、花、碩頭等數種，性悍，服式各
異，女不纏足，褲當紅綠，頭挽髻，此黑白猓玀
也，俗謠操月琴，唱秧歌，男女於田野間歌唱洋
洋。廢曆六月二十四日為大把節，是夜燃火炬擊鼓
澆行田畝果樹，蓋謂火照石反而收穫豐，少蟲害。

花猓服長及膝，跣足，著褲，服色青藍，以布衮髮而
盤於頂，男猓領襟腳繡三寸之花邊，袖大尺餘，不易
換濯，換時典禮最重，必請巫師祈禱宰牲宴賓。

五、民家：亦稱都勻人，婦女結髮繞頭而加之帕帕釘銀
泡，一路近漢，俗不纏足，而鞋襪好潔，男女唱歌
自由配合，近則漸有禮化矣。

六、土姥：滇南原有之種族，有語無文，女勤男惰，服
尚青黑，分花白。

6月22日　星期日

提要　今日寓安南招待所，下午二時前鋼索橋已成，可
渡小車，若大車則須卸載行李，空車可過。

二種家設神堂香火，妻以子名，加老不二字，呼其
夫如子，名小雲則稱夫為老不雲，名南則呼夫為老
不南。

土姥粧式大領短衣，裙而不褲，皆青色裙，左右幅
概鑲白布一條，提而束之則成一白色人字形，挽髮
于頂上，復青帕一端，摺披於背，長尺餘，一端僥
額而束之，此白土姥，亦稱搭頭土姥，又胸前背上
各有補服一方，五色斑斕，自領以下密綴銀泡，並
繫餉鈴，裙寬衣窄，行走如風，此花土姥亦稱平頭
土姥。

聘禮例用銀九兩二錢，但先付一兩二錢，其餘待迎
親之日補足，新婦徒步，行衣花綉，彌月後歸寧，
母家女伴咸集彈琴唱歌，夜闌燈弛為止。

七、犵姥：亦稱羊姥，或謂其先自土姥莘出者，言語風俗
同土姥，惟穿耳跣足服青藍褲裙不一，形態鄙陋，
生活艱苦。

6月23日　星期一

提要　上午五時動身，中午安順，下午貴陽。今日接廣
楠，蘇、德兩國發生衝突。

八、玃㺄：滇南原有蠻族，種雜糧，性獷悍，婦女穿耳

著褲，分種如左：

黑猓猡：男女衣服均以黑布為主，面黎黑而形陋。

白猓猡：衣服裝束多用白色。

花猓猡： 服色用青藍，領緣袖口花邊以紅綠雜色鑲之，頭帕上橫勒雜色珠一串，耳綴形如陀羅。

牛尾巴猓猡：形醜惡，污穢不潔，婦女以毛繩雜髮而束之，粗為脅盤曲成圈，以繩為繫，平戴頭上。

彼族無書契文字，刻木為記，部分各藏其一，以為質信，娶妻不以媒妁，新婦至門，婿家以冷水潑面，新婦不敢前，必待新郎拉之急趨而過，農事既畢，月白風清之夜則大會行跳舞之樂，僅一男一女相對而跳，應節

6月24日　星期二

提要　今日在貴陽耽擱，上午遊花溪。

合報，家人肅靜而觀。

九、擺夷（白夷）：本名樊夷，或名白衣，男蓄髮而黑齒，似高趾，分「水」、「旱」二種，男性鄙惰，女勤而好潔，裙而不褲。旱夷喜山居，髮髻高聳，愛以青白繫以銀餉，自領及襟多綴銀泡，青裙而緣以白邊。

水種居水邊，種棉花、甘蔗，領袖均饒紅色，裙用五色布，在越南、緬甸者色白，白衣甚整潔，華人每留戀之。

十、猍猓：又名拉雞，出自安南，習傳萎靡，男蓄髮挽

髻，女衣長及脛，窄袖緄腰，以淺色綢布為布，垂
其面，端髮以布衮之，盤於頭上，裝飾雅緻，好吃
檳榔，故齒黑。

猁樊之█女，出嫁過溝時須給以鐲，否則不過，故
須預算鐲數。

6 月 25 日　星期三

提要　童廉漠、楊亞東、防校周副教育長及其夫人、甘
　　　聲初、炘卓艾及其夫人、黃劍靈夫人等重遊花溪，
　　　自上午十時至下午五時。

十一、苗人：本正苗之後，自湘——滇——黔，有語無
　　　文，奔山如猿捷，喜高居，性悍，好獵，善槍與
　　　弩，男女衣麻，耐勞。

　　　文苗：男女穿為摺花布裙無褲，白衣衮腿，短衣
　　　左右交換繫帶，胸膛露於外者。

　　　漢苗：男子衣褲用棉衣，有鈕釦與漢服略同。

　　　白苗：男女衣用白色、青色，鑲邊與領口、袖
　　　口者。

　　　青苗：衣服、頭帕咸用青色者。

　　　蒙沙苗：上衣下裙咸用黑紗絨織者，此外尚有紅
　　　頭苗、花苗等，苗婦勤勞要為人類第一，夫妻子
　　　女衣服自種至成衣一律擔任，並同時負柴挑水趕
　　　街，並能給繡古雅之花紋。

6月26日　星期四

提要　今日上午七時由貴陽出發，中午馬場坪，下午住
　　　獨山，自馬場坪至獨山間風景佳秀，土地肥沃，
　　　尤其都勻附近。

苗家無神堂內室，屋內設一火塘，爇大木未燼則添，
入夜家人共圍火爐席地而坐，閒話既疲，則倒頭便
臥，天明各事其事，最嗜酒，尚食狗肉，生活簡單
不作長久計，早婚既嫁則長居夫家，喜喝者易得妻。
莞有踩山之傳，即於山場大會，男女雜集，男擇合
意之女與歌，男勝則女贈以指環，如是者數日相悅，
拐逃之事發生，親族視為平常也。

苗人表葬之俗，先則敵敢吹蘆笙以樂，晝夜不停，
子孫養食，以酒肉塞死者之心，其擇地埋葬不以羅
針，以木棒向空拋擲落地，橫則橫葬，斜則斜葬，
隔五、六年須翻屍一次。

苗人迷信極深，相信有苗人化虎化熊之說。

6月27日　星期五

提要　今日上午六時半由獨山，上午十時到南丹，下午
　　　二時半到金城江。

一、獨山以東入桂境，以後物資漸缺，房屋稀少，宿營
　　不便，而天氣亦漸熱悶，蓋地勢漸低也。

二、金城江地勢甚好，敵機不易發現，且不易施行有效
　　轟炸。

三、上火車復閱讀報紙，應對時局，提出考慮者數點：

1. 德蘇何以開戰：德軍進東進展，感受蘇方威脅，至對英作戰方針根本失效，失信背約另有陰謀。

2. 土耳其傾向如何：應領受德國之可怕與英帝之關係繼續，且約蘇聯於勢為順。

3. 英美此後之方針：遠交近攻先集中於一個目標。

4. 日本如何行動：如求比較穩妥，莫如不動。

6 月 28 日　星期六

提要　今日上午在六寨遇警報，下午九時半到家。

一、上午七時車到柳州南站火車橋，即柳口橋，已可直接通車，晤李崑崗知前次四戰區旅行日記尚須二個月方能印好，文化事業之不發達可嘆矣。

二、九時車到站，諸同仁均在站迎迓，已為感謝。

三、蔣東心兄在寓內設宴接風。

四、半年不見家人親友，一時見面之下，大家健康親熱，其愉快心情真不可言語形容，今晚可謂為余重要之紀念日也。

日本占領安南後之事實

一、安南各主要城市關卡，日均派駐兵或行政督導監視法人行政，法人殆完全成為傀儡，實權全聽日人指揮。

二、敵對越民及華僑均以同色同種假相讒召，不加欺凌，取懷柔政策，惟對法人百般凌辱，舉數則如後：

1. 敵兵或偵探法人店任意取物而不付價，如向其索價則拳腳交加。

2. 法人汽車停於規定地界內而敵之軍用汽車故撞之，兩相爭論，敵即袖出無線電話召集敵憲兵多人前來評論，結果判定法人不是，如其不服，則車沒收，人被押。

3. 法高級軍官會宴於大飯店例有跳舞，而日憲兵則帶領土人之車夫入座高坐，並擲去壁上法軍官官帽，而補懸車人之帽，相與據坐大嚼，法人軍官抱頭鼠竄而退。

4. 憲兵掛長刀巡行於市，見法人或法軍官迎面而來，則故意橫刀撞擊之，如其出聲則拳腳交加，予以重創，即不出聲亦罵不絕口，法軍人之有血氣者，同憤而自殺者有。

5. 法婦女如行於市，誤撞日人，亦難免被其辱打。

6. 日人呼法人為戰敗民族、劣等民族，任意侮辱。

7. 日在越到處以中越日三國旗並懸，宣傳親善和平。

三、日在越方對越人雖如此作為，但越民及華僑均傾向祖國，越民仍稱我國為天朝。

6月29日　星期日

提要　今日在寓整理一切，大好光陰一頁一頁的翻去了，可惜。

一、遠東國防之程度如何乎

緬甸

1. 國防觀念薄弱時期：北部少數正規軍（約一旅）、東部若干邊防部隊（陸軍警備部隊十餘連）、內部若干地方部隊。

   特種兵缺乏砲兵一、二連，空軍、海軍等於無有，邊境交通亦不良好。

2. 遠東形勢較緊時期：全緬陸軍約三旅，砲兵一、二營，飛機一、二隊，海軍無（一艦），仰口河口砲台砲二門、探照燈三。

   東部南部有少數工事，邊境交通改善，防空設施簡陋，兵工修理廠一所。

6 月 30 日　星期一

提要　今日在寓整理一切，大好光陰一頁一頁的翻過去了，可惜。

印度

供給補充為主，國防次之。

1. 戰前：陸軍一餘萬，駐防與訓練為主，全印分三個軍區，一獨立分區，共為十一分區、二個旅區，此外若干地方軍、邊防軍。

   空軍僅有教練機關海軍有小艦八隻修理廠若干。

2. 現時：陸軍出征者約四十萬，在印者約三十萬。空軍約有四隊，西北邊防特別重視，步機槍廠若干，小砲廠一，許多修理廠、汽車裝配廠。將俘獲商船54隻

武裝對敵，魚雷艇足資自衛，孟買、加爾各答警備防空正在努力。汽車、飛機、戰車重機砲不能自製。

馬來

1. 全般採取內線戰略的配備：陸軍約五萬餘尚可增加，馬來北部11D、東部9D、西部澳師、新坡1D、其他。

2. 海岸要塞警備良好：六吋及九吋兩個海岸砲團、三七高射炮團、要塞工兵團、重砲連二。

3. 空軍共飛機約150架。

4. 海軍不詳，據云能支持二、三個月之守勢。

5. 檳榔嶼有獨立之守備設備。

6. 軍港建築完整。

綜合所見

1. 英軍地廣兵單，政策向取保守，而對日並不重視，故平時在遠東軍事上處處消極，疏漏遲緩。

2. 目前對於戰備上下努力（工廠、造艦、募兵、訓練），但軍械缺乏，如近東中斷則火砲、戰車、汽車等補充更成問題。

3. 一國戰備，其基礎大小須在若干年以前確定其方針，若臨時大量擴充則頗不易。

4. 英方因遠東係屬國，自恃海上連絡確實，故不肯於印緬設置重要之製造廠，實則應分成本國、遠東、近東三部獨立設備，完整國防，使各能任長期作戰。

5. 遠東國防最要者，控制強大空軍，一面與中國結合，

而以術馭泰國，如此行之於四年以前，則今日遠東之局必更如磐石。英方計不出此，乃欲以羈縻之所遷就日本，殆軍事當局以無限之困難，誠可慨也。

二、英方軍事上之優點何在乎

1. 軍官精神團結高尚。

A 尊重歷史：旅團番號有百餘年者，有一團而具兩個番號者，懸掛歷史上光榮旗幟，揭示本團勛章或無將校之勛章，團中將校之傑作，陳列保留將校贈品之紀念，歷代團長照片，本團官長照片，不但紀念前賢，且足發揚先德，使後人瞻仰，激發進取團結精神。

B 注重俱樂部：每團、營、連部均有之，任何草創兵舍無或缺者，有時幹部眷屬亦共同參加，此種俱樂部並無贅疣，足使全團將校精神團結，上下愉快，而尤關重要者，下級者領略上級官之風度儀範與熟練交際法則，使成自然，每一軍官均需要也。

C 公私分明：在公事房或操場尊重秩序與階級，自尊自重，一到宴會則上下暢談，自由平等之至。一上尉夫人可做總督之貴賓，但絕不致越禮非分放蕩形骸之，此乃由於公私分明造到自然境地，故能精神高尚，重視公令。

2. 軍事切實：實事求是，不敷衍，不自欺則其內容必然充實。

A 編制上：無論部隊、工廠，成立一隊一廠則其內容必然充實，立時可用。步兵營、工兵團、戰車部隊、砲

兵部隊應有一人使有一人，應有一車一馬使有一車一馬，名實相符不虛不溢。

B 裝備上：如帳篷、水壺、飯盒以及各種工具、官兵工具，無不應有盡有，而至恰合定量。

C 給養上：無論人糧、馬糧概由公給，或代價、或現品，皆係經理部負責。

D 訓練上：側重技術，質言之，不重有才而重有能，分述之：

（一）貴貴時間：無遊課、無陪座，必實用，習必實物，一分不浪費，分組授課。

（二）力求迅速：並非蓋章，乃想出種種方法與設施，使特別究為了解。

（三）教材完備：實物實授，實地實授，空洞想像之課皆所不取。

（四）分等獎勵：即用各部競賽方法，足資激動且極公允。

（五）師資優秀：無濫竽更無掛名，必具其實本領，空談高論皆所不取。

故無論通信、射擊、馬術、駕駛、工匠、工程、戰術等均能確具其必要之本領與技術，所謂成績優良，進步迅速，實才實用是也。

7月1日　星期二

提要　下午對辦公廳同仁報告經過。

  3. 工業發達：如機械工業、化學工業、紡織工業等發達之結果，於是在軍事上得到無限之幫助。

  A 軍械：槍砲彈藥不僅出產量增大，而且大小修理廠林立。

  B 工具：如工兵用器材、望遠鏡、防毒面具，以及各項生活用具，一面生產一面修理，使軍隊得到滿足供給。

  C 糧服：大量麵包、大量被服、毛織品等，自非有機器工業不可。

  D 衛生及通信器材：如藥品、紗布、電線、電機等亦非工業發達無法供給，其需要工業發達不僅於軍事有絕對需要，而於長期抗戰有絕大關係，蓋足以使社會生活活潑流暢，貿易繁盛，交通暢達，財源發展也。

7月2日　星期三

提要　今日在桂林。

三、英方對殖民地之政治經濟如何乎？

政治

  1. 掌握大權：無論對緬印或馬來亞，軍政大權完全掌握不稍放鬆。

駐軍：即以英軍分駐要地防範安定。

軍校：各殖民地無正式軍校，戰時方開設訓練班。

軍官：從前無連長，現在有之營長，甚少英印錯綜配置。
軍隊：藩屬無正式軍隊，只有防軍部隊之類，且利用宗
　　　教、種族互相監視。
以上為軍權。
監督官：緬甸制，乃監督土司行政者。

7月3日　星期四
提要　今日在桂林寓。
秘書官：印度制，乃監督藩屬行政者。
參政司：馬來制，乃監督藩屬行政者。
總督欽差：權力無上，為立法之主席，且不出席議會
　　　　　辯論。
外交、財政、鐵路、立法均係直轄於總督。
以上為政權。
　　以英人之能力與英軍之武力，對於殖民地只要總攬
軍政，大權確能在掌，則何懼於殖民地人民反動乎？
　　2. 防閒反動：英人治理殖民地積一、二百年之經驗，防
　　　閒反動殊有特別妙訣。
　　A 教育：對藩王土司施以直接或間接教育，對必要官吏

7月4日　星期五
提要　今日在桂林寓。
　　與工人施以教育，教則必用，用則必裕其生活。此
　　外則為教會教育。對一般人民教育則普遍的不發

達，尤其民治、民族思想忌其發達（教則必用，不
用不教）。

B 分化：利用種族複雜，平等扶植，相互抵消。

利用宗教不同，平等扶植，相互仇視，尊重寺塔，
自由中自由僧道，軍隊中之無數禮拜堂。士兵各種
形勢，一營之中配置，各別之族種與宗教。

C 籠絡：對藩屬土司使其有錢、有權而為己用，使其享
樂舒適，使其聚英國人或以授英國教育之美人。

不時宴會贈予紀念品。

7月5日　星期六

提要　今日在桂林寓。

D 優待軍人：現役軍人固然待遇甚優，即退役以後政
府亦予以法定之待遇，故官長士兵無不樂於擁護。

E 官吏清名：英人治理殖民地真正主要之點，即在於
此英人尊重法律，自重人格，不敲詐、不掠奪、不
滑法、不濟私。

英人統治殖民地而有如此良好政治，故雖當二十世
紀民族自主之澎湃潮流，猶能使其各族不生叛變，而且
甘為彼用也，比之法國真高出萬倍也。

3. 拒止外力：阻止外力之侵入，亦為英人對殖民地之
著眼點，此乃：

A 我國對於印度國民黨之連絡。

B 蘇聯之力量由阿富汗之侵入。

C 日本之力量由泰國之侵入。

D 馬來華僑之極度發展。

皆為英國之日夕所最關心注目者。

經濟

1. 盡量發展地方富力，為人民謀福利，為國家禦外侮，上下一致，致力於地方富力之發展。

A 緬甸之森林局：全緬四局、二九分局。

B 緬甸之油礦公司：五家公司，工人四千餘，每日百萬加侖。

C 印度之水利：四千萬畝。

D 印度之棉麻：蔴二、六六八、四〇〇、〇〇〇磅，紗一、三〇三、五四六、〇〇〇磅。

E 馬來亞之樹膠與錫：錫輸出九二、一〇六噸，樹膠六八一、六三八噸。

2. 盡量發展交通。

鐵路：單複大小如織蛛網，共有四萬哩。

公路：既平且直均係柏油建築。

水電：自來水沿交通線大城市均有之，電話、電信遍乎印度全境。

綜合英方軍事與政治觀察，其優點所在應瞭然無遺，究其何以能具此優點，則不外由於自治精神與科學精神所培養與造詣。吾人閱讀英國十八世紀至十九世紀百餘年來之歷史，覺其間歷史皆為此二種精神之所構成，因有此根底深厚，兩種精神之要素，故事事能腳踏實地而

求進步，處處能奉公守法而自尊自重也。我委座竭力倡導新生活與科學精神科學方式來辦事，用意亦即在此，果吾人能體察精意，毅力實行，英方一切之優點亦自然包含在內矣。

7月6日　星期日
提要　今日在桂林寓。

四、英人對於我國之信念如何乎？

1. 對領袖：竭誠仰佩與信賴。
2. 對政治主義：大體同情而顧忌德日者有二：
A 對民族運動：防波及其殖民地。
B 對蘇聯接近：防特■其勢力範圍，對政治能力則不見信賴。
3. 對軍事力量：經四年抗戰，承認軍隊有相當精神，而對於軍權統一與軍隊之實際之戰鬥力則尚有懷疑之處。

總之英人對軍事重在實質與技術，二者皆有數字可計、內容可考，不是虛玄巧妙與宣傳粉飾可以轉移其信念者，由此層望吾全體同仁特別加以注意。

7月7日　星期一
提要　今日在桂林寓。

五、其他

1. 接待外人與交際：接待要周到而簡單，交際要守禮

而節時。

2. 考察團之人選：通達語言，專於技術。

7月8日　星期二

提要　今日在桂林寓。

教育之精神：嚴密與切實。

教育之著眼：

1. 寶貴時間：重預定，不過長。
2. 戒除粉飾。
3. 實作典則。
4. 演證理論。
5. 熟練技術。
6. 注重數字。
7. 應用規劃。
8. 精神自重。

7月9日　星期三

提要　今日在桂林寓。

修學之目的：學有所得，增長能力，儲供國家之用（實學實用）。

修學之要訣：故學問之道以切實為主。

1. 熟記重要之典則教訓（典訓者，事實之過去也）。
2. 熟練技術：命令指揮圖表設計。
3. 精確計算：時間、距離、速度、質量等。

4. 注重實際：實物實地。

5. 身心並用勤勞不懈。

6. 自尊自重。

入隊要做軍官，做軍官帶兵、練兵如在學校修學之辦法。

7 月 10 日　星期四

提要　今日在桂林寓。

一、參謀學校目的：對一般軍官加以進益，即精深其思想，提高其技術，明敏其判斷，使軍官素質優良，並能擔任較高之職務。

二、我國參謀學校畢業者之現象，即世所謂參謀官之現象。

1. 收藏許多課本，能寫長短篇文字，抱才覓主作幕。

2. 帶兵官擇其財權，羅致此輩料理文書，籍整門面，此風競長不已。

3. 參謀與軍官顯成兩階段、兩分野，參謀一條路，軍官一系統，一則永為主人，一則永為門客。

4. 參謀之末路：多得津貼久作幕賓，終日伏案抱頭擺尾，至死而到處依人，一無建樹，不但其人作廢，而且完全違反創辦學校之目的，成為世界參謀之罪人。

7月11日　星期五

提要　今日在桂林寓。

三、我國參謀何以成為高級司書之慘象。

1. 歷史風氣：自前清綠營以及北洋軍閥一、二百年來帶
   兵打仗者，曰武官；咬文嚼字者，曰師爺。武官有
   專行、有門弟、有終身，帶兵路線；師爺則為幕客，
   不能帶兵，不算武官。

2. 人事錯誤：並非人事法規錯誤，乃一般軍官心理錯
   誤，迫得人事法規亦走入迷途不能自拔，以至參謀
   與軍官劃開分野，分開陣線。

3. 學校教育不良，此為主因：（一）培養師爺觀念精神
   先失敗，（二）學校教育與軍隊教育不一致（軍制、
   軍械、法規、戰術等），不合現情，（三）高遠浮
   任不重技術，學年愈多愈無用。

7月12日　星期五

提要　今日在桂，行李於今晚由傅文祥押運前往重慶。

因此畢業之參謀並無現在軍隊帶兵官本領，再加以
歷史風氣相沿，於是參謀遂永陷入參謀之網，而成為軍
隊中之贅疣階級，因此我們辦學與各學員之修學首要矯
正前弊，樹立辦學精神，抱定求學目的，使參謀學校不
至枉辦，使我國參謀不至為世界軍官所恥笑。

教育之精神（著眼）、求學之目的（要訣）何在乎？
試分述之（參照7月8日、7月9日）。

建國精義

一、軍政合理改正：切於現實，切於人情，一切因循遷
　　就敷衍虛偽之制度，與不合原理之制度，澈底改革。

二、軍令著重編配：編制編成要合理，要能行，要實在，
　　尤其要人地配合適當。

三、軍令注意技術：無論通信、駕駛、射擊、刺槍、各
　　種工程以及偵察作戰等等，均注重技術方面、實行
　　方面，軍官作業亦復如是。

四、政治重點：

　　1. 國民教育強迫普及。

　　2. 社會經濟努力發展。

　　3. 地方自治倡導進步。

　　4. 國民禮節通國遵行。

　　5. 官吏人事確遵定制。

　　6. 機關權力合理提高。

　　7. 俸給適度貪汙肅清。

五、外交方針：

　　1. 國際和平共存共榮。

　　2. 地位平等主權獨立。

　　3. 利用外資發展經濟。

　　4. 清理外債樹立信義。

　　5. 重修條約尊重邦交。

7月13日　星期日

提要　今日在桂林寓。

對於陸大及參訓班辦理要旨之所見。

一、陸大內部班數與人員：斟酌教官，教材足用而定，不可徒然龐大，沽名自炫，反使全體效率減少，學校聲譽減低。

二、教育方針：以切於實用為主，重實際，重技術（凡過去歷史疏闊理論、外國事實皆為參考之用），養成現在軍隊良好之軍官，而適於現軍隊之用。

三、時期：造就軍官欲求合用，故教育時間力求經濟，過長則失軍隊現實性，過高則失身分現實性，皆非所宜，固時間以一年半為適度，最大現不能超過二年，如逾此數則便非良好教育矣。

四、課程以戰術為主，各兵種戰術、各種武器之性能運用，自排、連以至於陸、空連合海軍戰術、要塞戰術等。

7月14日　星期一

提要　今日在桂林寓。

戰略單位，團以下戰術占全戰術 2/3、3/4 時間，精密的實地、實物、實作演習。此外，動員計畫、演習計畫、中國戰史、軍隊教育、重要現行章制（軍制、兵役、學制、人事、經理等）、軍隊衛生、軍隊運輸、軍隊通信、兵站輜重、勤務軍隊、築城、馬術、駕車術、通信術、

外國語文皆為主要科目。

　前項各項課之沿革與理，及外國軍隊編製各種新穎武器與戰法，以及外國戰史、國法學、國際講話等皆為參考科目。

　凡主要科目以切實行實用為合格要求，參考科目則以了解性能意義、增高知識為合格要求。

　凡主要科目則占確定必要時間，而參考科目可多可少、可加可省，不占確定必要時間，如此辦學方能經濟，而畢業軍官方濟實用。

7月15日　星期二

提要　今日在桂林寓。

現局勢下之敵情推測。

一、南進與北進

　1. 日、德、意軸心國家與英、美、蘇聯之反軸心國家陣線分明，敗則同受其禍，勝則共享其福。

　2. 在東方除中日兩國長期對峙外，而在西則英、美、蘇均注全力於軸心國領袖之德國之打擊，曾被征服之法、波、荷、比等亦將起而響應。

　3. 德國失敗則軸心勢自然整個瓦解，日本在東方從軍事方失敗，而亦不能受列強勢力之支配。

　4. 為支持整個軸心勢力計，惟有打開目前德國被包圍局面，即日本以武力積極南進或北進。

7月16日　星期三

提要　今日在桂林寓。

5. 南進足以牽制英國東方（近東）兵力之一部分，與擾亂其一部分資源，而於德軍之幫助力量影響不大，同時足以激起美國之敵對心理，全國經濟受包圍封鎖，海空軍陸續消耗，戰期愈久國力愈弱。

6. 北進則與德軍取同一之蘇聯目標，戰略上得到密切夾攻之利，且或可不至直接與英美作戰，利用陸軍而保全海軍。

　　德、日兩大陸軍國全力對蘇，在戰略上可算力量集中，若蘇聯武力破滅，則其他小國自然貼伏，此後軸心國趨勢有勝無敗。

7. 但北進使用兵力須有三十師團以上，而地區遼濶曠日持久，亦勢所必然，日本是否能忍受，而其間美英有特別變態，則殊難料耳。

7月17日　星期四

提要　今日在桂林寓。

二、靜觀自保

1. 以德國獨力與反軸心國全力戰，則德國終久必敗。

2. 德國屈服則日本（亦係軸心一分子）雖保全一部力量，豈能違抗世界，其屈服自亦不能例外。

3. 旁觀之結果不但無機可乘，無巧可取，即四年侵略中國之犧牲亦將前功盡棄。

三、脫離軸心

1. 可避免追隨德國窮兵黷武，以五個國家滅亡之危險。

2. 可以接近英美，得到南洋經濟上之利益與安南全土。

3. 可以藉英美調停，結束中日戰事，而得到可能之權利。

7 月 18 日　星期五

提要　今日在桂林寓。

四、局部所〔取〕巧

1. 並不真正著眼於軸心成敗之全局，僅為圖近利、謝友軍、媚國人之舉。

2. 集結海軍與若干陸軍，陽示南進並作南進宣傳，以牽制美方太平洋艦隊，對德義表示合作與好感。

3. 攫取整個安南，控制泰國，以威脅滇緬。

4. 以上局部取巧雖一時亦能見效，但無補於全局成敗，萬一德國失敗，則日本在東方所乘權盜竊者，仍然不能占領確實，蓋反軸心如勝利，則英不願緬甸、馬來受威脅，美不願菲律賓、南洋受威脅，必然驅逐日本勢力于越、泰、海南島以外，可斷言也。

7 月 19 日　星期六

提要　今日在桂林寓。

建軍之重要工作中，其一為軍官人事，軍官人事之重要者有二：

1. 合理退役。
2. 自由調職。

　　兩此二者須先做到自由調職，然後方能做到合理退役，蓋調職尚不能任意自然，更談不到合理退役也。

1. 教育：軍隊、機關、學校教育不一致，尤其學校教育不適合軍隊之用，又不適合機關之用，各自成一風氣，各自有其技術，習於此者不能通於彼，於是人才囿於一隅，故必須學校軍隊化，機關亦軍隊化，如此方目標一致，本領匯通，能軍隊者自無不能於學校、機關，如此則調職自能自由任意矣。

2. 經理：參謀官與教官學力才識比較優長，何以不能帶兵，何為長作輔佐官，而一般帶兵官何為終身帶兵行家，何為帶兵官與非帶兵家在軍官中幾乎要劃分專門職業？無他，經理不能獨立之毒害也。軍隊經理不能由經理人員按經理系統負責樹立，盡職實施，乃寄權責於帶兵官一身，於是帶兵官乃於領隊訓練之外另有一種家藏秘訣，非他人所能知道，非學校所能學習，於是帶兵事業，其他軍官既不敢問津，而在上者亦不敢不鄭重其事而任意調換，此自由調職之所以不能實現也。

　　不能合理退役之原因何在乎？

1. 銓衡制度之未能樹立，即人事管理未能絕對統一之故。蓋當退役不能退，不當退者反退，以私意出之，轉使人才消乏，有違退役制度之本旨，或退者

雖屬應當，而退者仍不合格，甚至所退或有遺才，而所進者卻大量逾格，以致退役反為人事之累，此種因人事不能絕對統一管理之故，而不得合理退役之原因也。

2. 退役俸制度之未確立，使被退役之軍官難以在鄉生存之，故此項俸金應分為一次退役金與年金兩種，前者當其役退之日一次多量發給，後者則逐年發給，其數目必須斟酌社會生活情形與國家財政情形適宜規定之，規定之後務必保持信用，不輕改變。

7月20日　星期日

提要　今日在桂林寓。

在遠東方面中英軍事如何合作乎？

1. 阻止敵軍之南進。
2. 暢通滇緬路之交通。
3. 安全滇緬之邊防。

南太平洋敵人勢力之拘束（消極目的）。

1. 掌握泰國。
2. 扶植安南。
3. 克復廣州與海南島。

南太平洋敵人勢力之掃除（積極目的）。

無論積極或消極目的，而雙方必須協議者：

1. 陸軍使用之區域與其附帶事項。

7月21日　星期一

提要　今日在桂林寓。

2. 空軍活動之範圍與其附帶事項。

3. 主要交通線之加強與其附帶事項。

4. 指揮部之密切聯絡與其附帶事項。

5. 人員軍械之互助與其附帶事項。

敵如分兵夾攻蘇聯，而以一部占領安南乘機取巧，吾人之方策應如何乎？

1. 敵如準備作戰，則在南方乃取巧陽動，並不願真面目作戰，故我應對蘇聯合英、法軍進取安南，以打破其威脅昆明之企圖。

2. 黃河以北全面採取攻勢，以北平、張口為目標，呼應蘇聯作戰。

3. 魯南、蘇北、皖北國軍合力打斷津浦線，使敵全戰線分為兩截。

7月22日　星期二

提要　上午四時動身，五時三十分起飛赴渝，八時十分
　　　到渝寓軍令部內。

4. 南昌、宜昌先期收復，然後目標直指武漢。

中國目前物價競高，低幣賤跌，人心惶惶不安，在經濟上應採取如何有效救濟乎？

總理論經濟曰，貨暢其流，所謂貨者包含食物、用物及礦產物，其流要暢，現在之病便是不暢，便是與彼

主張反對其道，如何能達到暢流乎？

　　1. 就食物說

　　甲、控制僅限於軍糧，而軍糧估計須確實，不可漫
　　　　天說謊。

　　乙、民糧運輸買賣絕對自由方便。

7 月 23 日　星期三

提要　上午十二時黃山軍事報告，下午五時會報。

　　丙、巨室富商屯積居奇者，嚴刑峻法以繩之。

　　　　如此則兵既足食，民有餘糧，以全民之力調節盈虛，
以小利之普及來獎勵生產，則糧價何患不平乎。

　　　　今則不然，統制封倉，全民無餘糧，全民惴惴相泣
愁苦，賤收貴賣，人民熟與生產，而且封而不散，散而
不能均，糧價安得不高，人民安得不餓乎？無他，其流
不暢之故也。

　　2. 就日用品說

　　甲、減少檢查禁止過境稅收。

　　乙、不可公家包辦運輸（許自由運輸）。

　　丙、制裁巨室大商之公司壟斷。

　　丁、嚴禁奢侈品入口。

7 月 24 日　星期四

提要　上午九時在英武官但尼司會談並午餐，下午二時
　　　　返部。

此回事如能行，則民間家族工業以及輕工業必然迅速發展，日用品必然充足，照現在情形，甲、乙、丙、三項具備，民商非高價不能自存，價高則人民購買力減，各種工業如何能發達，手工業不發達，則貨愈少，價愈高，兩者相因而使人民經濟大受恐慌矣。

3. 就礦產物說（桐油以及各種礦產）

甲、獎勵民營不可公家包而不辦。

乙、合理價格收買。

丙、幫助技術或仲裁勞資爭執。

今則民間辦有成效者，每由官收辦，則成效又有減，每礦產一噸公家收買不及成本，似此情形，熟〔孰〕不灰心，孰不採取消極抵制，不但礦業不會發達，而公家損失外匯甚大。現時最時髦之國內經濟政策曰國營，曰統制，如國情不同，民間方在萌芽，何必達此萌芽亦必使其滅絕，民間稍稍活潑，何必定使其手足麻木吾人安之。吾人之統制僅做到束縛停滯四字，而統制後之如何活潑運用完全未做實際，亦難以做到。此統制之時髦花樣，所以有害而不見其利也。甚至全省運輸之統制機關包辦全省民間日用品之一切運輸，則人民安有不死者，此則誤用統制之意義者也。總理明明說，貨暢其流，當然著重暢字，吾人何故不悟。

7月26日　星期六

提要　上午十二時在黃山午餐

對於中英軍事會談吾人應遵守之章則。

一、事前自己會談研究意見。

二、請示要點與具申意見之可否，請求裁決。

三、由對方先提詳盡意見，待下次會談答復，以備有
　　請示與研究對策之餘裕時間。

四、吾人自己研究之基本事項：

　　1. 既曰聯合行動，則不負單方面義務。

　　2. 彼此所負義務之請示核准。

　　3. 彼此為履行義務之詳綱，準備事項之協定，但此
　　　　細部協定亦須請示核准後方算確定。

整頓陸大之辦法大要之意見。

一、陸大目前之缺點

　　1. 教育目的未真確立定，故教育方針把握不住。

　　2. 教員人選未盡適當，而且學員班次多、教員少。

　　3. 教材未嘗精密，故流於鬆泛，而預定與實施時間
　　　　亦未能監督嚴整。

　　4. 教官人多未能解決，而待遇尚待檢討。

二、改正之意見

　　1. 確定教育目的：在培養一般軍官，不但使其成為優
　　　　秀之部隊長，且使其能擔任參謀業務。質言之，
　　　　陸大目的不是專養成參謀，而主要的還是養成優
　　　　秀部隊長，不過此部隊長並具有參謀能力，亦能

擔任參謀業務而已。過去與現在因為不是如此目
的，所以可造就者得到極惡之結果。

1. 我軍事秘書或長篇累牘，高談闊論，博而無當。

2. 不含軍隊現實與部隊隔閡。

因此陸大畢業學生多，而與提高軍隊素質一層不發
生關係，於是陸大人員等於軍隊贅累。

2. 確立教育方針：教育目的既定。則教育方針自然樹
立，即學〔校〕教育軍隊化是也。所謂軍隊化者，
即其教育重實際（不虛偽）、重技術（具真實本
領切合於軍隊之用，不僅為優秀軍官而且兼具有
參謀能力之謂也）。

7月27日　星期日

提要　上午九時敵機108架襲川，下午二時解除，炸
成都。

3. 教員人選：須調機關部隊長、優秀軍官專任之，
一期畢業不必連任，即行升調外職，如此則教官
之精神學驗既佳，而教官之人事亦同時解決。

4. 班次數目：以正式班與特別班各一為最大限，過
此則教官不足，敷衍了事，於實際有損無益。

此外研究班一班為培養特種教育之用，是多以八
——十人為限，由外籍教官指導，每二、三人分別專研
一門。如某國之兵備或其種之戰史，或特種兵器之戰術
等等是也。

7月28日　星期一
提要　上午八時半敵機 108 架襲川，炸重慶。

5. 教育期間：軍事教育收效在緊張，不在長期，惟切實乃能緊張（高談闊論雖悅耳不算緊張），惟緊張乃能節省時間，過去三年為一期，固不經濟，現今則已改為二年，實則教課果能刪繁就簡，去殼留心，實物、實地、實做來實授，則年半亦未嘗不可當二年之也。蓋學校教育乃在賦予基本之本領，而高深造詣則仍須自修也。

6. 教育課程：以戰術為主（照7/13 四課程抄寫）。

7. 教員待遇：採取糧餉劃分原則，教官及其直系家屬由公家發給糧、柴、鹽，使無內顧伙食之憂，其薪水與勤務加給照定章給與，不復零星增加薪俸，以免徒滋紛擾而無補實際。

7月29日　星期二
提要　上午八時半敵機 100 餘架分批襲川。
呈委座函

　　職自知能力薄弱，自追隨鈞座以來，從無居高位任要職之志，願宿昔如是，於今亦然。蓋以任職於公，無益於私，有損也。蒙鈞座逾分飭令回部，就次長之職，職明知力有不勝，不敢就任，而又不敢不來，中心愁苦，惟職自己知之。思維再四，惟有懇請鈞座垂念力弱難勝之苦，始終成全准予另調地位較低、業務較單純之職，

使不至於報國之忱而轉獲咎戾，則感激高厚實無既極。
古人云，以止不殆，惟鈞座其曲諒之。

7月30日　星期三

提要　上午九時中英第二次會談，下午九時最高幕僚會
　　　議，敵機自上午八時空襲，下午四時解除。

對於舉行退役之意見。

　　擬暫緩舉行退役。

一、舉行退役之前提條件

　1. 人事管理能確實統一掌握。

　2. 退役俸金確有保障。

　3. 在鄉軍人能確管理。

　4. 所退之人員有召集可能者。

二、目前舉行退役之障礙

　1. 上述各項前提條件不能具備。

　2. 一部分未取得退役軍官之資格。

　3. 抗戰期間舉行退役於一般觀感及心理有不良影響。

三、新陳代謝之治標方法

　1. 直接除役無退役資格者。

　2. 現役誤差有退役資格者。

7月31日　星期四

提要　今日無敵機空襲。

　　中英會談紀錄呈閱後大怒，召集申誡申斥，其要旨

有五：

一、發言不得有第二人。

　　（此則代表會議之慣例如此，蔚非不知，顧此次談話乃係高級參謀會談性質，並非代表，乃係幕僚互商性質，互商後請示核定，乃算有效者也，故第二人參加簡單發言，亦無不可。）

二、為何提到敵後滇緬路事。

　　（英方提敵攻緬、攻馬來，我軍約有軍事行動協助義務，對於敵攻雲南，彼方卻無義務，因不在英日開戰之前提故也。）

　　於是本人提，雲南雖係我國之地，但敵攻滇其目的在破壞滇緬路，敵攻滇緬路則中英有直接共同關係，故敵雖攻滇，實無意攻緬，在英方亦應有飛機參加作戰義務，此本人所以提到敵攻滇緬路之原因也。

三、如何提轟炸機以至前說定之驅逐機因此而落空。

　　（此則完全無事，蓋我方所購之驅逐機乃係向美國訂購而由英方讓購者，乃出資購物性質，與本人所議計英方轟炸隊參加滇方作戰之事，純屬兩事，不會因此而害彼。）

四、不必懼怕外國人，現在與前清及軍閥時代不同。

　　（此層尤為莫須有，彼此會談，雙方都很有禮貌和氣，彼此要說的話都是傳達性質，都是請示性質，何怕之有，不但本人不怕，即同道幾位無一怕者，此是良心上的話。）

五、如何不說要驅逐機而要轟炸機，要轟炸機何用，中
　　國人就無學識，為外人可笑。

　　（此層余至今尚不了解。驅逐機與轟炸機不是並用
的東西，作戰無論守勢、攻勢，此兩者皆不可缺。英在
遠東驅逐機缺乏，只有轟炸機較多，我請他于敵攻滇時
其轟炸隊參加作戰，我想英國軍官必不笑我無學識也。）

馮處長所說陸大之缺點

一、教官太多，於是分班輪流教授，輪流休息，因此分
　　班而教官反缺少，因缺少而羅致濫竽教官，人選不
　　其〔甚〕精，其一也。

二、教育計畫幾次改革，或取美式或取法式，表面雖改
　　而內容不能澈底（劃分）區別清晰，教育更改未能
　　澈底認識，其二也。

三、教官勤務加薪本有限制，按其成績勤勞而有差異，
　　今則因生活品提高普遍加薪，依年資而定多寡，不
　　論成績與勤勞，待遇含糊籠統，其三也。

四、畢業後任主官者特少，原因其一規定先當參謀，後當
　　主官，而人事不能掌握。先當參謀容易辦到，後當主
　　官不能辦到。其二報效之時以閒職多，連排長者少，
　　考試之法又不著重於連排長指揮方面，所以錄取之人
　　多主官，而畢業後所以多習於幕僚閒職之路。

五、一般戰術中同時練習幕僚業務，使主官與幕僚作業
　　兩者連繫而並重，此則目前最改善之點也。至於政

治課目，時間未免太多。

我駐外武官服務上之缺點：

1. 駐在國國防設施。
2. 駐在國軍備內容。
3. 駐在國發明軍事學術。
4. 駐在國軍官心理。
5. 我國應收集圖書。
6. 駐在國戰力估計。

　均少切實報告與發現，都係臨時消息與一片空亂。

健全方法之研究：

1. 人選。
2. 組職。
3. 訓練（含指導監督）。
4. 經費。

駐外武官之治標改善法：

1. 人選：於上、中校階級中選軍事學有根底，而青年有志，並通達語言者派充之。
2. 組織：重要國家必須有副武官一、二人為其輔助調查及其必要作業。
3. 訓練：先到第二廳見習二星期——一個月，使了解其本身任務與軍令部之需要，同時學習儀式與閱讀本國重要章制。
4. 經費：告知其用途，應用者不得私藏。

駐外武官之根本培養法：

陸大畢業之青年軍官，外國文有根底，派在第二廳訓練，此後其途徑完全歸軍令部掌握。

8月1日　星期五

提要　今日在部，下午例會。

　　余之觀察，世界戰爭短期間不能結束且延長期間不能預料，其故：

1. 日本在東方坐大，既不北進又不與英美開戰，而美、英、蘇亦對彼避戰。
2. 德蘇戰事結果，蘇德比賽而英美不過從旁吶喊助戰而已，蘇不能敵德，莫斯科之陷落或時間問題耳。
3. 德日兩國各霸東西，而美國又不能參戰，則聯合國儘無擊破德日兩國之任何一國之可能，最多亦只能支持戰局而不能解決戰局，甚或蘇聯戰敗之後，美國不敢參戰，而德日兩國合力進一步謀英近東、遠東同時，有更不利之表現未可料也，英美無決心捕捉戰機，惜哉。

8月2日　星期六

提要　上午十一時黃山會報。

　　會報結論事項概舉如左：

1. 就世界戰局觀察，日本為求得軸心勝利，應行北進，現由中國戰場抽出有若干師，其團內又大動員，北進企圖顯然。
2. 蘇德之戰德軍進展停頓，有攻擊力衰竭之象，則日本或者暫不敢發動與蘇作戰。
3. 日本與英美其內心均不欲開戰，所謂南進或至現狀

為止。

4. 日本集結如許兵力不敢北進，萬一德國有失敗徵候時，日本或者與英美妥協而專對中國亦有可能。故中國目前尚不能脫出危機，最少限日本亦將抽出一部攻擊滇緬路也。故吾人對於雲南方面，須加注意準備。

我將達成任務至如何程度乎？

一、參謀教育

1. 調整陸大，使其健全：（甲）教官問題，目前人選將來培養；（乙）學員問題，使適用主官而兼能幕僚。

2. 非陸大畢業之參謀使全體受參謀之短期訓練（參補班）。

二、參謀人事

1. 參謀能力考核：第一步上校階級以上，第二步校官以上。

2. 參謀調職：（甲）定期外調使任主官；（乙）特優回調參謀，能力特優者於外調主官若干時回調任高一級幕僚職。

三、戰史編纂

1. 調整人事：（甲）編撰專任；（乙）協編人選。

2. 編纂計畫：（甲）材料蒐集；（乙）續編目錄；（丙）內部區分；（丁）概定期限；（戊）初稿審查。

四、駐外武官

1. 人選問題：目前調整（須定期調任），未來培養。
2. 業務問題：出國前訓練（初任者），督促指導求合要求。

五、軍用圖書

1. 技術問題：測圖精進問題、繪圖與印刷問題。
2. 數量問題：對要用之地區儲存必要之數量，須以軍事眼光審定。
3. 參考材料：宜向第二、三廳搜集中外必要之參考用圖書，在外國者由武官擔任。另設圖書保管庫慎密管理。

8月3日　星期日

提要　黃昏聞笛有感。

　　何處笛聲，正零雨瀟瀟黃昏時候，漫步憑欄看朦朧夜月閃爍，山燈陡湧起奔騰情緒，縱橫馳騁天涯，老母今何似，日夕驚心，正故國鄉關敵騎蹂躪之後，望夫有石浮海無槎，深閨對孤燈，應聽盡五更，殘漏最不堪，遍地瘡痍知多少，流離男女啼寒挨餓知多少，忠魂義鬼含悲忍垢，天網果恢恢，應令普天下黷武窮兵殘民以逞之賊子無一能漏。

8月4日　星期一

提要　上午十時參加紀念週。

一、提高參謀服務之興趣與成績。

二、養成主官與幕僚能力並具之人才。

三、使陸大畢業之人員人盡其用。

欲達到以上目的，則非將參謀人事加以切實考核與統一管理不可，但目前軍令部管理參謀人事之組織與能力薄弱，而部隊眾多，參謀複雜，欲驟然全部統一管理，切實考核，勢有難能，故第一步實施之方針如左：

對軍令部各級參謀與部隊之上校以上參謀擬定切實考核辦法，同時擬定參謀定期調職實施辦法（對能力成績優者如何調職，不優者如何調職）。

8月5日　星期二

提要　上午九時——十時部務會議：1. 被炸救濟金，2. 旅費，3. 安定職員生活使安心服務。

本部參謀人事意見（實行選拔調任定期調任法）：

一、各單位保存服務年半以上成績能力最優人員堪升隊職，或高級幕僚者由本部直接密呈總長、委座批准後，如係幕僚即由本部簽委，如係部隊長則密送銓敘廳，有缺即委（或定期調任）。

二、服務二年以上應行調任之成績能力尚佳之人員，由各單位密呈部長轉呈總長、委座核准後，即密送銓敘廳定期調任。

三、服務兩年以上而成績平常或不佳者，應由部長轉呈准調閒職（徵幕機關職員或額外部附）。

四、前項外調之底缺，除由本部現有人員調補外，並向部隊幕僚或主官中選擇優秀者呈准指調，但在

平時須早有考核與準備方能辦通。

8月6日　星期三

提要　上午六時半赴黃山，九時會談，下午六時返部。

　　追隨有年，凡有陳述必出至誠，此次有若表上達者，自知才力淺薄，委實不能勝任次長之職，過去雖曾濫竽此座，而實際多在外工作，未曾在部服務，也並不敢依賴妄自暴棄，無如天資所限，一面努力、一面衰退，而衰退之所失不能彌補努力之所得，此中景象惟自己深知之，雖勉自為之，而卒無可如何者也。竊以報國之道，事無大小，在適應其力，位無高低，在克盡其職，苟任逾於力位，結果必至覆悚竭蹶，既誤公家之事，且傷鈞座之明。夙夜思維，惟有直率陳情，懇請另行簡賢復派以重要職，如蒙鈞座逾格之體卹，另給以地位較低、業務較單純之事，使能力相與適應，而克遂報國之願，則忠感奮豈有既哉。臨重惶悚，伏祈鈞察。

8月7日　星期四

提要　上下午在部辦公。

　　關於部務應記憶諸事：

1. 衛部在河南岸整訓部隊，9、14 軍及高桂滋軍於八月底完竣。
2. 第三戰區秋季攻勢於八月有日準備完畢，待命行動。
3. 第六戰區 79 夏軍抽調常德，又 73 彭軍或 87 軍抽出一

軍為預備。

4. 200D 開站蓋平彝，21 日93D 開羅平，興義10 日。

5. 由於敵之目前動向，對於滇越邊軍事特別注意布置。

6. 南洋各地通信點之設置照預定計畫案，派員、派電台。

7. 駐外武官之調整須注意研究，候部長回部參考。

8. 參謀人事與陸大情形特別求進步之研究，供部長參考。

9. 明年測地之區域及技術上改進之研究。

8月8日　星期五

提要　下午一時半警報，兩批約四十餘架。本夜十二時警報，三時解除。下午五時例會。

　　委座手令三件：

一、以後各部隊作戰應再特別注意部隊隊形，疏散時減少其傷亡，目前任何一小戰我方傷亡仍在數百或數千以上，此皆仍由部隊過於密集所致，希通令注意並責成各部隊長監督其實施。

二、擬於八月底或九月初召開全國參謀長會議，希令各長官部、各集團軍部、各軍部參謀長來渝參加何如。

三、各戰區之師以上各司令部，抗戰以來之陣中日記應令其呈繳軍令部，此項日記最好由各參謀長於會議時帶來。

　　又韓歸至霧渡工事現已修築完畢否，希派員檢查

詳報。

8月9日　星期六

提要　上午七時半警報，十時半解除，十一時半復警報。

基於右之諭示研究之事項如左：

一、參謀長會議召集之時期：

　1.渝地空襲較少時期。

　2.帶來材料之準備與路上交通所要之時間。

　3.各方戰場比較穩定之時期，即秋季攻勢已了，冬季攻勢來興之時期，故召集時期最好在十月初、九月末之段落也。

二、參謀長會議，本部應準備之材料：

　1.屬於第一、二廳者：敵我傷亡統計、敵軍一般態勢、兩年來所得戰略戰術上教訓、歐洲戰局大體之報告、各戰區一年餘來之戰績比較表、經濟封鎖與水上封鎖及襲擊情形、其他（參照去年會議）。

　2.屬於第三廳者：

　關於陸大事項報告（表式）：（一）抗戰以來畢業期數人數，（二）畢業人員之人事狀態統計，（三）陸大教育改革經過（抗戰來），（四）參補班事項。

　關於參謀人事報告：（一）參謀人事之必須統一管理，（二）過去之缺憾（管理上），（三）未來之改進。

　3.關於測量總局者：如圖之領發保管上提出意見與過去缺點。

測量局困難事實報告出來，使各部隊對於保管圖書特別愛惜，又實地地形地物與圖上不合者，請隨時告知改正。

4. 其他各有關部分如通信工事等，有否提出報告，自行斟酌。

5. 各參謀長來會時，本部（各廳）應請隨帶之材料：

（一）戰區或集團軍提出作戰報告用之經過概見圖（掛圖）。

（二）去年迄今之敵我傷亡統計（戰區）。

（三）戰略戰術上之心得。

（四）最希望或要求之事項。

（五）本部特別要求各參謀長帶來之材料。

　a. 抗戰以來之陣中日記。

　b. 缺少未報之戰報詳報（查明）。

　c. 軍師參謀長、軍師長抗戰以來之更換與其姓名。

　d. 其他。

三、參謀長會議各部（除軍令部）應準備之材料：

1. 軍政部：擴軍或整軍、衣食衛生問題、兵役事項、會計事項。

2. 軍訓部：訓練考成、預備軍官之養成、未來訓練計畫之要領。

3. 黨政委員會：現狀與如何發展計畫。

4. 政治部：對敵宣傳工作、真正責任之所在、工作成績。

5. 銓敘廳。

6. 砲通指揮部：訓練現狀與未來之發展計畫、將來
如何編配計畫。

7. 航空委員會。

8 月 10 日　星期日

提要　上午八時敵機 27 架炸渝。

解決目前軍事機關軍隊之官佐生活問題，余個人之
意見。

一、軍糧局本糧餉劃分之原則，凡軍官佐、軍屬人員
之本身，一律由公家發給糧食（應包括燃料）。

二、取消現行臨時增加之種種瑣碎津貼，而改發暫行
生活補助津貼之一種津貼，計尉官 60 元、校官
80 元、將官 100 元，為每月津貼數目。

三、凡糧米價格超過一元一斤半之地方，凡公務人員
之直屬親屬食糧核准由地方糧食局售與平價米，
其平價米之價格以一元一斤半為確定標準價格。

解決軍糧問題，余意：1. 確實計算，2. 實物徵收，3.
分區建庫，4. 管理檢查，5. 發放考核，6. 溢額嚴懲。如
此則軍隊無須臨時索糧於民，人民又可自由流通，則屯
積居奇之技無所施，而糧價自平矣。

8 月 11 日　星期一

提要　上午四時警報，直至下午四時止，又下午十二時

至翌日天明止。

關於中英軍事會談之綜合：

一、名稱為中英聯合軍事行動談話。

二、本談話係繼續以前但、賀二代表之談話。

三、範圍以敵人南進時為限。

四、行動以英日開戰時同日開始。

五、談話決定事項：

甲、「敵攻馬來亞時」：

    1. 中國加強壓力於敵，並發動有利攻勢以牽制敵兵力之抽調轉用。

    2. 英軍重兵固守新加坡。

    3. 英空軍集中使用。

乙、「敵攻緬北雲南時」：

    1. 緬北雲南為一個範圍即同時受攻時。

    2. 利用中國機場在有限時間內可使用四個轟炸隊，每隊十八架，但此數目尚不能確定，油彈已在滇省準備。

    3. 中國對滇方侵入之敵須有支持力量（附與滇越邊境防禦兵力配備圖）。

8月12日　星期二

提要　上午起，下午四時止，都陸續警報，上午十一時中英談話會。

丙、敵攻緬而不攻滇時：

1. 中國以一萬人控置普洋附近以備側擊之用，其給養
   由英方代辦，輸送至車里（附與給養表）。

丁、敵攻香港時：

1. 中英協同防守香港（附與作戰計畫）。

戊、英國對於中國之幫助：

1. 允許在緬甸裝配飛機訓練空軍建築必要廠舍。

2. 允許由英方出志願兵編練讓售之美國驅逐機 144 架。

3. 允許聘請英軍軍游擊顧問三員，另每游擊隊之隊屬
   教官一員（共十五隊）。

4. 仰光內運之軍需品有特別緊要者，英方可幫助內運
   （詳細另定）。

5. 游擊隊每隊另附英軍官一員、士兵十五人，為特別
   技術班。

8 月 13 日　星期三

提要　上午一時、六時警報至三時止，下午軍事會報。

　　總之英國民性最長於交涉，因其歷史由來乃商業而
兼紳士故也，其自身利害打算分明，在此大戰當中迄於
今日，而彼之軍事政治方針上採取如左之所指：

一、保留英日必有隨時妥協之餘地。

二、利用友軍儘量為其對敵犧牲，決不乘機孤注決戰
　　（對蘇、對美、對中），蘇聯如何困難作戰，彼
　　不能有大力呼應動作，將來雖拖美國參戰，而彼
　　必仍不肯積極犧牲也。

三、賣弄其資力，高唱全力幫助友協力對敵，而實際
所幫助者甚少甚少，故與英國交涉軍事合作徒勞
無益，惟有 1933、1934 年間希特勒時間，英國方
不施其技。

8月14日　星期四

提要　上午警報，下午警報，至二時二十分止。

近時以來敵空軍以冒險誘戰目的，採取小量飛機輪
流連續進襲方法，自此法之施行，我方頗感不利。

一、人民生活工作困難。

二、炸後物資上恢復困難，又公務員辦公減少，效力
亦差。

三、交通通信比較障礙。

四、汽車消耗汽油量較大。

據說敵人新近伴用此法，乃由漢奸所條陳，或說由
於前德顧問之具申意見，此後吾應研究之對策：

一、敵如少數飛機來襲，如三架、六架、九架時，則
我方應出其不意直接攻擊手段，派驅逐機撲滅
之，使敵不敢輕舉。

二、第一批投彈後如第二批尚在鄂省未曾起飛，則須
提早解除警報，使人民有洗衣炊爨時間。

三、無論如何，敵彈之著落點不許在報紙上披露（英
國現亦禁止登載）。

8月15日　星期五

提要　上午八時警報，九時半解除，十二時黃山軍事
　　　　會報。

　　關於我國國軍使用兵器極其複雜，如不謀改善，則
於編制、典令均難統一，而於訓練、補給、使用均感困
難，其改善之途徑：

　　1. 設置國軍兵器制式研究會：專討論依國情、地
　　　　形、人馬狀況、交通狀況與預想敵國未來戰場
　　　　等，而求適合之各種制式。

　　2. 設置兵工研究會：對於各國新式各種兵器、儀
　　　　器，以及我國之自造兵器，就我們與技術見地加
　　　　以研究而求改良進步。

　　3. 確立兵工學制，培養兵工人才：即以戰術技術兼
　　　　具一身之要求而定，培養達到此種要求之制度。

　　4. 向外國訂購兵器時必須派專門人才（戰術技術）
　　　　前往實物檢驗後再訂合同，接收時亦須派原檢驗
　　　　者共同擔任。

8月16日　星期六

提要　上午警報隨即解除，下午四時學術研討會，鄭
　　　　處長講日本兵役法。

英國與美國羅邱二人發布宣言之研究。

　　宣言意義：

一、表示兩國共同之基本政策與其共同理想，求得全

世界多數國家之同情擁護。

二、表示兩國密切合作反對以武力改變領土現狀與統制式制度加諸被征服國家，以期喚起各弱小國家民族共同反抗軸心。

三、表示兩國於戰爭勝利後對於侵略國與被侵略國之措施，以奠世界永久和平之基礎（戰後和平建設）。

直後趨勢：

一、英美即將訂立軍事同盟，隨後或推展至中、英、美、蘇、荷、澳六國同盟，再後或更擴大以壯其聲勢（如土耳其、南斯拉夫）。

二、英美對世界多數國家政治運動得到勝利後，其擁護愈多，聲勢愈壯，斯時美國即有急起參戰之可能。

三、美國參戰其第一目標即在遠東，蓋因能同時援助中、英、蘇三國作戰而且費力小而成功大也。

四、英美對於德國則利用德蘇之長期對峙消耗，而加緊其封鎖，並利用歐洲各被侵略國家之群起反抗，以使德國之崩潰，目前不至運用陸軍登陸對德作戰。

五、日本鑑於情勢之險惡，必求於美國未及參戰以前，協同德軍擊破蘇聯打通一路，以避免日後多面作戰之不利，故日本對蘇之攻擊時機必更迫近，而行動必更積極。

關於兵役法之研究結論。

一、凡初辦兵役，法制大率草創，隨後因時、因事、

因地陸續修正。

二、依國防計畫要求而定出兵員數額與兵役分區,且須能具伸縮性同時且須適合兵多費省之原則,兵役法之關鍵在此。

三、與兵員數額密切相關者,為國民之體育,故須特別提倡。

四、徵集基礎在戶口調查與戶籍法實行訓練基礎,在青年教育與國民軍訓及補備教育(普及而經濟),此亦為兵役法之關鍵所在。

五、兵役義務絕對均(不偏重一地)、平(不輕免一人一公,不營私舞弊),缺一不可。

六、部隊與其徵兵管區須連成一體,即部隊固定配區使徵訓補打成一片,此又為兵役法之主要關鍵所在。

七、設補充兵役,對補充兵特加訓練,使早具有常備兵之基礎。

8月17日　星期日

提要　今日兩次警報,均未空襲。

八、召集教育,包含動員召集與訓練召集之兩個作用,甚為重要。

九、入營準備或入伍準備均須事前周到,否則於精神事實兩均不利。

十、動員召集有按順序年次召集及混和年次召集之別,此與編隊之方法及作戰之目的有關,順序年

次編隊則因年次先後而異其素質速決戰爭宜用之；
混和年次編隊則因年次參合而各隊素質比較平
均，持久戰爭宜用之（混合年次編隊容易秘密其
軍隊、其兵力，而手續亦較簡單）。至於以新兵
及補充編隊如第四年抗戰時敵人之辦法，乃一面
保持其精銳準備，他用一面欺我無能之辦法也。
徵兵管區與行政區須一致而軍管區之意義與作用
則甚大。

十一、戰略錯誤影響於動員兵役之不利。

十二、機械化兵之徵集不限於普通管區。

8月18日　星期一

提要　上午參加紀念週，下午照例軍事會報。

敵人自七月中旬起開始準備北進，綜各方情報可以
證明：

一、敵國內動員 7、9、14、16 等師管區調出四個師，
又汽車動員、衛生人員動員等。

二、我方徵候，沿途車輛北運，8/1 起天軍路軌北運，
7/19-8/9 每日四列，華北強徵壯丁北運，津浦、
平漢、北寧各種客貨車均於十九日停開，各路機
車車輛開始調集東北，津浦路機車 80 輛，北調者
40 輛。

三、英方消息，敵四個戰車團，每團 150 輛戰車，二
個已開滿洲，二個續開中。又 8/18 起雖滿人亦不

得入關。

四、 戰場徵候，敵人在我戰場陸續抽調者，如精密估
計約有 1/4 兵力，其抽調方法有二，其一為明抽
及整師抽送，遺防派代。益為暗抽，即抽其大部
或全部而留其番號或留其前線用時，並於各處陽
動以資掩飾。比如 21D、33D、GD、104D 皆明
抽者，此外 36D、4D、116D 皆暗抽者，觀乎最
近報告，

8 月 19 日　星期二

提要　上午十一時警報，未來空襲。

　　長次、長子、高平、晉城各地敵均每處只五、六百
人。與夫郝穴、宜昌方面之進擾實為 36D、4D 抽出之徵
候及證明。長江沿岸與南昌方面之蠢動亦為 116D 抽出
之徵候。信陽以北之陽動與岳陽方面之示威，又已不知
抽出何隊。據報星子敵已全部調潯，是否補充兵對調，
抑抽出駐軍不得而知。河灣吳淞一帶工程停止，或者 5D
亦有抽出可能。是敵之我戰場抽出者，全體約及八——
九師團之眾，已占全戰場兵力四分之一，似無可疑者也。
惟因其河子抽調多數採用暗抽方法，同時又以偽軍填補，
且用陽動以掩飾，故表面上不易顯著覺察耳。

8 月 20 日　星期三

提要　下午五時照例參加會報。

目前局勢觀察大體如左，判斷較為近似：

英、美、蘇三國聯合以解決歐洲戰事為其中心任務，同時支援中國抗戰，使中國獨負牽制日本之任務，並由英、美兩國從旁提高威脅日本之聲威，使其不敢南進又不敢北進，不但可以穩定太平洋局面而一致對德，且可使日本於躊躇卻顧中宣告失敗。

1. 日美雙方均欲避免衝突，日如不南（北）進，美國不至與日作戰。

2. 日若南進，則英美必聯合作戰，而日海軍單獨對美或尚可賭其國運，如英國海軍調援，則非日所能堪，故日必不敢南進。

3. 蘇德之戰勝負未分，蘇聯武力之表現頗足驚人，日本不敢冒昧攻蘇，自陷於多面作戰之險，而蘇聯亦因以解決德軍為重點，不致首先發動對日挑釁，故日本北進之公算亦少。

4. 日若北進則正中英美驅魚驅雀之計，正為英美所歡迎。

5. 反之日若不動，則三國合力對德，德敗則日亦不待戰而屈服矣。

8月21日　星期四

如何運用高級參謀方法。

查現在多數軍事高級機關多有高級參謀之設置，多者二、三十人，少者亦有十餘人，然用意甚佳，而實能

收偉效者則甚少，其故如左：

一、獨立一部分：則與參謀處（廳）分離，對該處工作不明，對一般情形隔閡，臨時幫助有心無術，偶然派遣亦必茫然不知所以。

二、分配於處（廳）內：廳處之內有一定組織地位職權，臨時額外配屬，似客非客，彼此牽強，無法著手工作，故於實際無益，反使雙方為難。

三、平時自成一研究團體：此雖比較合理，但研究之範圍殊成問題，如離開業務則範圍廣泛不切實際，久則不感興趣，如研究近切業務範圍，則因平日與參謀處廳脫離之故，一般實際情形根本隔閡，雖欲研究亦無從著力處，是以對於高參制度與其運用方法似須略與修正如左：

8 月 22 日　星期五

提要　上午十一時敵機 108 架分四批襲川，下午會報。

1. 每一機關不必設置多數高參，獨立自成一個（團體）部分。

2. 將額定高參之大部分配為廳處，作為副廳長、副處長，平時擔任一定工作，臨時對某一事須派員時，亦得視其所主管之業務而適切派遣。

3. 配屬二、三人比較優秀資深者直接於機關之最高長官，平時襄助策劃一切，臨時亦得代表出席。

4. 凡現在有功內調或資深內調而實際不適用於參
謀之人員，則不以高參任用，應改以部附任
用，或軍參院參議任用。

如此則高參之運用活潑，而平時可多收用人之效，
而高參地位亦不至因人額眾多、品類不齊，而使有志之
士蹙額灰心也。

8月23日　星期六

提要　上午十一時敵機108 機分四批襲川，中午黃山軍
　　　事會報。

一、解決本部人事問題

查本部人事問題其現象有二：

1. 因久任而不得調職於是厭倦失望，由失望而影響到
業務。

2. 因生活高昂受生活之壓迫而別謀他就，然在公家則
素無替人之準備，因無人接替則勢必出於強留，因
此而影響到業務。

由於右之二個現象解決之辦法擬定兩個步驟如左：

第一步驟（目前即行）：對業務重要成績優良者，
視其必要酌贈以不公開之補助金，以安定其生活，同時鼓
勵其責任心，並允以相機調職，以安慰其心理勿使失望。

本部一面應盡速選調三、五個之高級優秀人員來部
服務，作為控置預備人員，以應急需。

第二步驟（明年能行）：則為本部人事之正規永久

辦法，一面與銓敘廳妥擬全般人事之調任實施辦法，同時擬定本部所屬之參謀人員考核調職補充之正規計畫，逐年按此計劃實施新陳交代，川流不息。

二、救濟本部人員生活問題

　　查我國一個人生活，實際不僅個人，須包括一家生活，此為研究本問題之最要著眼。在此抗戰期間之社會經濟狀況，對每一軍官佐、軍屬人員不能打算他除薪公之外尚有其他之收入補助，此為研究本問題次要著眼。至於彼等生活維持所需要者，不外二項如左：

　　其一食米，全家必須吃平價米，此為鐵般原則，無可通融，在公家並無損失，取之於民，由民食之，何損之有，不過辦事人多一轉手略費手續而已。

　　其二零用，薪公津貼有一定限度，而物價之高漲無止境，故僅恃增加少數臨時津貼不能濟事，則必須另謀救濟之道如左：

甲、加強合作社：即須健全其組織，擴大其資本，充實其物資，使日用所需之燃料、布疋、鞋襪、零件成批販入，原價出售，使官兵家屬得到便宜用品，藉以節有其零用。

乙、醫藥補助：凡疾病所需要之特效藥，未經公家準備者或病後必須服滋養藥品，非其本人力量所能及者，公家應負擔補助之義務。

丙、家屬宿舍：公家應於各適當地段分別蓋造簡單平屋，設備通路，以備低級職員家屬居住之用，此項租金

應特別從廉，此不但體恤下屬，實無形中可以壓低
民間房價，公家損失甚少而收穫甚大。
以上甲、乙、丙三項均所以節省其零用之要道，本部須
設法進行者。

8月24日　星期日

提要　上下午在部，今日掛一球，無警報。

三、調整駐外武官問題（另具意見書）

    1. 英國應派海一、陸（軍政）一、空二，現只武一
人，且須調回。

    2. 俄國應派陸四（內一戰車）、空二或一，現副武官
一人。

    3. 美國應派陸二（內砲兵一）、空二，現正武官一人。

至於武官人才培養亦極重要，應同時決定進行。

8月25日　星期一

提要　上午部長回部辦公面報，關於人事生活、對外武
官等解決問題，關於有利時機全般攻勢之準備等
計畫。

    此次美國接濟蘇聯之油船情形如左：

    1. 8/15 美貨船一艘載汽油二七一萬加侖，由舊金山
出發。

    2. 8/16 美油船一艘載汽油三九九萬加侖，由洛杉磯
出發。

3. 8/16 美油船一艘載汽油七五○○桶，由舊金山
   出發。

4. 8/19 美油船四艘運油赴蘇（油量不明）。

5. 8/20 美油船三艘滿載飛機之汽油（油量不明），
   由舊金山出發。

7. 8/20 美油船一艘載汽油四三九萬三二加侖，由舊
   金山出發。

以上共計美油船十一艘，此外尚有蘇聯油船兩艘同
行，除汽油外是否裝有其他物品並未宣布，此外船隻將
在太平洋中途集中，由美驅逐艦與蘇聯軍艦及飛機所組
織之護航隊保護，駛往海參威。

8月26日　星期二

提要　上午研究世界戰局趨勢，下午照常辦公，又上午
　　　部務會報。

吾人判斷英美態度不宜過於消極，默察現在國際形
勢，由於英美最近之共同策動使世界戰局發展有漸向太
平洋方面之趨勢，分析言之：

1. 英美自德蘇開戰以後其表現之態度與其所採取之方
   針有一大轉變，即由消極轉為積極，曖昧轉為明顯
   是也。

2. 英美默然以領導世界責任自負，不僅偏於歐洲
   一隅。

3. 英美為遂行其方針，先須強壓日本屈伏，使其不敢

南進，又不敢北進，而同時得到接濟蘇聯之自由，以抑止或打倒德國。

4. 日本對於右述英美之壓迫是否屈服，如屈服不但為其軸心立場所不許，且仍不能脫英美之制裁，在理決非日本所能堪。

8月27日　星期三

提要　今日孔子誕辰休息並紀念。

5. 日本為自救計，惟有迅速積極北進，打通一面，然日本北進，英美又豈能坐視，勢必演成中、英、美、蘇聯合以儘先解決日本也。

6. 就全局觀察，蘇對德作持久戰爭，應無顧慮英美，雖欲併力攻德，苦於陸上作戰一時無可用力之處，不如移其力量於太平洋方面之另一敵人，聯合四國之力，就海陸空軍以及經濟各方面均能同時發揮其效用，且日本戰爭已四年，國力已疲，攻擊亦易奏功，此乃在聯合作戰中先攻弱點之妙法也。

太平洋方面如經平定，則世界大勢已定，德國之屈服自無問題，故就全局觀察，英美對於太平洋方面之敵人有先發動解決之可能也。

8月28日　星期四

提要　上午、下午均在部辦公。

對於邱吉爾廣播演說，吾人得到了解者幾點如左：

1. 邱吉爾揭明美日談判由美國發動，基於羅邱會議之
   決定是富有戰鬥性的，蓋彼至談判失敗，則英決置
   身於美國之陣線。
2. 美日情勢嚴重，美國遠東政策日趨堅定，即談判乃
   以九國公約為基礎，與日本東亞新秩序政策完全矛
   盾，談判破裂性重大。
3. 德蘇開戰為軸心國自然的走到失敗之途徑，如今秋
   德國對蘇戰事不能得到絕對勝利，則民主國家有聯
   合於明春以前先打倒日本之可能，蓋為截斷軸心國
   東西呼應之局也。
4. 太平洋大局業已到達和戰最後關頭，觀于日來敵國
   對於羅邱宣言以及邱吉爾廣播發言非常慎重而且十
   分沉默，可想見矣。

8 月 29 日　星期五

提要　上午在部辦公，下午軍事會報。

　　美國派軍事考察團來華之目的預想為：

1. 明瞭對日抗戰實際情形。
2. 搜集敵軍情況。
3. 調整我方需要之軍需物品。
4. 我國內政治狀況，尤其共黨方面。

　　而其總目的則在遂行其中、英、美、蘇之聯合作戰
指導，表示美國對世界政策之一貫是也，是以我方趁此
機會應當準備之事：

1. 四國聯合作戰之腹案及軍令部作戰指導與各戰區作
戰指導部隊訓練情形（軍訓部）、敵人海陸空軍情
況及其戰略戰術（軍令部）。
2. 作戰預定計畫為基礎，最近及續後需要之軍需物
品，又基於軍需工業之建設計畫與其希望援助之計
畫（軍政部）。
3. 關於共產黨在中國之實際情形與十八集團軍之實際
情形之說明（軍令、黨政部）。

8月30日　星期六

提要　上午十一時黃山會報，同時飛機分批炸黃山一帶。

至於我國對該代表團應達成之目的有二：

1. 促進並加緊中、英、美、蘇之聯合作戰，使敵軍早
日崩潰，太平洋局勢早日安定。
2. 希望目前需要軍品行有計畫的大量援助，並進一步
協議我國此後軍需工業建設之援助。

為達右之第一項目的，則應對代表團說明把握時機
之點有二：

1. 趁美英對歐洲戰場無大顧慮與蘇聯對遠東守備當有
餘力之時機，予日本以強烈壓迫，使其戰則必敗，
不戰則國內發生變亂局，終於屈服。
2. 中國吸引日本兵力已達飽和點，假使蘇聯對德作戰
又到達衰弱無力狀態時期，則日本在北部與中國均
有餘力，必轉用其一部兵力於南進，由泰國以指向

緬、印、馬，德國則分其一部兵力由高加索以指向
伊朗、印度，如此則英美雖欲作戰而亦無所用其
力，則歐亞局勢不可收拾矣。故及時聯合作戰強烈
壓迫解決日本為大局見地，殊為必要，最好在今冬
以前開始也，斷然之行動也。

為達成右之第二項目的則應對代表團提出二種計畫
如左：

1. 基於作戰計畫，急須整備之軍械物品之計畫表。
2. 基於將來安定東方局勢之任務之履行，建立現代化
   國軍最少限度之需要軍品之整備計畫表。
3. 為永久保持所建立國軍之力量起見，對於軍需工業
   之建設計畫表。

關於游擊隊之研究。

一、過去與現在。所謂游擊隊乃土匪變相，當然不是我所
　　說之游擊隊，即戰術書上所說之地方義勇隊或別働
　　隊等，其性質亦我所說之游擊隊不同。

二、游擊隊者乃特別編成輕快有力之戰術單位之部隊，
　　其能力與行動須能在敵區之內足以達到戰術上之要
　　求，故其編成裝備須特別研究。

　　又游擊隊須有極良好之自動紀律與具有極純熟之必
　　要技術，故其待遇與訓練亦須特別研究。

三、游擊隊之兵力單位以一營為最適當，蓋敵後方交通
　　運輸之掩護通常為一連或一排，適足為我一營所擊

破。兵力超過一營，則行動不輕靈，且變成真面目
作戰之慮。惟其編成卻有相當研究，就本人所見，
步兵一營（步三——四連、機槍一連、迫砲一連、戰
車防砲一排、通信一排、附騎兵或機踏車衛生隊一
部）（不必附工兵，凡工兵之事，步兵均須練習自
己能做），營行李隊一隊，營部的附政工人員。

8月31日　星期日

提要　上午十一時起敵機百三十三架分批襲川，下午二
　　　時解除警報。

四、游擊部隊選擇正規部隊中之最良者編成之，由其任務
困難行動艱危，對地方須保持嚴謹紀律，故其待遇
宜優，即除伙食全部由公家給與之外，其餉銀每月
約須三十元為最少限。

五、游擊隊之訓練在戰術方面，各種襲擊戰術、誘敵戰
術、掠奪戰術；在技術方面，各種戰鬥技術、工兵
技術、砲兵技術、行軍技術。

六、游擊隊之用途亦須特加研究，就我國目前抗戰情形，
游擊之用途殊為廣泛，大別之則有二：
其一配屬於正規戰區：如第三、五、六、九各戰區是。
其二配屬於敵後地區：如魯、蘇、豫、皖北各地是。
配屬於正規戰區，則戰區平時可達不擊擾亂敵人之
目的，而在主力戰鬥時游擊隊可配合運用，更能收
獲偉大效果，其數目以五個游擊隊配一戰區為必要

數，配屬於敵後地區，假如豫、魯、蘇北一帶使用一個集團軍，江淮、皖北又使用一個集團軍，此等集團軍在敵軍後方淪陷區之內，不但須行正規戰，且須能行游擊戰，不但軍事活動且須政治，凡此皆須有賴多數游擊隊之必要，故在敵後地區每集團軍須有游擊隊方足用也。

關於參謀長會議應提議之案件。

一、參謀之考核與人事：對所屬各級參謀人員之成績能力考核須負責公平詳慎辦理，每定遵照規定呈報本部，尤其對於各參謀年資與應否調職與其適任何種職務負責明白說明。

不但對於參謀為然，即其他官佐人事亦須督飭主管人事之人員遵循軌道辦理，其辦理人事者如未經訓練時，須適時召集短期訓練。

二、維護軍事機密方法：維護軍機之有效方法，應努力研究以達到消極防諜之目的，其研究方法應從：一、言動上，二、保管上，三、處理上，四、通訊上，五、檢查上之各方面加以注意，律定辦法，切實施行，方能養成習慣，方能達到軍機之有效維護。

三、軍以上各級參謀長及砲兵指揮部參謀長須與本部直接取連繫，凡用兵意見、敵情真相、訓練程度不對，需求改良所見等宜適時詳盡陳報本部，而本部亦必悉心檢討或容納幕僚系統建立之所貴者，不但現在

迄未做到，故本部對於各部隊之措施，每有不得確
切依據之感。

四、須注重地圖保管與地形改正：當此交通困難物質缺乏
時期，最感困難而又最需要者則莫如地圖，此項地
圖紙張來源不易，而且紙質不堅，所以在使用上保
管上要特別注意，不使絲毫浪費，且須特別小心，
不可隨便破碎。

尤其在我方或淪陷區交通上之變化甚大，必須隨時
調查將原有地圖加以修正，同時有條理的報告本部，
使測量局得有修正之材料。此項兵要地理調查報告，
必須有條理、有系統的作成，每半年或一年一次，
如此則本部與測量局容易施行有效之整理與修正。

五、比較精確的戰果考核：據本部觀察所得，敵軍傷亡人
數不見可靠，有若干戰區所報近乎誇大，不但對敵
如是，即對我軍傷亡亦有過量之感。最顯著者譬如
報俘虜若干人，即命其上解時則云已經擊斃是也。
此外如敵艦艇沉沒數目亦覺不甚可靠。

六、軍事作戰與政工作戰統一指導：軍事上有作戰計畫，
依此計畫而政工人員亦應定出政治作戰計畫，密切
而合拍，則軍隊得到助力偉大。譬如在守勢計畫，
則政工方面即計畫在守勢地區之內，如何協和民眾
防止間諜利用，作工宣傳，有利局勢。

又如在攻勢計畫，則對主攻方面如何對民眾策動調
查後方重要運輸線，如何布置傷兵收容站、指導站，

如何增高敵愾，如何宣傳攻擊之必勝等，使軍事政
治連成一套，則參謀長之責任也。

9月1日　星期一

提要　上午十一時半——下午二時，敵機27架襲渝，五
　　　時會報。

七、討論工作十分重要：戰略戰術，與夫每次戰鬥將勝
　　敗得失之檢討，即為戰史資料改進之準據，固無待
　　言矣。其他凡關於軍政、補給、衛生諸事，如兵員
　　傷亡、補充彈藥消耗、損失糧食被服裝具之切要與
　　否、病兵之死亡治療等，亦需有相當檢討。因檢討
　　則有統計，有統計則有標準，有標準則有改良策進
　　之依據，故凡對於此等事項，每隔三月或半年必須
　　有一精密統計，依此統計反覆研究，必能得到結
　　論，以為中央主管部有力之貢獻，此乃軍隊之重要
　　工作，亦為主官與參謀長之重要責任。在我國人事
　　調職未能合理實施以前，此項工作尤見切要。

9月2日　星期二

提要　在部辦公，敵機未來，下午氣候燠熱。

八、機密日記監督實施：此種日記通常由作戰參謀擔任
　　記載，其內容為敵情判斷，各參謀建議，司令部乃
　　決心與處置及所下達命令作戰經過概要與指導，以
　　及最後所得之戰果等，此種如果不斷合理記載，其
　　利益甚大如左：

　1. 為編纂戰史最完整有力之材料。
　2. 因為一切要基於敵情判斷，故對於敵情研究必然

嚴格。

3. 可以證明指揮官決心之當否，與各參謀對於作戰上之見地，藉以鑑別指揮官與幕僚之人才。

4. 戰果之如何至為明確，即一次戰鬥之勝敗得失原因，與夫指導之是否合理，均極明顯，所得教訓亦極以顯而深切。

5. 因有不斷之機密日記，則戰後製作戰鬥要報、詳報均極容易。

9月3日　星期三

提要　今日赴黃山午餐，為余請假未成之最大失敗紀念日。

九、如何促成經理獨立：經理事宜雖間接關係於參謀長業務，而直接則關係於戰力之培養與軍隊能力之提高，無論在事實上、在理論上，凡各部隊長官無不同聲一致認經理獨立一事為當前整軍建軍必要之舉，而所以至今未能實現者，實因經理人員怯於現狀之複雜，恐負責任太大而不能得長官之協助之故耳。如果中央自軍令機關與經理機關密切協商，確定經理獨立辦法，各級參謀長與各該部各級經理官亦密切合作，竭誠協助，竭力倡導，則經理事宜自不難漸入軌道，會計制度亦自能容易樹立，而各級主官亦可解除無限之苦痛，專心致力於軍隊之整訓矣。

9月4日　星期四

提要　今日在部辦公。

十、極度提高小規模之襲擊消耗戰與研練據點攻擊方法。

　　小規模自主的襲擊其利處有二：（一）在精神上足
　　以發揮士氣而繼續不懈，（二）在物質上足以達到
　　消耗敵人之目的。茲舉民國二十九年統計成績：

| 戰鬥次數 | F 傷亡 | F 彈藥 | F 步槍 | F 機槍 | F 砲 | F 車輛 | | | 我傷亡 |
						汽	機	車	
7,463	284,446	1,910	7,141	191	16	646	367	941	451,531

　　故就右統計明顯的於我有利，同時在精神、物質兩
　　方面均收效也。至於據點攻擊過去概未能達到目的，
　　研究原因，因有種種要之方法之未盡善，亦為主要
　　原因之一。茲奉統計表如左：
　　武漢會戰後各次會戰：南昌、隨棗、湘北、宜棗、
　　桂南、豫南、上高。

9月5日　星期五

提要　日本久戰之餘，四面國際包圍，形勢彼真能屈服
　　麼？不能。1. 因武力尚存在，2. 恐國內起變化，3.
　　維持強國之體面。

粵北晉南傷亡損耗之成績如左：

F傷亡	F步機	F機槍	F砲	我傷亡	我步槍	我機槍	我砲
145,938	173	106	28	297,816	36,344	2,576	324

二十八年九月攻勢及冬季攻勢成績成果如左：

F傷亡	F步機	F機槍	F各砲	我傷亡	諸步槍	我輕重機槍	我各砲	我迫砲
114,420	1,373	82	14	227,619	30,217	2,644	32	177

由右檢討可知正式會戰與據點攻擊，較之襲擊戰損失頗巨，蓋襲擊戰之傷亡，敵一我二弱，物質尤其槍械只有敵人損耗，我之損耗則更少。至於據點攻擊（如二十八年攻勢），我傷亡兩倍於敵，實際上恐尚不止此，步機槍損耗幾二十倍於敵，各次正規會戰之統計亦復相同。

9月6日　星期六

提要　日要與英美作戰麼？如英美不攻擊他的時候，故必不願。1.避免陷於包圍作戰，2.海空軍無把握且賭國運。

對於攻擊據點方法尚欠研究，或已有研究而未能實現其要求之故。

茲將攻擊據點合理之要求列舉如左：

1. 提高攻擊精神：敵愾心、士氣、宣傳、賞罰、指揮官決心典範行。
2. 周到準備：（一）偵察，（二）通信布置，（三）補給調度，（四）部隊編成（要精不要龐雜），（五）

裝備。

3. 適切訓練：（一）紀律訓練，（二）一般戰鬥訓練，
（三）特種訓練，（四）專技訓練。

4. 賢明指揮：戰略戰術戰鬥相配合、意志堅強且能應
變、使用兵力充分。

如此則攻勢自易奏功，而犧牲消耗反能減少也。

關於軍政事項

一、整軍

所謂整軍其含義甚廣，而目前所同聲主張者，曰充
實內容減少單位，即全國保持二百個充實步兵師，編為
六十至七十個軍，以 150 師分配各戰區，以 50 師直轄於
大本營。蓋 F 在我國戰場共約三十餘師團，二年來無大
出入，如以我五個充實師對 F 一個師團，力量相當，勝
兵之間在於訓練與運用，故各戰區保持 150 師已足，其
餘 50 師供大本營戰略的使用，用於任何方面均可確保勝
利是也。雖然此種辦法固然切實，但只能治病之標而非
治病之根。

二、生活

所謂治病之標者何？蓋節約單位充實內容，雖然做
到，倘在伍者逃亡，在鄉者規避，則今日之充實二百師
轉眼間亦可變成空虛，如曩昔三百師之現象，故必須於
節約單位充實內容之後繼續以「保持定量」四字。如何
保持定量，則為今日研究整軍儘先切要之條件，於此不

得其道，則其他一切皆不確實。今日之病根，亦即在是
如何能使在伍者不逃，在鄉者踴躍。無他，生活問題而
已，此乃天理人情之解決法也。今日士兵之生活情形如
何，徵兵之入隊情形如何，倘至實地一察看一查問便能瞭
然於部隊兵額之所以永虛也。官長之待遇與其用費是否實
際解決，是否能不懸空額者也，任何國家士兵之衣食、衛
生，國家必予充分解決，縱有缺衣缺食之時，亦僅限於一
時，必非長期如是也。印度人之于中國與英國人之于中國
比，當然印度人無國家觀念之可言，而印度人當兵者踴
躍，而中國人反逃避規亡者。無他，生活問題偏之太甚
也，故整軍最要之根貴在士兵生活問題之解決。

9月7日　星期日

提要　日本要北進攻滇，呼應德國作戰麼？不定。1.
　　　蘇聯如慘敗，英美氣餒，則彼北進，2. 蘇聯強
　　　韌，英美強硬，則彼士兵監視，收牽制東部俄
　　　軍轉用之效。

三、經理

　　有編制、有士兵、有裝備，其次則為訓練，以中國
人之聰明而曰不能研究，而曰自甘落伍，而曰不配與外
國軍官比擬，此皆完蛋之說。中國目前軍隊誠落伍，官
兵誠皆不如人，然究其何以至此，則經理不肯獨立之故
也。近年來許多長官咸曉然訓練之重要，及所以不能致
力專心於訓練之原因，紛紛請求經理獨立，而中央枝枝

節節始終慎重其事，而不肯實現，於是所有官長自連長
以至軍師長其精神才力幾十分之七為經理所消耗，一方
面要報銷實辦困難，報銷尤難千百倍，東移西補，更無
暇力自己之修養與部隊之訓練，蓋訓練亦非容易，必先
從自身修養著手，需要多數之時間與深刻之心思也。至
於經理人員其責任不過手抓鈔票爭多論少而已，似此情
形而不責經理以不獨立，而責營長以不上進，似欠公恕
之論。

9月8日　星期一

提要　日本究將取何方針麼？確保占領地，緩和英
　　　美，靜待德軍戰事之發展至某種程度，然後協
　　　同德軍南進或北進。

四、兵役

　　兵役唯一之要點在各管區與部隊一致，即徵、訓、
補打成一片是也。所徵之兵即為該軍官兵擔任管訓之人
員，即各新兵部隊之長官，人民與部隊、新兵與官長聲
氣相通，彼此間即相親相信，管區區民徵於斯、訓予斯、
退於斯，民、兵、官三者素相習、竊相知，不但減少逃亡，
而且戰陣能勇，今軍師額有一定，管區亦自不難一定，
此後中央補訓處、補訓總處等名目自無所需矣。

9月9日　星期二

提要　然則英美應當取如何方針乎？把握德蘇、中日醞

戰時機，合力先擊破一國，或德、或日，擊德難，擊日易，擊德時日能南北進為德之助，擊日時無能為助，故應及時先協力擊破日本。

一、戰鬥指揮（五則）

1. 掌握所部，適時予以命令，使明曉企圖並規律其行動。
2. 基於狀況判斷、敵情判斷等下堅確適切之決心，以為指揮之基礎。
3. 基於決心而定指揮戰鬥之方針，準此方針以定軍隊之部署。
4. 指導之著眼在時時處處保持主動地位，部署之要訣在企圖決戰方面形成重點，即澈底集中能期必勝之兵力，同時決定戰鬥正面縱長區分，以及砲兵用法。
5. 預備隊無論何時務期主動使用以收大效，不可彌補戰線陷於消極，鄰接兵團之接續部務注意，勿使形成弱點。
6. 依軍隊區分之各部隊任務極要明確，且使相互協調，尤其步砲協同。

9月10日　星期三

提要　現在英美態度之可能性如何。

7. 師司令部之不直接參戰之人馬，留置後方適宜地點。
8. 防空通信以及指揮官位置等，須有必要之指示。

9. 酣戰時須投有利戰績，勝戰時須適時下達追擊命令，敗戰時須待上級命令。

10. 諸兵協同以使步兵達成其目的為主眼，使各自盡量發揮其本能而指導之。

11. 砲兵對於決戰方面發揮其最大威力，並對所望之點指向大力如斯部署之。

12. 師內砲兵要統一指揮，軍砲兵以任遠距離砲戰為主，或任破壞，或與師砲兵協力。

13. 師長使用砲兵，對砲兵配置所望之大力，步砲協同彈藥補充等事予以命令，又需予以必要準備時間，砲兵情報、射擊觀測或配屬航空機。

14. 工兵以集結使用為主，有時亦分散使用。

15. 通信隊須於戰鬥全經過中，使師長與其部下指揮官永不失連絡。

9 月 11 日　星期四

提要　然則蘇聯應當取如何策略以自救乎。

16. 戰車集結使用於重要方面，在攻擊中則制壓最有害於我步兵之敵人，在防禦時以用於攻勢轉移為主。

17. 師偵察飛機隊歸師長直轄，故有時設置臨時著陸場直接連絡，使用偵察隊須示以自己企圖，予以總括任務，或有時示以機數，但戒濫用。

18. 對飛機通報以我方狀況、敵機敵隊等狀況及空地連絡等協定。

19. 地上防空部隊在我機動間以掩護行動之要點為主，在我戰鬥間以掩護重要戰場為主。
20. 指揮後方輜重部隊、衛生機關須能與戰鬥部隊之行動相配合。
21. 戰鬥全經過不斷搜索，其目的與範圍先須決定，然後分配任務於各搜索機關，如搜索之事項及搜索各時期（戰首中）（夜間F兵之移動）之目的等是也，成為搜索必要時行之。

9月12日　星期五

提要　今日在部辦公，下午照例會報。

22. 戰鬥間警戒，地上、空中警戒，尤其側方、後方警戒不可忽視。
23. 指揮與協同全恃連絡，而其基礎則在保持連絡之精神、適切之布置。
24. 考慮全般狀況以決定通信設施與通信機關部隊之配置。
25. 暗號、信號、呼號、符號等及空地連絡之規定，以及通信洩漏與中斷之預防。
26. 各鄰接部隊相互間之連絡，尤其步砲兵連絡甚為重要，或直接派遣軍官連絡。
27. 連絡設施須適合戰術上之要求為主，凡在戰鬥指揮上緊要之方面及時期須能完全設備，其他方面次之，而補助通信亦不可忽視。

28. 指揮官須精通各種連絡，航空機、鴿、犬、電氣、
傳令、視號、手勢之性能，最好能通技術，並須明
瞭通信布署狀態使傳達之線能擇適當之手段。

指揮官上級者不可濫用通信設施，以避干涉，下級
者亦不可以依此以作依賴上官，不負責任。

9 月 13 日　星期六

提要　今日在部辦公，下午學術研究會。

二、攻擊

1. 攻擊之主眼在包圍殲滅敵人，如具堅強意志而行動
出敵意表則收效更大。
2. 攻擊重點在敵人弱點或其最苦痛處，或我易於發揮
戰鬥力之方面。
3. 包圍攻擊側面兵力愈大愈好，但注意勿陷於分散，
不可多面包圍；正面攻擊重點方面宜小，縱長宜大，
務使用強大砲兵火力。
4. 戰鬥前進其部署之目的，以在預想戰場，期得優越
之態勢為主，如預料前進不久即有戰鬥時，則其部
署依戰鬥指導之考慮而決定之，在夜間前進拂曉戰
鬥時尤然，斯時先派一部占領掩護。

美國對於日本在政治上經濟上之制裁事件之檢討。

一、二十九年十月八日美國務卿與英大使、澳公使在華
盛頓談判，英美在太平洋上所一致行動成立協定，

必要時英方同意美國使用新加坡軍港。

二、三十年四月十一日英、美、蘇三國派兵在馬尼剌舉
　　行遠東防禦計畫會議，決議三國在太平洋採取共同
　　軍事行動。

三、三十年四月十六日美艦兩隊訪問紐、澳，表示三國
　　聯防之意。

四、三十年四月廿九日美、英、荷、印成立協定，規定
　　任何一國被日本攻擊時相互使用太平洋之軍事及海
　　軍根據地。

五、廿九年十月十六日美國禁輸廢銅廢鐵至西半球以外
　　之各國。

六、廿九年十二月十一日美統制供砂鐵片及鐵之混和物
　　等出口。

七、廿九年十二月廿一日美宣布物品十五種，包括製造
　　飛機汽油之機械、測量機器、試驗機器排水機等施
　　用憑證出口制。

八、三十年一月三日一切純鋼、黃銅、青銅、鋅、鎳、
　　鉀等貨品非持有出口准許證一律不得輸出。

九、三十年二月廿三日實施禁油出口令。

十、三十年三月廿六日菲列濱之產品亦列入統制範圍
　　圍之內。

十一、三十年三月廿八日凡製造炸彈之炸藥之原料，如動
　　物、海產及植物之油脂肪及酸等，應援引憑證出
　　口制。

十二、三十年六月廿日實行石油憑證出口，並禁止所有油
　　　類自東部海岸出口。

十三、三十年七月廿六日封存日本在美資金約二億美元。

十四、三十年八月一日禁止一切馬達燃料油及飛機所適用
　　　之各種油輸日。

十五、三十年八月十八日木漿金屬製造用機器車輛等出口
　　　統制。

十六、三十年八月十四日發表羅邱戰爭目的之八項宣言。

9 月 14 日　星期一

提要　上午十一時五十分赴曾家岩軍事會報。

6. 戰鬥前進，師長除直接派搜索隊外，對於前衛及各
衛隊之搜索方面要點須明予指示，並規定接收情報
之時間與地點。

7. 高射砲隊使用一要直躍進要點，以掩護師之主要
行動。

8. 行動期間，節約使用有線通信，利用無線各種傳令
視號等通信。

9. 對於陸空連絡攸關之事須特加規定。

10. 派出先遣隊活動往往有利，此隊以騎兵或自行車、自
動車等之步、工兵組織之，必要時並配屬一部砲兵。

11. 先進輜重在戰鬥部隊後方續行，而大行李則在先進
輜重之後。

12. 近敵之際，師長及砲兵指揮官等速向敵方進出觀察一

切，援〔授〕予前衛及各衛隊師砲兵等以必要之事
項，使其動作有所準據，通信兵則著手構成通信網。

13. 距敵已近而對敵情尚不明瞭時，此時一面注意搜索
警戒，一面繼續前進，但必須有能隨時應付不意之
衝突之戰鬥準備。

9月15日　星期一

提要　上午紀念週，下午會報。

三、遭遇戰

1. 遭遇戰之要訣在得先制，先敵展開於有利狀態，故指
揮須以果斷決心神速處置，決定決戰之方面，明示企
圖於部下，指示前衛司令官本隊各部隊速到戰場。

2. 指示各縱隊以前進方向俾成包圍形勢，飛機、騎兵
廣行搜索，並秘密我之行動，或先在要點或襲擊敵
之指揮部與砲兵。

3. 各級指揮官具有獨斷專行之機會甚多。

4. 前衛司令官獨斷部署占領戰鬥，支撐要地，雖正面
過廣亦所勿計，其前衛砲兵亦速占領陣地。

5. 本隊砲兵或挺進前方早行射擊，迫使敵人過早展
開，長射程尤可利用。

6. 如狀況許可，為求全隊統一參戰起見，先令全隊展
開，規定射擊協同之關係，然後再令步兵開始攻擊
前進。

7. 如敵以先我展開，則我兵力未完全展開之前，避免

真面目的戰鬥，此時砲兵竭力制壓敵砲兵與向我前
進之步兵。

9 月 16 日　星期二

8. 敵防禦時則積極機敏攻擊，勿予敵以長時期之準備。

9. 攻擊命令中應指示決戰方面第一線步兵攻擊目標展
開區域，指示砲兵以火力運用之準據地地域，配屬
步兵之砲兵，配屬砲兵之飛機等，此外工兵及預備
隊事項先下各命令，後補給同命令。

10. 師砲兵指揮官應以砲兵主力壓倒逐次現出於戰場之
敵步砲兵，為全局獲得先制之基礎。

11. 步砲之協同戰鬥，步兵開始後尤為重要，砲兵每一
步接近，第一線步兵而變換陣地，排除萬難，以充
足步兵之所望。

12. 第一線部隊擊破當面之敵，師長不失時機即以預備
隊席捲突破孔。

9 月 17 日　星期三

四、陣地攻擊

1. 由我選定時機方向與方法，故須綿密計畫周到準備。

2. 開近其位置要能保爾後動作之自由，此外關於警戒隊
形、進路等加以規定。

3. 敵陣偵察為計畫基礎，故對其縱深工事強度、主陣地
兵力配置均須偵察或行威力偵察。

4. 攻擊計畫本於種種判斷與考慮而規定戰鬥經過之部
署，為各部隊行動之準繩，最要者戰鬥各期間步砲兵
之協同，其次關於防空及後方勤務等。

5. 攻擊命令展開就攻擊準備位置，一、展開區域，二、
攻擊目標，砲兵陣地特要注意。

6. 前後就攻擊準備位置或由攻擊準備位置進攻，其前進
方法與時間特須研究。

9月18日　星期四

提要　在部辦公，敵人在岳州方面有其真面目向長沙攻
擊之模樣。

7. 攻擊實施以命令定之，砲兵開始攻擊準備射擊，步兵
前進要領同遭遇戰。

8. 步砲密切協同，戰車準備位置及其與砲兵協同，皆為
指揮官之事。

9. 衝鋒之前要有準備對F火力、障礙物、側防機關、破
壞口以及破壞隊掩護等，尤其對不意出現之側防。

10. 衝鋒部署以當時軍隊之配置為基礎，尤須能適合障
礙物破壞口之數，並請求掩護衝鋒隊之處置，且勉
一統一衝鋒之實施。

11. 夜間攻擊協同與指揮困難，惟精銳且熟習於夜間行
動之軍隊方能收其效。

12. 夜間攻擊之時機（將日間之效果秘匿、欺騙），部隊
（步兵為主）、時刻（或深夜或黎明前）、部署（確

實不當巧妙）、目標（依目的與情況而定）、縱深，
有限定在大部隊，且須黎明指定各隊之目標。

13. 夜間攻擊須於白天下令，使有準備（目標、地域、進
路、相互連絡識別法、成功處或失敗處置、特別搜
索地域等）。

14. 夜間攻擊第一線兵力要厚，預備隊要近接，有時誘
敵注意力于他方面之方法，但須慎重。

9月19日　星期五

提要　自十七日起新墻河發生戰事，今日延及汨羅江
沿岸。

五、防禦

1. 防禦之著眼在使爾後攻勢有利，故不可陷於被動，苟
得機會斷然逆襲。

2. 防禦陣地選以合於目的兵力及利於轉移攻勢為主，須
有堅固之主陣地於其前方摧毀敵人。

3. 陣地之偵察就敵主攻方面、我出擊方面地區區分，砲
兵用法、步砲兵關係、總預備隊等著眼。

4. 防禦計畫以適合狀況為主眼，軍隊部署、觀測所分
配、鄰接部隊之連繫、步砲兵關係、反攻之部署、連
絡設備等工事及彈藥等。

5. 火力配置步兵於主陣地前，構成濃密火網，砲兵向火
力均一須在預期敵之主攻及我之反攻方面之地域，使
火力濃密且須能指向于友軍接續部。

6. 戰鬥地域通常由抵抗地帶之後端附近，更互警戒陣地之前方劃定之，有時設置標識。

7. 防禦陣地分警戒陣地、前進陣地著眼，不設本陣地與目的與任務各不相同。

8. 地區部隊之區分為警戒部隊與第一線部隊及地區預備隊。

9. 陣地編成須適用目的與狀況，但無論如何須先堅固陣地之要點，故宜先完成射擊、視察、連絡、障礙諸設備，其意則為交通掩護設備，其次縱深與強度。

9月20日　星期六

10. 對敵戰車須配置擔任戰鬥與破壞之部隊，最少須有限制戰車行動之布置。

11. 砲兵乘F攻擊準備未完時射擊，則其機先，但F砲優越時亦可避免過早射擊。

12. 敵人入侵我火網時，我各種火力同時發揚，F兵如接近時，我步兵自察F砲兵延伸射擊之瞬時，予敵步兵以猛烈之反擊，對我戰車、我砲火須集中射擊以毀壞之，此時山砲對戰車直射，主力砲則射F之掩護戰車之砲兵，加以制壓。

13. 攻勢轉移由指揮官看破好機，斷然行之，其方法以主動牽制F人于正面，而以預備隊行側包圍，亦有由正面轉於攻勢者。

14. 夜間受敵攻擊時不必從新部署軍隊，只要增加第一線

兵力補其間隙，使預備隊接近前線可矣。第一線部隊
則斷然決心各自固守其位置，沉著與冷靜為要。

六、追擊

1. 追擊之要須各級指揮官以極鞏固之意志斷行追擊。

2. 追擊之主眼在迅速捕敵而殲滅之，故須深廣突進敵
後，遮斷其退路，諸方包圍或壓迫於其連絡線以外而
掩捕擊滅之，故各級指揮官要獨斷專行大膽敢為，方
能收偉大效果。

3. 敵退卻之情不可不盡諸般手段偵察，敵每欲退而先反
攻者例證甚多。

4. 追擊部隊行動要旨，以一個排抑留敵人主力，速向敵
側後方或其間隙衝進，切不可我主力反為一部敵人所
抑留。

5. 追擊時砲兵須不顧危險緊隨步兵前進協力，有時以多
數砲兵配屬於第一線。

6. 追擊目標除容易捕獲敵人之時，外力圖向遠地點選
定之。

7. 追擊隊就現有較整齊之部隊編成之，多配屬砲兵，多
配彈藥，但必須先以有力部隊如裝甲騎兵之類包圍或
遮斷敵人退路。

8. 夜間追擊將所要部隊配置於各道路，使沿途急行追
擊，遇F抵抗宜少展開。

9. 藥補給之適否，於追擊力關係甚大，故須適切運用輜
重，砲彈尤然，且須注意防毒。

七、退卻

1. 退卻之主眼在求能迅速與敵隔離。

2. 退卻區處，一、後方之處理，二、數縱隊併退，三、指示目標、行進地域道路、開始時機、退卻順序、收容部隊等。一至退卻時機到來，自己先赴目標地以便掌握退卻到來之部隊，各級指揮官同上要領，區處其所部。

3. 退卻目標須使部隊有整頓態勢之餘地，故宜適度離開戰場。

4. 退卻時機雖有種種關係，但務求利用夜暗行之。

5. 收容隊須用精銳之兵力酌附輕砲兵，其陣地以能掩護退卻者為之。

6. 退卻準備須極其迅速與秘密，且須防被敵上空之偵察。

7. 退卻脫離戰場方法，務以全線同時撤退為有利，有時使某部隊比較的行長時間的抵抗敵人者。

8. 砲兵主力宜早退卻（收容隊已進入收容陣地時），步兵與正面成直角之方向，退卻騎兵以任側方及背後之警戒為主。

   高射砲須先行至橋梁隘路等退路上要點近旁，以掩護主力通過。

9月21日　星期日

提要　汨羅江附近在激戰中。

9. 夜間退卻則須於白天準備完備，尤其須秘匿我之企圖
   或故意行反攻。

10. 對留置部隊之退卻時機須注意，有時為留置部隊之
    退卻更設收容隊者，此種收容隊則以騎兵或輕捷部
    隊為主。

11. 必要之通信網之撤去與戰鬥部隊之退卻同時行之。

12. 退卻時有時統一各縱隊後衛之行動，俾勿生為敵可乘
    之間隙，並特別講求增大行程之處置，以期從速脫離
    敵人，有時于退路要點行撒毒處置。

9 月 22 日　星期一

提要　上午紀念週，下午會報，何總長報告教育視察以
　　　　為圖解模型示範，實陳四項之重要。

　　長沙方面敵人有真面目攻擊長沙及洞庭湖南岸之企
圖，其方式如左判斷：

第一，敵先以主力排除在其東西之我軍威脅，然後由金井
　　　方面向長沙進展。

第二，敵以主力一直南下進至汨羅江地區，然後向兩側發
　　　展，保障安全，一面突進長沙。

　　任何方式同時湘江方面，亦同以有力之飛機、艦艇
配合近〔進〕攻。

　　我決戰地區應在新墻河——金井連絡燕塘之地區間。

　　我決戰時期應在本月廿六日起——三十日止，與五、
六戰區相呼應。

切斷其水陸交通之處置極端重要，在水上尤須特別注意。

向其後方發展與保障我正面之鞏固，及長沙守備亦極端重要。

9月23日　星期二

提要　今日長沙方面全般狀況如左：

一、甕江鋪方面敵約八千人，與我26A激戰中，有一部數百人南竄。

二、浯口南方約二十里處有敵一小部竄入，係37A之90D正面，已經阻止。

三、我140D伍公市方面，敵在主陣地激戰中，敵未見發展。

四、新市方面無變化，有少數敵人向神鼎山竄入，我95D派隊追剿中。

五、敵後續部隊為我4A、20A、58A各軍所吸收牽制不敢南下，其主力似尚在新墙河與汨羅江中間山地，而在汨羅一帶所發見者不過約占其總兵力三分之一耳。

六、今日我機出其不意轟炸，敵在橫嶺湖之艦艇均已逃散。

七、已下令58A→新市，20A→伍公市，4A→浯口之敵人尾攻，其目的在阻止汨羅沿江之敵迅速向南發展，藉以爭取時間。

9 月 24 日　星期三

提要　上午敵機來偵察三架，下午軍事會報長沙會戰
　　　情況。

一、第一線陣地：汨羅江南岸，26A、90D、140D、
　　95D、99D，大體維持原陣地。

二、第二線陣地：金井三姊橋間，R10D、3D、92D。

三、第一、二線地區：190D 及第一線抽派部隊。

四、72A 一個師平江附近，餘一師擬向南機動使用74A 一
　　師到瀏陽擬用於長沙。

五、甕江方面及浯口方面竄入之敵，將我26A 包圍山地
　　帶，現在激戰中。
　　浯口之敵對我 90D，長樂街竄入之敵對我 180D。
　　新市竄入之敵對我 95D，歸義竄入之敵對我 99D。
　　福臨鋪東北之敵對我 190D，金井東方之敵對我
　　R10D。
　　大娘橋之敵對我 95D 一個。

六、以上各口竄入之敵均抄包我守備隊之後方，幸我沉著
　　應戰不為動搖。

9 月 25 日　星期四

提要　今天白天六、九兩戰區俱不通，下午六時後通
　　　信，長沙方面情況：

一、據廣播敵之行動如左：
　　1. 6D 由甕江以東向金井，已到金井東南。

    2. 33D 一部到甕江附近。

    3. 40D 一部由長樂向浯口到大橋墩附近及其東南。

    4. 30D 由伍公市向麻風照、福林鋪，已到福林鋪
      附近。

    5. 40D 及 13D 一個由新市、歸義向大娘橋，營田有
      敵上陸。

二、我方情況

    第一、二線陣地維持原狀。

    4A→浯口，20A向長樂，58A→新市，反包圍敵後。

    74A 一師黃花市，92D 抽為預備隊，以 99D 接防，
    37A 抽回以 10A 接防。

9月26日　星期五

提要　下午軍事會報，長沙方面情況：

一、正面敵情似無多大進展，黃花市方面昨晚有便衣隊到
    達，經我58D 驅逐，今日張華山方面及高橋方面均
    有戰鬥。

二、據報打下敵通信鴿一隻，內有30D 之參謀長報告其
    軍司令官者，報告文中有糧盡彈絕，請派飛機送糧
    之語。

三、我58D、57D 均已確實到達黃花市，並已進入陣地，
    51D 今夜亦可到達永安市。

四、我92D 撤下長沙附近後，現已加入第十軍之左翼作戰。

五、洞庭湖方面敵人無真面目行動之表現。

六、鄒洪部今夜至明早可到達一個師至長沙，暫六師曾到
　　寧鄉。

七、明日26A、72A向金井方面敵人攻擊。

9月27日　星期六

提要　上午十時黃山軍事會報，長沙情況，長官部淥口。

一、敵第四師主力竄入勞叨河、石子鋪一帶，與我98D
　　對戰中。

　　第三師團、第六師團在春華山、黃花市、永安市一
　　帶與我74A對戰中。

　　據廣播其13D一個亦由栗橋向石子鋪南竄，其6D向
　　瀏陽河出長沙以南企圖。

二、我暫6D已到嶽麓山，暫8D已到長沙，暫7D今日在
　　曲江上車。

　　我72A、26A行動之效果不明，10A向上杉市、楓林
　　港南移，4A、20A、58D、37A效果不明。

三、統帥部決心戰鬥到底，不明長沙城得失停止戰鬥或
　　退卻，明廿八日應繼續反攻，保持重點于高橋、春
　　華山方面，其重要處置：

　　1. 咸寧、岳州方面加緊游擊。

　　2. 汨羅以北之20A、4A、58A部隊猛襲敵方接濟交通。

　　3. 主力暫2D、74A、10A、37A等部隊向長沙北方之
　　　敵攻擊嶽麓山，長沙由74A固守，湘江封鎖線99D
　　　守備，指揮所可另設一所於瀏陽，平江據點守備注

意無線通信。

民國三十年第二次湘北會戰所見　九月十七日開始

一、已定之戰略指導與部署不宜于敵情尚無劇變之前便
　　行變更，若戰局正照所預想之情況發展時，尤其不
　　改輕改。

二、交通之破壞，運輸工具之缺乏，控置部隊之散漫，
　　皆是以減低戰略指導上之價值，甚至影響戰局。如
　　74、79、暫2各軍之行動，非待9/26以後無法到達
　　戰場，即我國固有部隊須在汨羅河附近支持至一星
　　期之久之戰鬥，於是我所有使用部隊方能發揮全力
　　是也。又如五、六兩戰區之策應作戰，非待到9/30
　　以後不能表現力量，使敵人感覺吃緊是也。

三、湘北兩次之敵情，事前並未重視，然敵人3D、4D之
　　行動結集，武漢則早知之，此非情報之不善，乃判
　　斷之疏忽。

四、空軍出動事實無大效果，但是上下軍心一致興奮，
　　敵艦恐懼不敢不四散奔逃，可見空軍於精神作用上
　　效力甚大。

五、自9/17至9/23汨羅江沿岸戰況，敵人並未能多大發
　　展，且其經過戰鬥中，前後方傷亡頗大，乃敵人徒然
　　迭次廣播宣傳其戰果，我則沉靜應付，在客觀上甚覺
　　敵人之可恥，同時我們此後應要反省最好在確實獲勝
　　後酌情宣傳接戰時期，但約略迫近報導可也。

六、此次湘北會戰牽動我三、五、六各戰區亦發動攻勢規模尤大，對於此次敵勢就全局觀察主張不一，約分兩說：

其一，以能保持長沙為度，不宣傳、不擴大、不發動大規模協助攻勢。

其理由：

1. 使目前陷於國際壓迫之日軍閥少壯派略事抬頭，使其對國內維持現狀振振有辭，長其氣燄，從事南進或北進。

2. 攻擊要點不會有效發動之，規模愈大則我（接卅日反省錄）

9 月 28 日　星期日

提要　中午警報有敵機三架來渝偵察，長沙情況，薛長官淥口赴朱亭。

一、據敵廣播（下午七時）

F6D 於本日下午四渡瀏陽河，占領鎮頭市。

F3D 於本日下午四渡瀏陽河，占領金塘南方八公里之楊家灘。

F13D 早淵支隊所部突入長沙後，於廿八日下午拂曉占領長沙全城。

二、據我長沙諜報員黃熹廿八日下午酉時無線電報告要旨

1. 侵入長沙城之便衣隊今早為我軍全部殲滅。

2. 我軍扼守瀏河之東南渡、湖跡渡，兩岸口堅強抵抗。

3. 長沙內部情形較昨日尤為沉靜。

三、薛長官今早到淥口，今因該處電話線被炸斷，故情況不明。

由李欽甫轉來電話，敵大部在永安市、黃花市，我4A、20A 並下已過金井，26A 到沙市街——金井間，72A 沙市街，92D、99D 由西北向東南，74A 洞陽市一帶。

9月29日　星期一

提要　上午赴通信人員訓練班畢業典禮，下午軍事會報。
　　　長沙情況，長官部朱亭。

一、74A 已到洞陽市南方，已令第一步攻擊永安市，第二部東山方面。

二、夏楚中過江守長沙，敵之便衣隊已消滅，長沙確在我手中。

三、楊副長官已到甕江指揮，4A、20A、72A、26A、58A，一個留在後面，以上各軍之攻擊目標為永安市、春華山、楓林港一帶敵人。

四、99D、92D 之攻擊目標為十字鋪（99D 在橋頭驛方面截獲彈藥一隊）。

以上攻擊情況不明，惟據消息，永安市方面槍砲聲激烈，十字鋪方面攻擊亦頗激烈也。

五、10A、37A 擬撤回後方整理。

六、第六戰區大體已準備完成，明日起開始攻擊。
　　第三、五兩戰區亦有令加強攻擊力之必要。

9 月 30 日　星期二

提要　長沙情況對敵注意。

一、長沙南郊暫8D、戰98D 一部在其北郊，我夏軍長率
　　暫6D 主力，今日占長沙北門一帶長沙城，以尚有敵
　　人據守正待肅清。

二、敵主力似集積於瀏陽河、勞叨河間地區整頓，有固守
　　待援或乘機回竄之兩個企圖。

三、我74A 普蹟市、26A 焦溪鋪、72A 路口圩、4A 主力
　　花林橋，一個攻擊金井之千餘敵人，20A 將軍壩附
　　近，58A 稍後由福林鋪之道南下，各軍均經連絡以待
　　合圍攻擊，99D、92D 已到石子鋪附近，並在馬鞍鋪
　　俘獲敵人輜重一大隊。

四、營田、蘆林潭均相繼收復。

五、暫7D 一團已到開株州，10A 撤衡山，37A 撤朱亭。

六、株州一帶似尚有便衣隊散兵等紛擾。

　　（編按：上接 9 月 27 日）之消耗亦愈大，誠恐轉予
　　共產匪徒以好機會。

　3. 縱然戰勝敵人或克服宜昌，而敵之南北進企圖必因
　　此而打銷或停頓，則無異為蘇英牽制敵軍於我之戰
　　場，於我亦未見有利。

其二乘平漢、漢宜路敵人抽調湘北作戰之機會，五、六戰區應發動真面目攻勢，協助湘北作戰，並相機收復宜昌。

其理由：

1. 長沙與湖濱地區係我抗戰前途甚為重要，為救長沙之危急，不能不採取直接援助，當然要採取間接援助。

2. 宜昌之重要性盡人而知，無日不存收復之心，而苦未得機會，今已有機會，自應毅然把握好機，真目面進攻縱不能，收復宜昌至少亦有益湘北之會戰。

3. 此種各戰區協同動作充分發揮，不但於作戰原理上應當如是，足以貽後人以教訓，而且在我們抗戰精神上，亦應如是足以予敵人以教訓。

總之前者之說策士主張，後者之說戰士主張，各有其立場與見解，要之作戰之道，但把握好機追求勝利，盡我之可能以收戰勝之果，他則非所向也。若大敵當前，民生呼吸之際，乃因策略之關係與未來之希望，而欲維持於不敗不勝之間，是真難能之事也。

七、敵人之乘隙抄包攻擊，要特別沿究對策，在廣大地區而各單位防隙竄入不顧一切包抄其後，使守備之部隊交通通信補給失其連絡，而且使守備官兵心理上感覺進退失據發生動搖，中條山與此次湘北之戰，敵人戰鬥行動大體如是，深值吾人研究者，以余意見，對此種戰法之對策如左：

1. 縱深鱗比配備，此乃當然之配備，不必申訴理由，

盡人知之。

2. 劃分獨立守備區，每師劃予以獨立守備區，使其在此區而能遂行獨立持久之作戰，即關於給養通信等付予以獨立維持之力量，不必靠著後方迫送與電話（有線電話）。師內各團亦復如是，凡應配屬於團之特種部隊，亦先期配屬之，如此則敵縱抄斷，後方毫無影響。

3. 編成掃蕩隊，分為隊屬掃蕩隊與獨立掃蕩隊，專掃蕩尾擊竄入之敵人與竄入敵人之後方。

甲、隊屬掃蕩隊：每師指定一、二營，每團指定一營或兩連擔任，對竄入區內敵人尾追掃蕩，平日要有特殊訓練，輕裝與攜帶充分乾糧，並附隨彈藥小隊追躡敵踪，不許放鬆一步，擊滅潰散為止。此掃蕩隊以團派出為主，而師之掃蕩隊則加入于比較吃重，即敵人較多之方面，以直接協助團掃蕩隊之作戰。

乙、獨立掃蕩隊：由集團軍或戰區直接指揮使用，指定三、四個師或軍擔任之專掃蕩竄入敵人之廣大後方，使其補給連絡完全斷絕，同時並擊潰（牽制）其總預備隊，使其無法增援前線，使入竄入我陣地內之敵人陷於全滅。

右項掃蕩隊無須特別編成與裝備，惟平日須有循熟之演練，掃蕩戰乃不顧一切克服一切之戰法也。

八、作戰之目的在消滅敵方野戰軍，策定戰略方案應亦著眼於此，無論攻防均宜遵守此原則，否則不利。尤

其在守勢方面更應如此，切不可因一地點而束縛戰略行動與部署放棄戰略利益最為要重。基輔之失陷，受包圍者數十萬人，如果我們長沙只照此辦法，則被包圍者亦可到十萬、八萬人也。基輔結局何以如此，乃因著眼於一點，所有兵力無形之中盡力此點所吸收之故，是無異歛兵以贈敵也，豈可不戒乎。

九、戰略指導到得兩軍交綏兵鋒相接，則政略責任已告一段落，此後之勝敗則視乎各級部隊指揮官之能力與部隊之素質以為斷。

在部隊方面：精神、體力、技術三者之訓練。

在指揮方面：則為預備隊之控制與使用，及其專心獨斷是也。

10月1日　星期三

十、對於挺進狹正面之敵，尤其冒牌閃擊戰之敵，最大效者正面守著據點固執不動，以有主力之軍控置外翼，乘良好機會行反包圍（由後方），再以戰略預備隊控置外翼，乘機橫掃，則敵無不敗者。

十一、敵完全用鑽隙挺進戰法，故我軍各部隊之搜索警戒特別研究即須有必要之騎兵與腳踏車隊，否則不易週到迅速。此次敵已到一地，而我尚不知道，即無此種部隊也。在平時亦要演習，如團長中心之周圍10公里，必須有搜索網。

十二、使用無線電平時必須演練純熟，團之於師，師之於軍，集團長軍以上之於戰區，各級使用純熟迅速，則戰時通信方有補救希望，否則絕無辦法，絕不不能指揮自如也。統帥部與軍以上必須通無線電，如此方能指導戰區，不致遇時失機。

十三、戰鬥之勝敗，其關鍵在各高級指揮官之決心獨斷協同者甚大甚大，我軍採取機動鬥戰（按：原文如此），上舉各件即為軍隊機動力之所繫，對此鑽隙輕進之敵除發揮機動力量，此戰到底以殲滅之之外，別無良法，所以各高級指揮官須有任何情況之下不放棄戰鬥之決心，由於此決心之下任何消息斷絕時期，必本著最高指揮官之所示方針與任務，再就全般戰略戰術上著眼，獨斷作戰，不稍鬆懈，如此方算合於協同意義。我長沙會戰

中期 20A、4A、58A 如能本此要旨自動發揮，則
相信敵人南下困難必須加大，即長沙失陷後如我
各高級長官繼與長官部連絡一時中斷而仍能本此
旨以作戰，則敵軍雖入長沙亦終被殲滅也。

10月2日　星期四

十四、戰區長官指揮所不宜固定於敵人攻擊主目標之所
　　　在地，其意義有二：

1. 避免危急時期忽斷指揮連絡，部隊脫掌握。
2. 表示戰鬥勝敗不以一地一點為中心，而以殺傷敵
　　人為中心是也。即我之作戰中心不在爭地，而在
　　殺敵。

十五、對敵降落部隊之預防：

1. 各要點須派出必要之掩護隊與不易。
2. 通信線、交通線分段武裝檢巡隊、地方分區搜索
　　隊、民眾組織。
3. 散兵之限制與處置，而使散浪以致混入敵降落之
　　便衣隊，心理上要安定訓練，不可無預先處置。

十六、指揮系統不可過於混亂，不可過於干涉，否則指
　　　揮單位不勝其煩，而中間階級指揮官無所事。一
　　　旦最高脫其樞紐或通信不靈時，各級均失其自信
　　　力甚為危險，此節要涵養習慣。

10 月 3 日　星期五

十七、報告欠確實或情報欠確定，比如長沙之是否尚在我手，所說不一（廿八日——卅日），使統帥部無法判斷，無法說話是也。

十八、學閃擊戰之最不合理者：

1. 後面無繼續部隊。
2. 交通，路不通車。
3. 補給不準備。
4. 對我野戰軍置之不理。

此送死自滅之道也（指日寇）。

十九、此次對敵之進犯長沙，我在戰略上我在戰略上（編按：原文重複）之側擊已完成其任務，而敵之所以尚能繼續南下者，蓋因對於戰術上之側擊布置尚覺欠缺之故，敵乃分數路前進。戰略上之側擊只能阻止妨害其一側之部隊，其他各路則須藉戰術上部署，除正面防禦者外，亦應分段於側面節節牽制，如此則戰略、戰術相得益彰矣。

10 月 4 日　星期六

提要　一、今天下午二時到桂林；二、下午三時據報鄭州失陷；三、準備南嶽開會；四、對湯集團此後行動之指示。

二十、我 10A 與 74A 此次作戰均未曾達到預期之希
　　　望，尤其 10A 經敵一擊之後不復再能繼續作戰，
　　　其原因並非該兩軍素質特壞，乃因適與敵軍行
　　　遭遇戰之故。吾人平時對於攻擊戰法練習不熟，
　　　尤其對遭遇戰更少練習，遭遇戰致勝之要訣在
　　　制敵機先，而制機先之要道則指揮宜決心處置
　　　迅速，此則必有賴於搜索之廣大週密，此外則
　　　為各級部隊長之獨斷能力之充分是賴。凡搜索
　　　也，迅速決心處置也，各級部隊長獨斷能力也，
　　　三者皆非我之所長，則無疑的制機先者在於敵，
　　　此時敵必先我展開，在我應避免匆促間行真面
　　　目之決戰，站穩地步，徐圖補救，乃指揮官又
　　　不知出此依樣胡〔葫〕蘆與敵決戰，後續部隊
　　　未到而先頭部隊早被擊潰，使後續部隊亦同時
　　　蒙其損失與影響，此第十軍之所以一蹶而不能
　　　復振也。此不僅 10A 如此，即他部隊遇此景況
　　　亦必有同像之現象與結果。無他，因對於遭遇
　　　戰平時根本未蒙有充分演練故也。戰術之中以
　　　遭遇戰為最難，而吾人演練又最少，何怪乎臨
　　　事之不克勝任也。經此次教訓，此戰我軍之團
　　　營連必須常行戰術戰鬥演習，尤其對於攻擊、
　　　對於遭遇之科目，特別研究熟練為要。
二十一、滲漏戰法只過其人，不能過其輜重，只要守者能
　　　沉著抗戰，固守勿動，則已過之敵不能生存，

距離愈長即深入愈深，危險性愈大，是以對此
種戰法之敵，仿彿對待即愚蠢之野人毫不足
恐，惟唯一要求者，我之工事要用小據點式，
四圍均能作戰，由其側防良好後方鞏固，而守
兵與幹部下上一心，沉著達成守之任務，貫徹
守之真義是也。

二十二、對降落傘便衣隊之要訣

　　1. 對降落傘之戒備，後方重於前方，荒郊重於重點。

　　2. 應付降落傘兵之部隊訓練，民團重於保安隊，
保安隊重於正規軍。

　　3. 應付降落傘兵之訓練，清查重於警戒，警戒重
於戰鬥。

二十三、紀律問題要從頭切實檢討，此次戰場範圍內外
發生劫掠之事，故國家必須行徵兵制，必須提
高士兵待遇。

二十四、敵人行動情況之相反，如上官未皓電稱 F6D 午
皓集九江，養日抵滬；李長官申佳電稱 F 艦
艇百餘艘滿載湖北部隊東下；孫連仲同時電稱
F4D 集結安陸接防訊；薛岳申寒電稱 F6D 退集
岳州逐次乘船不開等語，均與事實不符。

二十五、我們攻擊接續力不過七日，過此則力量衰竭效果
低微，如第五、六戰區此次9/30 開始，至10/8
各方面均表現自己停頓之狀態，因此吾人研究
如何能加強持續攻擊力頗覺重要，其次則認為

　　　　湘北繼續追擊不會有知，且有被下反噬可能。

二十六、敵人作工迅速，計自新墻——長樂——福林鋪共

　　　　約二百餘里，而敵人約旬日之內即修通公路，

　　　　可謂迅速，出人意表，故此後我之破壞道路與

　　　　妨害其築路更須特別澈底，而計算修路需要時

　　　　間亦須改正標準。

10月5日　星期日

提要　今日在桂林過中秋節，各方戰況。

一、鄭州方面F約六千在汜東，2、3千在鄭州與我孫集

　　團對峙，我主力在鄭東南，一部在鄭西，趙壽山部

　　在鄭北，敵無大規模進犯企圖。

二、五、六戰區無大變動，據陳長官電話要旨：

　　1. 進展情形無大特殊，擬調整部署。

　　2. 調整部署後，今夜擬實施急攻宜昌。

三、九戰區據報要旨：

　　1. 敵主力似已過汨羅江，聞架設橋梁二座。

　　2. 連日所接戰者大體為後衛與側衛，如今後衛亦已脫

　　　　離，福林鋪以南已無敵踪。

　　3. 營田方面似為敵之傷兵或重兵器部隊乘船退卻之用。

10月6日　星期一

提要　今日在桂林，侍從室今日開駐衡陽。

一、組織南嶽第三次會議。

二、九戰區戰況：
　　1. 湘陰於昨夜收復，敵向營田退卻。
　　2. 汨羅以南已無敵之大部隊。
三、一戰區戰況：
　　1. 鄭州方面仍在對峙中，敵似無其他企圖。
　　2. 晉三角地帶之敵增加，河之北岸戰區催相部開足二
　　　師增援。
四、五、六戰區：
　　1. 五戰區戰況無新發展。
　　2. 六戰區 9D 已占宜昌外城，砲擊內城，宜昌似有汽
　　　車數十輛東開繞叉路之道。

10 月 7 日　星期二
提要　在桂林料理一切。
一、營田於今日收復，敵之砲兵與傷病兵於營田上船
　　退卻。
二、新墙河以南敵有無大部尚不明白，戰區下令4A、
　　20A、58A、34A 過河追擊。
三、對一戰區鄭州情況無變化，對胡部應增加之師應催
　　速開，93A 似駐寶雞，湯集團之行動且待機決定。
　　榮滬方面F 約2000 人，鄭州敵偽二、三千人中二、
　　三千人，我孫部主力在鄭州東南，一個鄭西，趙房
　　山部在榮澤附近與敵對峙。
四、第六戰區在襄河以西據點大小90 個，而已占者29

個，尚有61個未占，且多係重要據點，宜昌未必能
得，得亦難守應守，應速停止。

五、第九戰區亦將了結，目前應將本大營應抽出之部隊
與戰區整補之部隊最先指示，其餘由由（編按：原
文如此）戰區自行部署。

10月8日　星期三

提要　今天下午四時乘火車赴衡。

此次對於敵人湘北攻勢，我大本營之作戰指導原則
如左：

一、於主決戰戰場集結優勢之兵力，10A、暫2A、37A、
79A皆戰區以外部隊，此外戰車、戰防砲營等（敵我
使用兵力估計）。

二、高度發揮各戰區作戰之協同，如第三戰區之沿江攻
勢，六戰區知〔之〕襄河以西及時宜昌之攻擊，第
五戰區之漢宜路截斷與信陽襄樊路之攻擊等是。

三、六戰區在戰術上絕對採取攻擊，如三、五、六、九各
戰區一度發揮攻擊行動。

四、後方業務力求適應前方之行動。

五、重視指揮系統與戰鬥紀律。

10月9日　星期四

提要　上午四時到衡西車站，即轉乘汽車，五時餘抵南
嶽，寓華南旅館。

一、六時半至南嶽辦公處視察一切，規定議事日程，規
　　定標語文字。

二、規定防空之事，規定節省辦法。

三、八時半至南嶽市九戰區辦事處謁薛長官部之吳參
　　謀長。

四、湘北之追擊部隊已超越新墻河，各部隊之戰績與損失
　　均不詳。

五、第六戰區進步亦少，宜昌仍占領其外圍，西岸亦未完
　　全占領。

六、第五戰區情況毫無進展。

七、第一戰區鄭州之敵並無多大企圖，據報云敵人有連合
　　鄭州、信陽兩方面之作用，有進窺襄樊之可能，實
　　則第五戰區亦不須過慮，蓋敵之所以不敢取襄樊者
　　非不能也，因守備需兵，故不為也。

八、此次召集開會，默察各戰區參加出席者並不踴躍
　　興奮。

10 月 10 日　星期五

提要　今日在聖經學院，下午回華南旅館。

一、第一戰區情況無變化，但敵以無放棄鄭州企圖，因利
　　用一個偽軍也。

二、第九戰區越過新墻河，但攻勢河北岸敵陣則不會
　　有效。

三、第五戰區情況無進展，已有再衰三竭之象，而第六戰

區則以第二軍全力攻擊宜昌，惟兩岸尚未肅清，內城亦似只有一角在爭奪之中，如明日尚不能占領，則難有希望。

四、審定標語文字與懸掛地位。

五、檢討防空與警備布置（須令主管呈出整個報告）。

六、關照薛長官與余長官對於報告經過時須準備經過圖。

七、巡視各防空洞。

八、晚間與林伯森、王崑崗同餐。

10月11日　星期六

提要　今日在聖經學院，下午回華南旅館。

一、上午視察各高級官及委座住宿地點之布置情形。

二、中午接待顧長官及熊主席。

三、五、六、九各戰區至今日止停止進攻，須恢復原來狀態。

四、九戰區之部署如左：

10A 沿鐵路、朱亭、淥口、衡山，37A 汨羅河沿岸，20A 新墻河沿岸，74A 醴陵、宜春、萍鄉，26A 瀏陽一帶，79A 歸還六戰區，4A 一個新墻河北，主力關王橋、大荊街，32A 一個河北岸，主力修水，58A 一個追擊，主力永安市（通城與楊林街中間）。

五、蘇聯中路軍提摩監利之帥所指揮之部隊，大部被德軍包圍，此後作戰形勢似將漸趨險惡。

一、現在軍師人員數及軍事預算

  1. 軍數：一〇六。

  2. 師數：三〇三。

  3. K 師：一三。

  4. 獨旅：三〇（其他團隊數十個不計）。

  5. 軍官：二六八、〇〇〇（部隊軍官、學校機關不在內）。

  6. 士兵：三、五〇三、〇〇〇（編制），如合其他實數五、三六三、〇〇〇，全部照編制六、五〇〇、〇〇〇。

  7. 三十年預算：四、六七九、〇〇〇、〇〇〇。

二、部隊之調整意見案要旨

  1. 方針充實，兵員減少，單位撙節經費，加強戰力。

  2. 調整軍師數，八〇軍、二四〇師（或八〇師、二四〇旅）。

  3. 調整方法，由各戰區遵照中央指定調整軍師數目，按各軍師之戰績、歷史、訓練、紀律等擬具意見，密報中央核奪。

  4. 軍師建制，軍三師，師三團（或師三旅，旅三團）。

  5. 補訓處，一律裁撤。

  6. 調整時期，三十一年正月一日開始，分三期，合共一年完成。

  7. 編制，分為兩種，三十年編制與三十年加強編制。

  8. 人事，調整後未補官者敘官，人事屬軍。

9. 經理，目前屬師（將來屬軍），力求經理獨立。

三、部隊調整與改良編制之意義不同而又相似，其差異
之點，一求適合當前情況為主，一在側重作戰要求
為主，故現在之措施不能合於軍隊建制或編制之理
論也。

10月12日　星期日

提要　今日在聖經學院辦公，下午五時回華南旅館。

一、五、六、九戰區至今日止已停止行動。

二、檢點標語與黏貼處所，心中總覺不甚妥洽，擬標語
亦頗不易。

三、下午吳冠周及其夫人來南嶽，彼因回里省親，同時與
余商量代為覓屋之事，熱誠可感，余托帶家書一封。

四、唐副長官子敬來談川省情形與其自己概念，大體云
川省尚留七個師在省內，每有營商走私之弊，不如
一併調出抗戰為國家效力，方屬正理，至於向本人
則以日寇未除，殊無急急回川之意云云。余對於川
情隔閡，在良心上亦聞之不感興趣，蓋此乃無議論
之必要也。

五、余頗考慮目前物價高漲之緣故與其責任問題。

10月13日　星期一

提要　上午聖經學院辦公，下午五時半回華南旅館。

一、各戰區戰況已趨平穩，各戰區與會官長亦已大部

到達。

二、印發議程表，規定第一○報告人員次序單。

三、明日應準備妥當之件：

1. 議程。

2. 報告次序。

3. 已、未到人員。

4. 簽到表。

5. 坐位席位。

6. 收拾提案。

7. 發防空圖分配圖。

四、關於警戒與防空事宜已準備完結，尚覺妥當。

五、高副總司令蔭槐來談處境困難情形。

六、余長官、李主席談廣東軍糧情形，其要旨有二：

1. 指定撥給之數量不確實，如廣西之12萬擔毫無把握。

2. 縱有確定之數量而運輸地點甚遠，不惟運費無著，而且時間上緩不濟急，因此該戰區部隊退進行動皆不可能也。

10 月 14 日　星期二

提要　上午在聖經學院辦公，晚間住聖經學院。

一、晚間開談話會，其要旨如左：

1. 此次開會除報告之外，重點檢討與對策以收集思廣益之效。

2. 檢討研究之題目須先分類擬定，發交對答，其分類

大要如左：

軍事部門

甲、作戰類（包含戰術、情報、通信、工事等）。

乙、訓練類（包含軍訓、政訓）。

丙、補給類（包含運輸、糧餉、衛生、兵員補充等）。

政治部門

包含兵役、糧食、防間、肅奸、民眾防空、經濟封鎖等。

10月15日　星期三

提要　上午八時在聖經學院開預備會議。

　　甲、作戰

　　　1. 敵我戰法檢討及我對策。

　　　2. 情報如何能使靈活確實。

　　　3. 通信缺點如何改善。

　　　4. 對 F 降落部隊之預防與戰法。

　　　5. 混城隊之存廢。

　　　6. 我陣地工事不能收預期之效果其原因何在。

　　乙、訓練

　　　1. 軍隊訓練有何困難及如何排除。

　　　2. 紀律訓練之有效方法。

　　　3. 加強步砲協同訓練之方法。

　　　4. 對降落部隊之訓練方法。

　　　5. 如何提高軍隊戰鬥紀律。

6. 促進軍民合作之有效方法。

丙、補給

    1. 如何充實部隊及兵站之輸力。

    2. 維持官兵必要之營養及其食物之定量應如何規定方為適當。

    3. 部隊服裝之補給辦法有何困難及如何補救。

    4. 部隊衛生困難情形如何補救。

    5. 兵員補充有何缺點應如何改進。

    6. 兵員逃亡之原因及如何補救。

10 月 16 日　星期四

提要　上午八時大會開幕，下午五時止。

丁、政治

    1. 各級兵役機關有何困難情形及其改善辦法。

    2. 防諜肅奸之有效方法。

    3. 民眾防空及對 F 降落隊之防範辦法。

    4. 糧食之徵收徵購及運輸有何困難及改善辦法。

    5. 防止軍政人員走私之有效方法。

    7. 如何加強經濟游擊隊之有效辦法。

    8. 戰區經濟委員會應如何加強調整以達成經濟任務。

一、上午委座開幕訓話，三戰區報告，下午四戰區報告。

二、夜八時商談整軍原案。

10月17日　星期五

提要　上午七時開會，下午約十一時止。

一、昨日日寇近衛倒閣，繼任者為東條陸相，一以威脅
美國，一以完成戰時內閣體制，完全由軍人專政。

二、今日報告者七、九兩戰區，綜合感想如左（較佳
者十分之二、三）：

  1. 龍門陣，說大書。
  2. 話家常，數故事。
  3. 時間地點互殊其說。
  4. 總司令無任務，無戰略部署。
  5. 軍長無任務無決心，無整個處置，無戰術部署。
  6. 對書直談，既無表又無圖。

  如再不覺悟，則將來軍令部之指揮亦徒屬虛文耳。

三、夜間作戰審查會分三大宗審查：

  1. 對敵之戰法（杜）。
  2. 關於情報設置之意見（吳）。
  3. 關於通信之意見（羅）。

10月18日　星期六

提要　上午、下午均報告，晚間作戰計畫會議。

就今、昨兩日報告之感想如左：

一、各高級司令官對於作戰經過報告無方針指導部
署、決心處置，各本其地位身分而立言。

二、湖北民謠本有「不願廣東人來刮，寧願日本人來

殺」之語，然經此次日寇侵入殘忍殺害之後，人心仇敵甚深，此後軍政須及時收拾。

三、長沙被占之訊傳出，一部官兵心理消極動搖，從前攻擊敵後之教訓幾完全忘卻，此節殊有重行申告之必要。

四、報告與行動時間地點皆不相符，如果實際如此，則此次敵人退卻何能如此安全。

五、戰時戰場後方須有維持軍風紀糾察部隊。

六、部隊防守地區與工事之方式須改善，須能四面對戰，而指揮官之位置須在預備隊內，或前線與預備隊中間而已。

七、守備陣地守城比守山較易，惟晝間不宜舉大。

八、兩戰區間相互間之通信符號、呼號事前未有連絡，臨時部隊互換使用時須注意及此。

九、緊急之際無線電台友軍間每呼喚不通，此不通原因有種種，但電台長應連帶負責認真查究。

十、部隊病傷兵槍械在戰時每多埋藏不妥，為敵所得，部隊長應特別注意及此。

十一、敵使用便衣隊，我亦應以便衣隊破之，故須特別加強訓練與其組織運用。

十二、敵錐形挺進，而以便衣隊、騎砲兵小支隊配合襲擾，此種戰法之戰術上對策：

　　1. 獨立防禦區。

　　2. 鱗次配備。

3. 互斷後方。

4. 獨立掃蕩隊高射隊。

5. 直接警戒隊。

6. 分區搜索隊。

7. 鞏固目標點。

十三、敵修公路方法，步兵在前，戰車跟後，壓平路面，工兵尾隨修整，故破壞之法，除槍兵外，須附戰車砲與地雷方能有效。

十四、我軍官對敵之空軍與騎兵心理上頗感威脅，欲打破其心理，須在平時多加對空、對騎射擊演練。

十五、進行時如受敵機擾亂，除射擊掩護外，宜在路外分若干縱隊行進，則目標較少，我74A有此實驗。

十六、我軍不習遭遇戰方法，故寧後退集結，然後整個使用為有利。

十七、我軍行動對外不能秘密，番號嗣後宜酌用代名詞。

十八、後方醫院之傷病兵管理上宜有訓練之組織。

十九、99A主張在樹木較多之地採用鳥巢式工事，其利害尚待研究。

10月19日　星期日

提要　上午大會報告，下午休息，晚赴衡陽洗澡。

二十、經濟封鎖，政工與地方及軍隊合力辦理，如有查獲，必須共同檢驗變價之用途，亦須指定唯一用途，不准另有開支。

二十一、每師戰鬥兵至多4000人，而實際不過3000人，
　　　　單位大而內容亦虛，此在編制與補充上均須加
　　　　以改善。
二十二、各部隊退卻方向如聽其自由不加限制，或任聽其
　　　　退向兩側，則指揮部必至孤立暴露，此層應切
　　　　研究注意。
二十三、部隊作戰不可僅求戰略態勢之良好，必需求戰術
　　　　戰鬥實際發生動力，指揮與計畫者必須顧慮及此。
二十四、通信乃指揮官唯一之武器，必須確實掌握，所以
　　　　參謀處對於所有戰區與地方之線路與機關必要
　　　　綿密控置，極其靈活。

10月20日　星期一
提要　上午七時紀念週，大會報告，下午講評，晚上審
　　　查會報告。
二十五、第三十後方醫院辦理最好其院長非軍醫人員，其
　　　　辦理優點列舉者如左：
　　　1. 傷病兵重要手術必親自動手不假手於他人。
　　　2. 早晚點名夜間關門，就寢不准外出，初頗困難
　　　　後亦順遂。
　　　3. 由醫生擔任分區管理，其區亦以醫生之名名之，
　　　　使其負責。
　　　4. 輕傷者對於長官到院巡視尚能排隊迎接，對院
　　　　內職員、院外官長亦知敬禮。

二十六、各院殘兵甚多，無人管理顧問，所以各軍師長
　　　　必須按期親赴後方各醫院視察，不但足使病傷
　　　　兵得以安慰與振奮，且隨時清理餉項，可使病
　　　　癒者早日歸隊也。

10月21日　星期二

提要　上午八時講評，上午十時閉幕典禮訓話，晚七時
　　　賜餐。

　　此後對敵侵長沙之作戰指導腹案之一：

一、方針：新墻河以南打擊消耗，汨羅江以南地區包圍
　　殲滅。

二、部署：1/10湘江，3/10新墻汨羅間，1/10長沙據
　　點，5/10包圍殲滅。

三、指導著眼點：

　　1. 確保核心與其他要點。

　　2. 確保江防與湖防。

　　3. 保持外線有利態勢

　　4. 掌握主動形勢。

　　5. 分區地帶為拒止地帶、消耗地帶、殲滅地帶。

　　6. 加速逆襲軍。

四、陣地設施之著眼：

　　1. 鞏固逆襲陣地。

　　2. 預備指揮所。

　　3. 加強小組之部隊。

4. 構築多數小據點。

5. 實行便衣隊降落隊戰法。

6. 偽工事。

10月22日　星期三

提要　上午七時動身，由南嶽乘車回桂林，下午四時
　　　到達。

東條內閣政策之動向推測其根本方針有二，如後：

一、打開國際包圍局面。

二、完成對支侵略事件。

　　基於上之根本方針，其達成之策略如左：

　　甲、打開國際包圍局面之策略

　　　1. 乘機壓迫蘇聯，解決海參威與西伯利亞對日
　　　　安全問題。

　　　2. 調停德蘇戰爭，壓迫蘇聯與日德締結屈服條約，
　　　　脫離英美陣線。

　　　3. 以外交方式要求英美解決遠東方面諸問題，南
　　　　洋經濟，中、越、泰。

　　乙、完成對支侵略事件之策略

　　　1. 要求英美共同參加解決中國事件（中日和議）。

　　　2. 要求英美放棄援支政策，同時加力進攻，強迫
　　　　中國屈服。

10 月 23 日　星期四

提要　上午十時半以前，侍從室辦公廳人員均陸續回到
　　　　桂林。

　　基於此次湘北會戰經過之報告，而對於目前參謀教
育中特見重點者有三：

一、提高戰鬥力之研究

　　長沙附近敵大部麕集，我以 20A、72A、4A、26A、
74A 等部隊行外線包圍而結果一無所得，又 10/1 日敵
全部撤退行軍 300 里，我以 58A、72A、4A 三軍超越，
21A、79A 尾追而結果亦一無所得，又陣地工事經年準
備，而砲兵防守亦經長期研究，而結果敵長驅深入不能
如期要求，是皆戰鬥力薄弱之故。而所謂戰鬥力者，乃
由於火力（技術指揮）、精神力、持久力等之綜合而產
生，所以吾人如欲提高部隊之戰鬥力，則必研究技術與
指揮之精進，即平時注重戰鬥動作與基本戰術，實心研
究演練，再則對於維持紀律以及軍民合作之事亦須具有
心得，以監督部隊之實施，此外如給養持久力則對於軍
隊、衛生、補給、管理諸事均在講求之列。

10 月 24 日　星期五

提要　上午陪委座至辦公廳及省政府，下午四時陪委座
　　　　至省府禮堂。

二、求得精確之要報

　　此項戰鬥報告各集團軍不一致，各軍亦不一致，即

不能全般符合，真相難明，而且一本報告書無圖、無表報者，既屬含糊，聽者亦不明了，推求其故，因司令部無機密日記、陣中日記、戰鬥態勢圖、戰鬥一覽表等，所以事後模糊，隨意構造是也。吾人如欲改善此弊，求入正軌，則對於要報之準備必須切實，而平時之養成亦須嚴格。

三、修養幕僚主要之精神

　　幕僚業務上主要精神有二：

1. 主動，事事要機先，既不牽制於人，而且無臨時失據之虞。

2. 獨斷，獨斷為負責之本，尤其在危急之際能爭取有利之形勢轉危為安，轉敗為勝。

10 月 25 日　星期六

提要　上午五時動身，七時起機，十時到達重慶，下午六時至委座寓。

一、在委座寓決定之事項有二：

1. 以 74A、79A 編足兩師，分別控制如左之各地：

　74A 柳州 11/11、衡陽 11/7，又 94A 永川、榮昌 11/10。

　以上各軍乃備使用於雲南方面，蓋敵之謀我最有關係莫過於此，至於第一、八戰區方面則亦視力之可能，確實守備。

2. 依據湘北戰後南嶽會議之檢討，凡防禦一地，對敵

來犯之取勝要訣，先鞏固要點，有五、六日之守可挫其銳氣，然後合圍攻擊，則敵氣餒而自潰敗。宜昌之失即因未有複廊核心工事之故，將來對於昆明亦復如是，應速電龍主任詢其意見，擬定複廊工事計畫。

關於審判演習之事項應注意者：

一、各師長之決心處置與敵情判斷是否適切。

二、各部隊之行動是否確實（依命令規定之時間地點）。

三、參謀業務事項：日記、圖表、命令等。

四、構築之工事與補助通信事項。

五、部隊之戰鬥紀律。

六、各級指揮官之指揮方法與指揮官位置。

七、砲兵之使用與步砲協同事項、工兵之使用。

八、主力使用之時機是否適當。

九、規定制令。

關於敵侵入昆明作戰上應注意事項：

一、敵在滇越邊境所開闢之機場與交通路彙集研究。

二、敵使用兵力GD、5D、48D、18D或臨時參加二師，約有六個師之可能。

三、其戰略部署以德日少數對高羊、諒山，桂方取守勢，以三個或四個師齊頭並進，同錐形突進戰法，聯合空軍，併用降落隊沿江河、鐵路兩側指向昆

明，後方則用一、二個師為預備隊跟進，其第一步
到達係為玉屏、建水、開遠、硯山或邱北，其兵工
力用在文山方面。

四、我方對此可分為阻止地區（涸舊、■田以南至國
境）、消耗地區（個舊、蒙自以北至玉溪、微江、彌
勒、渥西）、殲滅地區（昆明附近及其以南地區）。

五、昆明核心工事之詭計，偵察工兵隊之準備，工兵位置
種類，均須預先計劃確定，須十日以內能構築完成。

六、敵自發動起至昆明至少十五日（老街——昆明400
公里）。

七、防空、防諜、破路、通信等計畫須在實施上確實
檢討。

10 月 26 日　星期日

提要　上午八時一刻赴委座寓。

委座指示軍令部應實施各事：

一、湘北會戰後，關於訓練素質、編制、裝備、工事等
澈底改革。

二、此後國防重點在西安、昆明兩地，須有特別之準備。

三、昆明防禦以5A擔任任核心守備，先在圖上詳定二
個師之守備工事，臨時集中工兵構築，而以79A、
74A、94A、71A四個軍預置於後方準備，以安順、
畢節兩地為中心，距昆明約兩星期之路程，發覺臨
時加入。

四、以3A調遂寧。

五、敵侵滇之戰略部署（假定六個師團）以及我準備之
工事、交通、通信、補給計畫均須重行檢討。

10月27日　星期一

提要　上午紀念週，下午四時會報。

一、紀念週有兩點感覺宜改正者：

1. 講談總理遺教時不宜於講演中隱含攻詰之意義。

2. 紀念週報告時間不可過長，以免年老人在總是靈像
高座聽講。

二、會報之結果由劉次長赴官邸請示決定事項：

1. 電龍主任主持昆明核心工事，並聲述必須構築核心
工事之故。

2. 71A先開動，停止其秋季演習。

3. 以孫立人、劉伯龍（N28D）、陳明仁（預2D）、
N29馬維驥，以及另挑選三個補訓處抵74A及2A，
因該兩軍必趕不及也。

4. 第六軍、第五軍、71A、孫立人部、N28D、預
2D、N29D等部之集中地與開始到達日期，迅速計
劃下令實施。

10月28日　星期二

提要　今日在部辦公

　　關於對雲南對敵準備之事項：

一、檢討原來之配備陣地、工事、通信、交通、補給
　　等等，趕辦者飭辦。

二、作戰方針與決戰地區使用兵力等之決定。

三、計算開拔行動到達等日期與其運輸計畫，及此等
　　部隊之特種兵之配屬，以及開拔後填防諸事，並
　　先電出發準備。

四、整飭前方部隊之作戰準備，並編組校閱組以校
　　閱之。

五、編訂無線電用之代名詞本，並軍以上無線電連絡
　　之任務試通，使臨時通信靈活。

六、指派指揮人員或組織幕僚機關或指派幕僚人員專
　　事該方面作戰之事。

七、未經工事之處，須設計材料人員及指定駐守部
　　隊，迅速開始。

10 月 29 日　星期三

提要　上午在部，辦公下午會報。

八、關於六軍之事須預定使用隊數，以及使用機場及
　　防空之準備。

九、後方主要之地點，降落傘部隊之襲擊辦法。

十、糧彈之檢點。

十一、各部分必然工事與特別配置之指示。

十二、各集中部之概況：

71A	笠■山以南，需 30 日。
5A	曲靖附近，需 18 日。
N28、12 補、稅團	安順晉安，需 30 日。
預 2D、N29D	宣威以南，需 25 日。
6A	開邁以北。
49D	大理禪堂。
74A、79A	從湘桂路。
2A	從渝盧。

10 月 30 日　星期四

提要　上午十時委座官邸會報，下午在部辦公。

一、奉命組織參謀團，赴滇襄助指揮作戰事宜。

基於右之訓諭，此後研究進行之事如左：

1. 組織與人選及本團地位與主要任務之確定。
2. 對滇方作戰之戰術思想與戰術上應注意事項之如何傳達和督促。
3. 與行營如何密切連繫合作方法，與各部隊（集團軍）如何直接連絡（通信與連絡參謀）。
4. 行營、大本營之指揮所位置之選擇與設備。
5. 本團職員出發前之會合討論業務攸關事項。
6. 昆明之宿營地準備。

10 月 31 日　星期五

提要　上午在部辦公，下午會報。

一、與杜軍長、阮次長接洽赴滇有關事項。

二、確定第一批出發人員。

三、規定密碼代名詞之印刷與分發。

四、規定準備地圖及滇南目前配備圖。

五、商酌砲兵之事。

六、到滇辦事之程序：

　1. 謁龍交換情報與意見，並宣示中央作戰方針及注意事項。

　2. 謁盧總司令，電話關、黃諸部隊長。

　3. 檢點目前交通、工事、通信、補給之實際情形。

　4. 赴遠視查與連絡參謀，至前線部隊與其工事研路。

　5. 規定第五軍防禦陣地範圍。

　6. 下令杜軍長給與其任務，並令確實準備與實施限期完成。

　7. 滇境之水路警備計畫。

　8. 關於長途電信事項，沾益——羅平——邱水及長途機人員。

　9. 密函王教育長肅銘於沾益以北設備臨時指揮所，注意防空，房屋單筒，對外秘密，希望於 15-20 日間完成其大體通信事宜，計覓定地址後通知華指揮官設備。

　10. 關於前方工事要領與預防戰時便衣隊、騎兵、傘兵、漢奸等之活動擾亂方法，宜由本團擬出方法要領，由行營分令各級長官檢討改善與準備。

11. 各機場與後方要點，對空、對奸之警備程度檢討。

12. 要行營參謀處給與各種必要圖表。

13. 此後辦事合作方法之規定，並請龍主任認可。

14. 兵員補充與後方補給之準備情形。

15. 通信之檢討。

16. 關於機場警備現狀如左：

機場之大者：昆明、沾益、祥雲、保山、楚雄。

部隊之守備：昆明航校特務團、沾益 200 師。

祥雲、保山：49D。

楚雄：無。

17. 49D 現狀，一團撥西南運輸處，一團航校，一團沿路分割。

七、支亥電報告委座、總長之主要意見如左：

盧總司令欲將第六軍開駐開遠，將來使用於都自方面，並請求改變滇南第一、第九兩集團之原定作戰地境，即將滇越鐵路劃歸關集團接防。職意鐵道守備似可改歸關集團擔任，俾盧集團可抽出現守鐵道之第一旅以加強蒙自方面，惟盧集團之正面既經縮小，則 66A 將來似不必再歸盧集團指揮，亦不必開開遠，統帥部可控置第 66A、79A、71A 共三個軍在後方地區構成一強大主力部隊。又 5A 守備範圍太大，對安寧、昆陽方面恐不能兼顧，似可將陳明仁之兩師開昆明以西，歸杜指揮，如此則第二段作戰較有把握。

八、昨日會報議決關於第五軍守備昆明擔任工事構築一節，今日據甘處長說龍主任未能同意，蓋彼欲以其親信第二旅守備昆明核心，而以第五軍守外圍，此種見解殊與統帥之戰術思想完全不合，蓋統帥之意乃對儃疲深入之敵受核心我複廊陣地之抵抗，愈益挫其銳氣，然後令左右大軍四面合圍一舉殲滅之，並非單純防禦性質，更非逐層抵抗性質，特種陣地外圍並不重要，由核心工事必須十分鞏固，而守核心部隊與外部反攻部隊必須精神配合呼應相通，然後乃能有效。今如龍主任之措施不但陷於逐層抵抗之不利，置第五軍於不重要之地點，而且第二旅未經戰陣，攻防均無經驗，以彼擔任核心當敵之銳，必不可恃，乃無疑義。如果核心先失，則必牽動全局於是，統帥部面告決策與數十萬將士之萬里奔馳均得付諸流水矣，是必不可也。

九、關於後方警備部隊每將正規建置部隊任意分散守衛倉庫，大出軍令部意料之外，且有浪費兵力之病，故此後：

　1. 必須另行練成專供後方守衛用之部隊。

　2. 指定擔任何項任務之部隊，必須指明服行主要任務之兵力，勿使任意分散，以至服行主任務兵力反不及總兵力四、五分之一也。

十、關於糧食儲備一事大體多托空言，如果準備甚早，監督嚴格，則尚有若干之儲糧希望，否則臨時準備，

不但輸力無著，而且徒然白送許多（滇省一次二百萬）運輸費，是以公家做事看是否浪費，便看此等處，平日不鬆腰，臨時佛腳便是浪費了。

11月1日　星期六

提要　今日在部辦公，並準備赴滇事宜，下午赴何芝樵公館晚餐。

　18. 赴滇各職員之待遇統一規定。

　19. 滇境水上設備。

　20. 紅河（龍臘汎以南）之堵塞辦法。

　21. 主陣地前至國境間之澈底破路。

　　　下午六時電話桂林家內，告知余後日將赴滇。

　　　今日傳卡爾科夫為德軍所占，該地為烏克蘭名城，1935 年以前為烏克蘭首府，其地平時人口約九十萬，且為鐵路中心，且有大批工廠製造唐克車、摩托車、紡織品、製造機器之機器、火車頭貨車、橋樑材料等等，蓋有飛機場五所、化學工廠二所、軍艦裝備廠一所，並為重要糧食皮革中心。

　　　本參謀團目前任務如何方算告一段落：

一、在軍事上與行營取得密切合作。

二、第五軍及其他各軍到達指定集中地。

三、第五軍之地區分配與工事構築，及確立昆明防守之計畫。

四、草擬整個滇省保衛作戰計畫經中央核定。

五、基於右之計畫而確定諸部署如左：

　1. 昆明陣地部署：（陸上）工事、通信、糧彈、砲兵配置、步兵配置；（水上）警備障礙、遊弋船隻處締；此外對空、對間諸事。

    2. 決戰場部署：使用部隊之到達地點、地區之偵察、工事之設施通信、交通糧彈之儲備、其他物質必要之補充、幹部之旅行。

    3. 指揮所之準備。

六、滇南部隊與陣地之視察注意之點：

    1. 主陣地之工事與配兵。

    2. 紅河之阻絕與封鎖。

    3. 沿邊之政治有關之組織。

    4. 中間地區工事與守備。

    5. 江城方面之警備。

七、滇南部隊內容之調查：兵員、槍械、彈藥、糧食等。

八、中央之資源工廠與兵工廠庫等之安全措置：

    1. 調查數目種類。

    2. 必要時之撤移準備。

    3. 緊急時之指導。

    以上各事如經親睹，則各兵科主要人員可先回服行其本業務。

11月2日　星期日

提要　上午在部準備出發赴昆明，晚六時赴黃山夜餐，九時偕杜軍長回。

一、委座面諭叮囑事項大意：

    1. 擔任此項任務第一要誠懇，第二要熱心。

    2. 滇方未來之戰鬥關係重大，不但為中日最後之抗

戰，亦即世界對日之觀感措施之所關，如日本失
敗，則世界各國對日愈必輕視，愈壓迫。

3. 滇方作戰分兩段落，第一段落為開遠、蒙自、文
山，第二段落則為昆明附近，敵六個師團第二段落
之兵力只有三個決勝負。

4. 敵人前進方面最注意者為昆明，鐵道以西之方面必
須特別注意與其配備方法。

5. 所發第三次南嶽會議訓，先呈龍、盧二位，然後登
記分發，極端秘密勿落敵手。

11 月 3 日　星期一

提要　今日上午九時至機場，十時起飛，下午一時抵昆
明寓西山。

一、下午四時偕本團阮華諸人至行營謁龍、盧二位，劉
參謀長亦在座，大體意見尚洽。

二、下午十時擬電報告大意，戌江此電由俞部長處譯發，
因在彼處晚餐並商談其他事件方便故也。

三、關於汽車運送軍隊事，因汽車不敷分配，日昨與俞、
王、杜互商辦法如左：

1. 杜之戰車部隊與71A及張津之軍部照預定日期辦理。

2. 補十二處請其徒步行進，如情況必要另行撥車。

四、十二時半回寓就寢，今日所得知者西南運輸處之腐
敗，二千餘輛車只有二百輛可用，又美國車 365 到
達，由曾養甫領去。

11月4日　星期二

提要　上午在西山本寓，下午四時十分在行營會報，晚
　　　十時回西山。

一、王肅銘來談當以沾益指揮所事相抵，彼定明日親往
　　布置。

二、今日下午行營會報決定事項及其他事項：

1. 行營各處所準備作戰之事大體未能照計畫做到，尤
　其糧食與衛生欠缺殊甚。

2. 決議下令第五軍開昆明擔任守備並構築工事，規定
　範圍。

3. 第六軍與第六六軍之使用具申意見於中央，第二補
　開玉溪、通海。

4. 盧總司令請劃鐵道地境歸關集團擔任，另電請示
　中央。

5. 關於各主管事項由各主管機關檢討進行。

三、右會報大意擬電報告委座及總長、部長（此電於五
　　日晨由俞部長處代發），晚十一時半就寢，甚倦。

11月5日　星期三

提要　上午至城內後西山視察全昆地勢。

一、上午至俞部長處接洽：

1. 曲靖——陸良——邱梁——羅西——邱北之電話線預
　定限十二月十日可以通話。

2. 關於汽車運輸5A、71A、66A各部隊事已照前晚預

定實施，已由彼方另電中央。

　3. 關於昨晚會報糧彈、衛生之缺乏準備事，俞部長
　　 決於今日開會檢討

二、下午與航校特務團長接洽機場警備情形：

　1. 特務團四營，營四連，另高射機槍兩連，火力兵
　　 員均甚充分，但除昆明機場二連、沾益機場一排
　　 警備之外，其餘均守倉庫，再無兵可派。

　2. 49A 一團一營保山、一營芒市、一營雲南驛，但
　　 事實上每處機場只有一、二排警衛，其餘均分散
　　 守衛倉庫。

11 月 6 日　星期四

提要　上午赴城俞部長寓，中午警報，下午赴中國銀行
　　　　馬枚魯德將軍之宴。

今日所辦之事如左：

　1. 電委座、總長報告關於昆明核心與外圍擔任之部隊
　　 之意見。

　2. 電告軍令部關於後方機場警備部隊之詳細情形請其
　　 注意。

　3. 商甘處長右之二事，如得同意，請轉請龍主任裁奪：
　　 甲、行營每星期召集有關機關舉行會報一次或二
　　　　次，以檢討過去、策劃未來之工作。
　　 乙、行營組織前方視察組，主要者視察前方陣地工事
　　　　及破路情形，於我以勝實情之中隱寓督促之意。

4. 關於本寓通信設備，商俞部長撥材料由華指揮官計畫改善。

11月7日　星期五

提要　上午在寓，中午陪馬枚魯德宴，下午赴龍主任宴。

一、電總長轉交通部派員加強電報業務以供戰時需要。

二、請行營定出關於電局拍發電報緩急應遵守之規則。

三、指揮所之位置決定與其一切籌備請馬處長、王教育長擔任。

四、電話總長何表示意見如右，請轉報委座核示：

　1. 2B擔任昆明核心守備，其工事由馬工程處及5A從中協助。

　2. 第一段作戰以原兵力與部署達成阻止遲滯消耗之目的為已足，故以勿牽動第二段作戰之兵力為妥。

　3. 第二段作戰係決戰性質，故須保持強大之主攻力量，同時其使用方面須適合地形，故其部署：一、5A在昆明之東，以一師守備地區，主力活用，須2D及N29D歸杜指揮，用於昆明之西，而以71A、79A、66A均控置於昆明東北方，則西面中央均無意外之虞，而東面則形成優越之主力。

11月8日　星期六

提要　上午九時進城，隨赴各地視察，下午五時回城。

一、上午十時偕阮次長赴呈定、晉寧、昆陽各地視察所

見如左：

1. 呈定最好炸，東郊高地須同時占領。
2. 晉寧次之，實占領其南郊高地而城則為後方之用。
3. 昆陽占領應側重在其西郊高地，其退路向觀音山方向沿路兩高地節節退卻。

二、接劉次長電：

1. 2B 核心，5A 東邊外圍陳明仁部西邊外圍，統歸杜指揮。
2. 71A、79A、66A 形成主力不分散。
3. 6A 歸1AG，作戰地境不變更。

三、復委座電如左：

1. 關於防F 降落隊之配置與演習事宜。
2. 關於無線代名詞編印分發事宜。

對英武官之談語

一、談話之目的

1. 滿足其希望。
2. 啟發其信念。

二、談話之方法

不採取問答體裁，由我主動的作有系統全部說明，包括其所願知之各事件，由彼自行筆記之。

三、談話之程序

1. 主席者開端。
2. 各主管者分別說明。

3. 其他臨時質問之答復。

四、談話內容要點

甲、敵情段判

六個師團以上，GD、18D 或 38D、48D、5D、104D 及其他部隊。

以一個師以上留守越境及對桂邊佯動。

以二個師以上支持滇南我軍，並掩護其後方線路。

以三個師深入進攻昆明，其中以一個團滇緬以西，以主力使用於滇池以東地區，而分數路侵入。

乙、我軍方針

以澈底殲滅敵人之目的，先於滇南陣地盡力予以遲滯消耗，待其深入，然後於我有利地形時機，運用主力一舉而殲滅之。

丙、指導要旨

第一階段：在文山、開遠、蒙自以南節節抵抗打擊，縱敵冒險前進或守禦，軍防仍留敵後斷其補給，掃蕩其輜重。

第二階段：我以一部阻止敵人于滇池以西之山地帶，主力控置於滇池以東，待有利時機迅求決戰而殲滅之。

丁、部署大要

1. 第一階段之兵力配備（附圖）。

2. 第二階段使用之兵力，步一八師、砲七〇門、戰車一〇〇輛。

3. 滇南防地之工事（附圖）。

4. 通信網之構成（附圖）。

5. 補給之布置（附圖）。

戊、信念與感想

1. 戰術思想。

2. 敵我比較。

3. 結論。

11 月 9 日　星期日

提要　今日在西山辦公

一、關於指揮所設備托王教育長、馬、華各位負責辦理。

二、與甘處長接洽與英武官但尼司談話辦法。

三、關於對敵降落傘兵之防範計畫及演習計畫，商行營辦理。

四、電總長何二事：

1. 請電行營及滇省公路局構築觀音山至昆陽公路。

2. 請于滇省設置軍政部辦事處，以期統一指揮，並請轉知經濟部等中央機關轉飭在滇各局、所、廠、庫整備其臨時之處置與自衛。

11 月 10 日　星期一

提要　上午在西山召開與英武官談話之預備會，下午在寓辦公。

一、奉委座電令杜軍長為昆明守備司令，指揮 2B 及預

二師、新二九師構築昆明核心後廊外圍之工事，限十一月底完工，杜歸行營指揮。

二、第六軍歸盧指揮，開開遠作戰地境不變更。

三、十一時半開談話預備會，十二時辦完畢，明日約英武官談話，並報龍主任。

四、下午四時蘇聯工兵顧問來談話，擬於滇南構築模範之一營工事，然後回昆明協助構築昆明工事。

五、電話詢張長官桂越邊情況，並由彼告知 31A 仍駐龍州、靖西，46A 一師龍器間三角地帶、一師南寧、一師欽縣沿邊。

六、通知甘處長須與江城派一獨立支隊守備。

11 月 11 日　星期二

提要　今日在西山辦公，晚赴俞部長招陪但尼司宴。

一、上午十時開談話會，有但尼司少將、米樂少校、福蘭斯中校及唐參謀、華、馬指揮官、林、甘、蕭各處長研討滇省對敵軍事，坦白無隱，意見融洽，經將情形報告委座、總長、部長。

二、關於陸、空軍之連絡與交換情報尚欠密切，應加改善，須互派軍官。

三、對於鐵路中斷不能利用時，兵站運輸之方法如何，應先有研究準備。

四、前方人字橋須有炸毀之準備，其附近路基亦應有破壞準備。

五、江城方面須派遣獨立守備隊，已告甘處長由行營電
　　盧集團辦理。

六、視察組之派遣由行營辦理，已令董英斌為主任，各
　　方派遣人員報由行營轉董組織前往。

11 月 12 日　星期三

提要　今日在西山本寓辦公，下午三時至觀音山視察
　　　道路。

一、今日為總理誕辰放假，行營尚未將第五軍防守昆明
　　之令發表。

二、關於各處應報來之圖表，由參謀處轉知限本月十六
　　日搜齊。

三、復委座灰日電飭作成江河阻絕之計畫事。

四、紅河之性能與軍事上之效用，就調查所得者如左：

　1. 紅河約三個段落，第一龍膊至河口段向無汽艇航行，
　　　因水流過急而且多灘之，故有經派艇試探，只能到
　　　達羅沙為止，不能到龍膊也（百二十華里）；第二
　　　龍膊至蠻耗，此段大灘十八，小灘更多，大水流急，
　　　小水河淺，故不能用汽艇，只能用淺水木船，能裝
　　　二十人，兩岸斗峻；第三蠻耗以上水更淺急，船甚
　　　少，只裝三、五人。

　2. 由以上情形觀察，此河龍膊以上裝載軍隊為不合理，
　　　只能在軍隊後方供補給品運輸之補助之用也。

11月14〔13〕日　星期四

提要　今日在西山，下午赴溫樂村洗澡。

一、第五軍應準備防守計畫，包含陸上對空（與民眾防空工廠疏散）、對奸（地方組織治安）、水上（湖面、湖岸）。

二、紅河調查材料之整理研究，將結果分呈軍委會有關各部。

三、應用表圖之調製與印刷，須限期於十八日以前要完成。

四、各軍此後逐步推進計畫之預定與研究調製分呈。

五、此間初步之對敵降傘之演習，須於二十五日以前舉行。

六、對於情報之整理與情報員之指導事宜。

七、對於昆明附近工事之布署須商行營辦理。

八、英美兩武官所要圖表須於二十一日以前準備完畢。

九、確保滇緬路作戰計畫要參照滇局守備，請逐加整理修正。

11月14日　星期五

提要　上午在西山辦公，下午赴呼馬山偵察。

一、電話何總長關於第五軍事，及來州至江城、墨江、元江之路為敵人必來之道，該道無兵，擬請派第四十九師一團駐守。

二、電委座、總長關於紅河之性質與其效，其及我之阻

絕設備情形，馬崇六之前往督促加強阻絕。

三、關於將來空軍應研究之事：

1. 緬方飛機入滇之時機。

2. 陸空之連絡（符號人員）。

3. 初期作戰之空軍主任務。

4. 二期作戰之空軍主任務。

5. 預定使用之機場。

6. 機場防空。

7. 指揮所防空。

8. 戰車與重砲防空。

四、今日陣地偵察結果頗佳（砲兵陣地、指揮所位置、各師陣地）。

11 月 15 日　星期六

提要　今日在西山辦公，下午赴毛邦初、黃劍靈宴。

一、中午黃劍靈來此，曾告準備防空高射部隊有三處特須注意者：

1. 指揮所。

2. 5A 之戰車。

3. 主要戰時需用之機場。

二、下午四時龍主任來談，覺其抗戰意志興奮、態度亦頗率直，其內容要點如左：

1. 涸舊之錫礦破壞準備，機器之搬運，人工之掌握，鑛道之較大破壞，後者須商資委會，因彼係新式開

採，規模較大故也。

2. 昆明要點固須鞏固，而滇南兵力薄弱，恐難如期之能持久阻止，將來如在滇南再指派一總預備隊較好。

3. 昆明扼守以金殿、鐵舉麾、呼鳴山、各雞等處均為要點，而尤鐵峰庵為最要。

4. 中國抗戰四年係最重要之會戰，初期則為上海，末期則為昆明。

5. 委座所指示者間有過於詳密之處，最好示其要旨可矣。

一、對於委座來電要求上下精神振奮團結之事，應商甘處長妥商辦法提出意見，請龍主任核定辦理。

二、關於第五軍構築陣地工事與陣地內部各種設備事，擬由第五軍先提出計畫，再召集有關人員開會討論決定分頭辦理。

三、滇省對敵之整個作戰計畫，須先由本團擬定草案，呈軍委會審核決定，此草之擬主旨如左：

1. 作戰方針本諸大本營之預定。

2. 第一、第二兩階段作戰軍之主任務亦照大本營之預定。

3. 第一、第二兩階段之作戰如何連繫之指導方法，須預先規定，即在指出留原陣地服行任務部隊，與跟蹤躡敵及守備商盤江掩護陣地部隊，使與第二階段之作戰發生密切協同之行動。

4. 開遠及商盤江北岸需有中間陣地之構築，並指定擔

任守備之部隊，其工事由蘇聯工兵顧問指導協助。

5. 第二階段決戰地區擬在昆明以東，寧良、陸良、師
京、瀘西之包圍圈，而使由開遠、文山北犯之敵入
此網中而包圍殲滅之，故對此各地之一般地形偵
察、隘路口之占領、工事反攻陣地之選定、交通通
信補給之準備等，均須預先研究，擬於本星期一日
起開始出外前往各地偵察。

6. 陸、空軍之連絡方法與將來空軍之如何使用與作戰
要領，須切實研究。

四、對委座之飭令，戰區後方或集團軍後方須防間敵便
衣隊之刺探擾亂，我方亦應編便衣隊與便衣偵探事，
擬與甘處長商妥辦法辦理。

11 月 16 日　星期日

提要　上午十一時出外至昆明退卻偵察，下午五時回
　　　西山。

一、先赴金殿視察，為東北角之良好據點，其前方比較
較高之高地應有部隊控置。

二、該地與呼馬山鄰接，有相互犄角之用，呼馬山之前
方高地亦應有部隊控置。

三、由金殿觀察北角鐵峰庵頗明顯，該高地之平頂與金
殿遙相呼應，中隔平地，有樹木房屋可控置戰車與
砲兵陣地用，鐵峰庵後方高地亦須有部隊控置。

四、由鐵峰庵山脈向西南延伸，距城約六、八里，亦須

作為陣地。

　　總上之觀察，複廊陣地主線為五家壩、呼馬山、金殿、鐵峰庵及其西南延伸山脈，共約 30 公里，其外方必要高地則築少數工事為前進陣地。

11 月 17 日　星期一

提要　上午十時赴宜良、路南，下午七時回寓。

一、昆明——呈貢道路須修理，呈貢——宜良公路頗佳。

二、一般地形除公路之外（呈貢以東若干里）多山地，行動不容易，自陽宗湖南端起，以北均成隘道，宜良城以西公路亦成隘路。

三、陳端河來此 87D 約二十日可到齊，88D 約 25 日可到齊。

四、66A 與 71A 編為一個集團（十一集團），歸宋希濂指揮。

五、預二師及 N29D 定於亥月中旬到達昆明，歸杜指揮。

六、復委座電關於詢問巴杜及其隨員赴越事。

七、關於防空部隊一切情形，由鄒指揮官擔任調查與審查。

11 月 18 日　星期二

提要　今日在西山辦公，下午四時偕阮次長遊覽石屋寺。

　　上午九時召集各高級參謀研究滇防作戰計畫，所得結果如左：

一、第一階段作戰

（1）第一集團，3B、7B 留作游擊，4B、5B 及 60A 建水、乃屏，6A 希望占領開遠及其北方南盤江渡口，以後作為跟踪部隊。

（2）第九集團留一師游擊，二師印北及南盤江北岸陣地，其餘為跟踪部隊。

（3）開遠及南盤江陣地工事宜預先構築。

二、第二階段作戰

（1）兵力應增加 74A 及 36D。

（2）酌加山砲兵。

（3）策定主作戰計畫之條件：

甲、在宜良東西地區正面能拒止敵人之挺進。

乙、陸良、瀘西我主力能進出自由。

丙、南盤江及師京、瀘西各地須有掩護我左側背安全之保障。

丁、我沾益方面補給路勿受威脅。

戊、各軍戰場上集中態勢勿使漫散（楊林、新街宜有控置部隊）。

11 月 19 日　星期三

提要　上午八時出發赴路南及路良道上偵察，下午八時回。

一、路良——路南間地勢係起伏地，路南——密勒比較平坦。

二、明日召集有關機關人員開會，余欲說明與請教者
如左：

1. 吾人不必研究敵人動向，惟有積極研究如何備戰，
乃為吾人天職。

2. 吾人係處被侵略地位，同時又處反侵略地位，所以
吾人作戰原則在戰略上不得不取守勢，在戰術上又
不得不取攻勢，因此在戰鬥形式上自然的形成攻勢
防禦之形式。

3. 攻勢防禦之原則有守有攻，守則必求鞏固，攻則必
求有力，為求鞏固則配備與工事須合理，為求有力
則主戰場兵力使用須集結。

4. 敵如犯滇，其用兵方法雖難斷定，而其主目標必在
昆明則無疑義，因此其必有一部兵力指向昆明亦應
無疑義。

5. 在主決戰未分勝負以前，昆明必不可先失，否則主
客異勢、兵心動搖，故昆明勢在必守，且必須十分
鞏固。

11月20日　星期四

提要　上午在寓辦公，下午三時召集行營後勤部、工
程處、第五軍等開會。

6. 為鞏固守昆明，使主戰方面作戰有力之目的，所以
吾人對於守昆明之兵力配置與工事構築必須儘先詳
加研討。

7. 是以今日之會談主要者為鞏固昆明，兵力如何配
   備，工事如何構築，工區如何劃分，材料如何準
   備，次要者糧彈如何屯儲，通信如何設施，以及關
   於防地內部交通及砲兵、戰車之使用等等。

三、以上管見是否有當，敬乞指示。

　　至於主決戰場方面之一切準備，則另行研究，昆明
防守計畫應速製定，防守司令部之組織亦速擬出，以便
審核。

11 月 21 日　星期五

提要　上下午在寓辦公，晚間陪龍主任宴。

　　昨談話會議決事項如左：

一、昆明守備之部隊配置與守備區之區分。

二、陣地構成、核心複廊、主防禦線、前進陣地、外圍
　　據點。

三、工事構築：

　1. 永久工事及特種工事。

　2. 野戰工事。

　　以上各種工事均須於十二月底以前一律完成。

四、材料器具、木材購置、工具運搬與發給、材料搬運。

五、糧彈屯儲，按昆明防守計畫，於十二月十日以前屯儲
　　半數，十二月屯儲完畢，油料亦然。

六、通信設備防守司令部之通信部隊，由通信指揮部撥電
　　話無線電一班，司令部與大本營通信另架銅線。

11 月 22 日　星期六

提要　上、下午在寓辦公。

以上決議要旨編成議事紀錄，秘密分發各有關機關請其照此實施，同時送傳行營龍主任，請其察核酌予明令。

同時電報委座、總長、部長鑒核。

另電計速發木料購置二、三十萬元，撥交工程處馬處長收用。

關於工程處之事項如左：

1. 昆明陣地工事。
2. 開遠——宜良間鐵路要點破壞準備。
3. 沾益指揮所。
4. 曲靖——宜良——路南、羅平——師京——密勒間之路面敷設。
5. 呈貢——昆明主公路修理。
6. 小艇用馬達。

關於 54A 缺員之調查，關於越邊境之交通工事配備等之查報。

關於江城方面派兵屯駐之事恐不易實現，特須注意。

關於策立滇省作戰計畫之檢討

一、初期開戰須有前進指揮機構，否則第一、九兩集團之作戰不易協調。

二、第一集團最要者有三：

甲、全力之阻止消耗戰。

乙、主力西北之移轉。

丙、一部之跟蹤北進。

第九集團最要者：

甲、邱北及南盤江北岸之預先設防配兵。

乙、全力之跟踪北進。

三、陣地前方之道路盡可能澈底破壞。

四、糧食彈藥在前方預定游擊已由相當屯儲。

五、第二期使用之兵力尚須增加四個師。

六、決戰地區內之公路整理與電線架設。

七、參加決戰部隊之整訓與地形偵察，必要時須作幹部旅行。

八、江城方面之布置。

九、各部隊便衣隊之組織訓練。

十、昆明陣地之工事構築。

十一、對空軍之連絡。

十二、全部需要砲彈、步機彈等等準備。

十三、關於第一、九兩集團之作戰指導可分別預先通知，使其有所準備。

十四、環湖馬路之開闢與湖上湖岸之警備措施。

十五、防空與機場之掩護。

十六、民眾組織與民眾武力之組織及政治工作。

十七、各部隊之實力（兵員、武器、彈藥、通信器材等）之調查。

十八、補給用運輸具及傷病醫院之準備。

11月23日　星期日

提要　上午在寓，下午三時赴溫泉村，六時半回寓。

一、中午沈成章來談，並訪問軍事，午餐後回。

二、電委座報告巴杜赴越，於昨晨動身。

三、電徐部長計畫已收到，並請檢點須發令之事項。

四、關於昆明陣地工程材料尚無頭緒，須待馬處長回方有
　　辦法。

五、下午赴溫泉村沐浴，並至雲濤奇遊覽，遇吳鷺之兄。

六、檢討滇省之作戰計畫，即軍令部所頒者檢討之事項與
　　要點，另錄於上頁。

七、接何總長電於昆明設軍政部辦事處其應進行之事：

　　1. 機關調查。

　　2. 存儲物資。

　　3. 自行布置。

　　4. 緊急處置與準備。

　　5. 與本團密切連絡。

11月24日　星期一

提要　上午在西山辦公，下午七時半赴城，在俞部長
　　處晚餐。

一、規定團務報會與軍事會報實行日期為每星期三及星期
　　五下午三時，並指定參與會報人員與會報暫定地點。

二、關於工程處應做之事，曾函列催促，其申副處長似
　　無甚辦法，尤其所報第一、九兩集團陣地工事莫名

其妙。

三、機場守備已奉規定沾曲規66A 派隊，昆5A 派隊，楚
　　雄以西歸49D，一切守衛倉庫勤務統由航委會自任。

四、電總長何為防守司令部之組織請款。

五、關於星期三團務會報之提議事件（另有記錄）：

　　1. 參處為軍事會報用，須準備作戰計畫之說明、最近
　　　一般情況之說明（含江城）。

　　2. 參處報告部隊到達之地點，關於需用地圖之準備。

11 月 25 日　星期二

提要　上午在寓，下午陳署長來訪，談中緬路上軍需
　　　　品之儲存狀況，晚赴四分行宴。

　　3. 砲兵指揮官須準備在滇各部隊所有之砲種、砲數，
　　　與每砲應準備彈藥數量。

　　4. 通信指揮官須準備已成路線與未成線路及預定架設
　　　之時期，及其他通信部隊調集情形。

　　5. 工兵指揮官對於準備破壞計畫及第五軍防守工事之
　　　進行計畫。

　　6. 總務處說明預算與管理等事務之部署及醫務。

六、關於星期五軍事會報之應提議進行事項（另有油印）：

　　1. 參謀處說明作戰計畫及基此計畫應由何處擬定會戰
　　　計畫。

　　基此計畫分別下令或通報事項，應由行營辦理，其
　　主要者如：

甲、第一及第九兩集團之作戰指導分別通知。

乙、南盤江北岸邱北預設構築工事、預配兵隊，開
　　遠及其北方渡口亦然。

11月26日　星期三

提要　今日在寓辦公，下午陳軍長、馮參謀長來訪。

　　丙、紅河之岸七封鎖及江城方面之派隊須確定處置。

　2.工程處應說明及準備事項：

　　甲、第五軍陣地工事之材料、數量、時期、款項及
　　　　搬運。

　　乙、沾益指揮所之準備程度，應敷公路面之公路，
　　　　環湖公路之開闢。

　　丙、開遠至彌勒間鐵路、公路之破壞點偵察與準備。

　　丁、涸舊鐵礦之必要時破壞準備如何進行方法。

　3.第五軍應說明之事項：

　　甲、部隊到達與連繫之地點。

　　乙、防守業務之進行程度。

11月27日　星期四

提要　上午在寓辦公，下午越城內回訪張、陳、甘各
　　　　軍長及錢參謀長。

　　丙、有關希望之事項。

　4.後勤部應說明之事項：

　　甲、運輸力之準備，糧彈之準備與屯儲數量。

　　乙、各種砲彈之籌措辦法，醫院之準備。

　　丙、部隊運輸之情形與全部完事日期。

　5. 通信部說明之事項：

　　甲、未架成之電線其預定架成之日期。

　　乙、準備抽調之部隊與其配賦之機關。

　6. 防空防護機場及倉庫之部隊調整，限期實施。

11 月 28 日　星期五

提要　上午在西山辦公，下午四時召集各有關機關會
　　　報，九時散會。

　　會報議決之事項如左：

一、關於作戰計畫之實施者

　（1）按性質分別秘令有關部隊與機關以為準備之依據。

　（2）行營與本團合作會戰計畫。

　（3）各專門之事由各該機關擬具意見彙編之。

二、關於砲兵及其行動道路者

　（1）重砲以統一集中使用為原則。

　（2）獨二旅應配砲兵。

　（3）砲兵一覽表應交後勤部一份。

　（4）曲靖——路良——路南又羅平——興仁——興義
　　　　——師京——彌勒須敷路面。

三、昆明湖水上之阻絕由防守司令部辦理。

四、71A 作戰線路馬龍——宜良、新街——宜良，滇省府
　　補助材料，工兵修理。

五、防守司令部需用汽油三十基數，電請總長撥付。

　　5A 部隊由曲靖城來火車，請運輸司令部准予半價
　　記帳。

11 月 29 日　星期六

提要　上午十時但尼司來談，午餐後散去，其詳情另詳
　　　反省錄。

六、昆明防守工事十二月底完成，其要務如後：

　　（1）各種工事強度及作業進行步驟如本團所規定。

　　（2）永久工事由防守司令部決定位置數量與實施監
　　　　督，由工程處供給材料與實施。

　　（3）材料搬運由後勤部（遠）、工程處（近）分別擔
　　　　任，12/15 完成。

　　（4）木材視款項酌購。

　　（5）工具請總長將各分庫所有者准交滇軍政部辦事處
　　　　酌發。

　　（6）鐵絲電請軍政部撥三千捲交工程處。

　　（7）調桂林要塞工兵兩營。

七、關於補給案者：

　　（1）砲彈按軍令部表定數量準備。

　　（2）步彈按軍政部規定準備。

　　（3）糧秣之數量運輸及屯積地按作戰計畫之需要，
　　　　十二月底完成。

八、通知各部隊對防空不可掛線截線，與各縣之哨所長取

連絡。

九、其他關於盧集團之通信及昆明空襲時之交通維持辦
　　法等。

德方宣布於本月二十二日占領羅斯多夫，其地區之重要：

一、交通上

　　貫通莫斯科──高加索之唯一鐵道已被切斷。

　　伏爾加河及嗌河對中南部之物質運輸亦有妨礙，與
裏海安港間年運貨物三十萬噸之路亦斷。

二、經濟上

　　為蘇聯苦心經營之機械工業及製粉工業地帶，其中
有最大農具工場，年產四百輛之冷車工廠及最大之紙煙
工廠，尚有飛機戰車砲彈等軍需品之製造，且高加索石
油之陸上輸送亦斷。

三、戰略上

　　為通高加索咽喉，此地一失則可渡嗌河長驅直入高
加索之石油地帶。

　　德以克里米亞為始點，占領黑海沿岸之大半，其後方
運送線漸告安全，今後戰局中心當將發展於近東方面矣。

一、關於工程處應辦之事須彙集條舉並示限期，使其
　　勿急。

二、關於加強盧集團之戰備諸事，須分別通知或為解決。

三、關於開遠、南盤江北岸、邱北工事陣地須令知一、九
　　集團偵察實施。

四、關於請求未復示事項之注意者：

　1. 兵站總監人選。

　2. 工事經費。

　3. 防守司令部經費編制。

　4. 要塞工具之兩營調滇。

　5. 74A、2A 之砲兵開拔地點與預定使用。

五、關於要報告之事項：

　1. 紅河阻絕與防禦情況。

　2. 關於但尼斯所告一集團情況及其所見。

　3. 上期星五會報之決議事項。

六、對71A、66A 須通知其應偵察之地區與要點構築據點
　　工事。

七、發給第五軍需要之工作器具，及71A 請領之工具與通
　　信材料。

八、確商加強第六軍九十三師之辦法，與49D 之可集積及
　　機動馳援各機場辦法。

11 月 30 日　星期日

提要　上午在寓辦公，下午七時赴但尼斯、傅蘭司招
　　　宴，十一時回。

　　　但尼斯於星期六上午十時在西山本寓談話要點。

一、就彼所見者，捷言之，滇局地形行動十分困難，但
　　吾人在可能範圍內尚未曾予敵以更加困難之程度。

二、此次會戰之意義重大，不僅尋常都市之關，實國

家、國際間之關係。

三、吾中央同意在採取之戰略即磁性戰略，引敵至主要
目標附近決戰頗為冒險。

四、彼之理想以為須阻敵於遠距離以外，儘量利用滇南
主陣地帶之天險及中間長距離之地帶較為得策。

五、我之戰略基本出發點在敵冒險一氣深入，但彼之理
想以為敵分兩個段落占領滇南，先整理其補給運輸
線，然後繼續進犯也。

六、第一、九集團應絕對阻止敵人之侵入，非不可能，
只要具備左列之條件而已：

　a. 第一集團方面敵主力必向屏邊，其次則為紅河。

　b. 第九集團方面敵主攻目標必係文山，而路線為八
　　寨、馬栗坡。

　c. 兩集團須本此條件準備，第一集團未曾完成，試兩相
　　比較：

（甲）第九集團

　　正面 100-150 公里，共六師。

　　存糧三——六個月，前線據點均存有彈藥。

　　通信情形亦相當良好充分。

　　部隊多住在工事附近。

　　官兵心理信念堅定。

（乙）第一集團

　　正面 400 公里，六師四旅（此層不甚然）、五師四旅。

　　補給不靈且無屯儲，平時供給亦缺。

據點無預備儲存之彈藥。

通信缺乏且不良，團內有未具無線電機者。

通信線路亦不足。

部隊因就食關係，置在後方遠離工事線。

（丙）第一、九兩集團之比較可以兩總司令自述表明之：

關說，F如侵入，三十分鐘內總部可得報告，三小時內可進入陣地。

盧說，F如侵入，二十小時方可得報告，一日可進入陣地。

（丁）欲改進加強第一集團之戰備應如左處置：

1. 兵力須增加，即6A須歸盧集團。

2. 補給加強，師部——前線間須屯儲有三個月糧彈，並須利用當地輪力以利搬運。

3. 前線部隊須推進工事附近。

4. 通信器材補齊，人員充實。

5. 龍膊——新街沿線增加兵力，兩岸設防，紅河北岸內通——大小道路破壞與多數縱深之小工事。

6. 在開遠附近希望另有精銳兵力編為總預備隊。

附記：蠻耗——新街一段之紅河狀況

有淺灘可以過渡，水深2-4米，幅40-70碼。

河西岸運動困難，流速每小時八英里，又有15-20英里。

灘係水灘，敵可利用為補給線，其舟可裝10-50人。

新街有小道可通屏邊，河兩岸甚高易於設防。

北岸多長草，應否燒毀尚待研究。

沿河可能登陸點須設置障礙，加以兵力掩護。

沿河路須設縱深小據點，而兩邊外翼亦須有掩護陣地。

每防守單位均須有預備隊以逆襲敵人，守兵則據守工事勿動。

七、此外比較肯定而提供研究者：

1. 自屏邊——河口公路須澈底破壞，需炸藥十噸。

2. 陣地前方各地須堅壁清野或構成氾濫，使敵進入毫無所得。

3. 民眾組織應推廣至陣地前方、後方，使民為我偵察耳目之用。

4. 游擊隊之活動機會甚少，因F必利用土民對我，則壓制之，勿為敵用，又游擊應分若干小隊，須有好槍、良好射擊技能，事前有偵察行動、有計畫。

5. 此次會戰之決定性須上下官兵一體了解。

6. 第一集團需要爆炸與材料。

7. 兩集團均缺乏衛生材料，應補足，尤其瘧疾丸。

8. 在此地形重野砲、戰車不能使用，故迫擊砲、重機槍為唯一武器，故須對此等武器充分準備。

9. 第六十軍184師重機槍須調換，13R／3B須調防補充。

10. 各部隊在陣地配備火網，須行一度實彈射擊。

12月1日　星期一

提要　今日在寓辦公，中午宴5A、71A、66A、6A 各軍師
　　　　長於西山本宅。

11. 地圖不真確，每守區內部隊須繪盡自區地圖自備。

一、電盧總司令詢問改善補給與通信之意見，以憑研究
　　施行。

二、函陳動節告知第一集團糧彈欠缺情形，請其妥籌
　　良策。

三、檢討上星期五會報紀錄應辦未辦之事項。

四、杜唐保黃帶呈上星期五會報紀錄與作戰計畫意見三
　　份，又呈總長何函一件。

12月2日　星期二

提要　上午赴鐵峰庵偵察，下午五時回寓。

星期四行營召集會報，擬提出討論之事項如左：

一、加強對空襲防衛案

　1. 對空襲防衛負責機關與其職權。

　2. 空襲時各軍事機關須有所繼續辦公之準備，其辦公
　　　地址須相互通報。

　3. 汽車交通路之維持，在若干里內公路不得停車，且
　　　須多闢小型停車場與叉道。

　4. 人民疏散之道路劃分，郊外多挖掘防空坑。

　5. 加緊各機場防降落布置。

二、加強第一集團之通信設施案

　　1. 抽派一連通信兵攜帶器材，交盧總司令分配於各旅。

　　2. 不敷之通信器材儘可能酌予補充。

三、加強第一集團軍之糧彈屯儲數，由後勤部兵站部擬出
　　確定實施計畫。

四、指定部隊構築邱北、開遠間中間陣地限期完工案

　　1. 指定擔任部隊（含工兵數）。

　　2. 工事要領與強度。

　　3. 完成時期。

12月3日　星期三

提要　上午在寓，下午二時會報，四時赴溫泉村沐浴。

五、加強滇南民眾組織案（含涸舊礦區民工組織）

　　1. 目的不為敵人為我偵探。

　　2. 負責主持之人。

　　3. 擬定組訓辦法。

六、第一集團兵力部署之檢討，分幾案研究，確定後下令
　　紅河守備隊之推進兩岸。

七、各軍師長留昆明未行者，可關照早日回防。

八、團營以下通信不可專仗電線，必須自各切實演練補助
　　通信方法，師長監督之。

九、關於對降落部隊之防範，應照軍委會電令速定計畫實
　　施演習。

十、前方部隊之營房經費未領者催領，而對於陣地守兵之
　　營房必須迅速動工。

十一、對此外對於通信線之改道與趕修者另有規定（詳
　　　團務會報）。

12 月 4 日　星期四

提要　上午在寓辦公，下午赴節竹寺即俞部長處。

一、關於後勤方面之真象檢討

　　1. 糧食：共需要三十年度60萬包加59萬包，共一百
　　　一十九萬包，而已有把握者僅20萬包，其他20萬包
　　　係代金，再20萬包代價購，再20萬包係加購，其餘
　　　則由川黔各地購運。

　　2. 衛生：預定總數須能收容五萬人，而現在能收容者只
　　　一萬五千人，其餘調動中者一萬人，其他尚無著落。

二、關於越南情報機關頗為複雜，應設法調查檢討。

三、今日之英遠東艦隊力量較F方調查，巡洋艦二隻、
　　主力艦二隻、驅逐艦五隻、潛水艇若干、其他小艦
　　十四隻，又其印度洋艦隊巡洋艦一隻、驅逐艦三
　　隻、潛水艇三隻，故其力量薄弱，一旦有事尚須於
　　地中海派遣主力艦也。

12 月 5 日　星期五

提要　上午在寓辦公，下午三時行營召集會報。

　　　今日會報之後所未解決，即未辦之事項如左：

一、對空襲防衛負責機關其職權之確定待請示。

二、關於第一集團加強通信設施之命令待下。

三、增加第一集團之糧彈屯儲，後勤部負責考查改善，
　　尚待實施。

四、構築建小開遠——邱北中間陣地之命令待下。

五、滇南民眾組織情形尚待考查。

六、對團營以下之補助通信切實演練之命令待下

七、建築一、九集團之陣地兵舍之考查命令待下。

八、會戰計畫之草擬待辦中。

九、一、九兩集團之砲兵現狀明確調查與適當措施。

12月6日　星期六

提要　今日在寓辦公，下午六時進城，在阮次長府晚餐。

一、盧總司令電話，需要砲兵及由龍膊——河口電線。

二、電總長請示令交部架設長途各線及其限期。

三、電盧總司令並轉馬處長關於紅河阻絕主要者火力
　　封鎖。

四、電復總長關於工事費處理辦法意見。

五、函斯指揮官關於工兵營及通信隊速為定期車運。

六、函工程處申副處長指示指揮所用費及工事費諸事。

七、接劉參謀長電話，對於昆明防空事宜擬以杜為正，
　　祿、王二人為副之建議，龍主任已表同意云。

八、關部撥198師與盧指揮鐵路地境暫緩變動之案，龍主
　　任頗表同意。

日本與英美開戰後我方應準備之事

一、對日聯合陣線構成之宣言。

二、遠東方面中、英、美、蘇、荷、澳協同作戰聯合機構之組織。

三、中英美各國情報之互換。

四、聯合各國作戰任務之分配。

五、供給英美使用機場之分配及陸空之連絡。

六、國際運輸路線之確保。

七、為出擊準備兵力使用之重加檢討：

　1. 滇越方面：滇南當面仍舊被加強其工事，開遠、昆明各控置一軍，車里加強為一師。

　2. 湘桂粵漢路：集中四軍兵力及三個以上之砲兵團使用於粵桂。

　3. 長江沿岸：調動原有守兵配置有力隊伍並檢討其砲兵。

　4. 宜昌：須有確定能攻略之準備。

　5. 豫皖蘇地區部隊與魯南：部隊竭力加強大事活動。

　6. 武漢：須有攻略之準備。

八、全般部署改變為攻勢作戰之部署。

九、加強桂林指揮機構。

十、關於軍用器材速由主管機關加以清理集結。

十一、關於滇越鐵路是否接收。

十二、日寇兵力估計：

　1. 海軍：戰艦12、巡洋艦35、驅逐艦100、潛水艇

75、秘密建造中者戰艦四——五艘四萬噸、袖珍艦三——四艘。

2. 飛機：八千架，舊式機包含在內，每月產生量不能超過二五〇架。

12月7日　星期日

提要　上午在寓，中午在祿司令家午餐，盧致德來訪未遇。

一、電總長說明杜司令下設二副司令，以祿國藩、王叔銘二人兼任，得龍主任贊成，不日電渝請示，此舉可以加強對空襲之防衛工作，同時亦為行營與本團切實合作之表現，請予同意。

二、電覆劉維〔為〕章關於行營申復對作戰計畫之意見一節不必介懷，由當時最急者不在計畫如何高明，而在準備是否周到，彼等斤斤理論，乃為參謀人員固有之積習也。

三、囑甘處長濟昌，對於第一集團砲兵之事，申明本人之意見。

1. 在昆之山砲二營中分一營，配屬於第一集團，而其餘則配屬於第二旅。

2. 60A調撥之砲，請查明原委，本人當立為解決。

12月8日　星期一

提要　今日在寓辦公。

一、敵今晨對英美開始作戰，午前十一時四十分宣戰。

二、F海軍航空隊拂曉起轟炸檀香山、香港、新加坡及菲
　　律賓、雲南、之達瓦俄灣、關島。

三、美輸送一、三舊金山西1300海哩之水域，被F魚雷
　　襲擊。

四、F在馬來亞北部上路作戰，並攻擊香港。

五、上海、秦皇島、天津、北平各地英美部隊或戰或解
　　除武裝。

六、美國、香港、荷印均發總動員。

七、F機械化部隊今日侵入泰國。

八、美空軍今晨轟炸東京及大坂，龍驤航空母艦在菲島
　　附近被擊沉。

七、德國將於二十四小時內對美宣戰。

12月9日　星期二

提要　今日在寓辦公。

就今日所知一般局勢如左：

一、侵略與反侵略陣線大體分明

　　1. 反侵略陣線：英國、美國、蘇聯、中國、南美各國、
　　　加拿大、荷印、澳大利、菲律賓、埃及、中美各國。

　　2. 侵略陣線：德國、意國、日本、偽組織、偽滿、被
　　　德國征服各小國、法越、泰國、芬蘭。

　　3. 中立國家：瑞典、瑞士、西班牙、葡萄牙、土耳其。

二、日寇以奇襲手段，在緒戰之初擬占優勢其顯著者

1. 菲律賓、香港、馬來亞、關島各地機場似被摧毀，飛機亦相當損失。
2. 馬來亞北部登陸成功，美戰艦被擊沉二艘。

12月10日　星期三

提要　今日在寓辦公，下午三時團務會議。

奉命辦理之事：

一、對滇南攻勢進度情形須每旬一報。

二、前方砲兵陣地工事切實改正保守機密，對外人檢查不可不過問。

三、車里、佛海、思弟一帶趕修工事，車里——昆明運輸情形及行程日數，商龍主任趕修昆車之路，每隔兩日應派巡查。

本日 F 廣播要點：

一、馬尼拉與馬來亞均已登陸。

二、炸沉威爾斯親王號（3.5 萬噸）及戰艦萊巴爾斯號（3.2 萬噸），英遠東之主力艦消滅，美水上機母艦蘭格勒號（1.1 萬噸）擊沉。

三、土耳其嚴守中立。

12月11日　星期四

提要　今日在寓辦公，日、德、意成立對英美戰爭不單獨媾和協定。

車里之一團開蒙養，帶足子彈，發新單衣一套。

開一團至畹町，於49D中挑撥一團或他師挑撥均可，帶足子彈，發新單衣一套，在畹町有英方汽車接運至景東。

93D主力開車里，將士兵充實而勿開補充團，茅普、車里須構築工事。

準備明日會報事項：

日英美戰況

  1. 關島被日占領，關島總督被俘。

  2. 呂宋已被敵上陸，且伏有第五縱隊。

  3. 英遠東艦隊已成無力狀態。

  4. 英美空軍均未見活動，似未損失。

12月12日　星期五

提要　今日上午在寓辦公，下午三時龍招野餐，五時會報。

一、電總長、委座建議關於緬甸作戰協同行動之所見。

二、71A 奉命開大理。

三、加強團與 93D 開拔，分別於馬日及下月灰日到達。

四、四十九師一團開畹町，其種種部署之議定。

五、太平洋戰況

  1. 偉克島、中途島均被敵占。

  2. 馬來亞有一機場被敵占領。

  3. 菲律賓有被夾擊之勢。

4. 九龍方面攻擊頗烈。

5. 英美在南洋方面均無力狀態。

12月13日　星期六

提要　今日在西山本部辦公。

一、電委座、總長表明對開緬部隊之意見。

二、馬處長回，報告滇局道路破壞與紅河配備之狀況良
　　好，又對紅河阻絕之工事亦設法勉強實施。

三、71A 陳軍長來表明將來之希望。

四、英美日南洋方面之戰況

　1. 菲律賓上陸敵人似無進展。

　2. 馬來方面敵占領卡他罷羅機後，正戰鬥中。

　3. 敵機襲檳榔嶼。

　4. 九龍似已被敵占領。

　5. 美方宣布昨日擊沉 F 主力艦「榛名」一艘，又重創其
　　主力艦金剛一艘。

　6. 美又廣播炸中之「榛名」號確已沉沒，但日方均未
　　承認。

　7. 美廣播維克島、中途島現在仍由美軍掌握中。

　8. 十四日日寇開始攻擊香港，其他各處毫無進展。

　　　基於中央頒布確保滇緬路之作戰計畫，另製作昆明
附近之會戰準備與會戰計畫、本期計畫，而附帶須製作
之計畫如左：

1. 主力出擊之路線及第二線抵抗陣地之偵察計畫。
2. 交通之整備與破壞計畫。
3. 通信設施及撤收破壞計畫。
4. 防空計畫。
5. 對敵降落部隊之防禦計畫。
6. 防毒組織及設施訓練計畫。
7. 重要資源之調查遷移與破壞計畫。
8. 兵站之設施計畫。
9. 民眾之組訓計畫。

12月14日　星期日

提要　今日在寓辦公，下午進城訪友，晚八時半回。

　　本日敵人廣播可注意者如左：

此次奇襲夏威夷美海軍所受之損害計

擊沉主力艦三：巴維凡尼亞、阿拉克哈馬、亞利桑那。

擊沉航空母艦一。

擊毀戰艦三。

擊毀高級巡艦四。

　　美全艦六成所編成之太平洋艦隊中，所殘餘者已不能構成戰鬥單位，計主力艦二、三隻，巡艦九、十隻（萬噸者），航母艦一隻。

　　即美使太西洋艦隊全部合併，亦僅如左，不復能與倭海軍為敵兵：主力艦 10、高級巡艦 14、航母艦 6。

12月15日　星期一

提要　今日在寓辦公，下午七時，宴綏署各處長。

日寇失敗之檢討

一、物資：汽油存儲半年量、膠皮、錫，無來源不能持久。

二、財政：三百萬萬國債有增無已，各地商業斷絕。

三、國際：標榜軸心，實際德、意無法相助，中、美、荷、英確實包圍，加以泰、越之未能心服，蕭牆伏禍。

四、軍事

　1. 空軍：不到三千架，月產至多250架，發動機有限度。

　2. 陸軍：竭力組織偽軍，勒倫、安南、滿洲、泰國出兵出丁。

　3. 海軍：毀一隻少一隻，無建造力量。

　4. 攻擊與被攻擊之比較，攻擊與同盟國本體不關痛癢，被攻則一彈一創。

12月16日　星期二

提要　今日在寓辦公

一、前派駐滇連絡參謀室撤銷後，改派本團服務，今日來團報到。

二、準備明日會報之事項：

　1. 5A與71A之交代、兵力配備、陣地工事。

　2. 昆明會戰準備計畫中之附屬各計畫，計畫分擔者與

其完成日期，第二線陣地之偵察。

3. 滇南陣地工事與道路破壞江水阻絕之實地偵察報告
（馬處長）。

4. 對劉參謀長向中央所領各軍械器材之分配方法。

三、南洋方面之戰況

1. 香港之攻擊甚烈。

2. 馬來亞北部吉村敵已有一部竄入，緬境亦有一部
竄入。

12 月 17 日　星期三

提要　今日上午在寓辦公，下午一時與宋、陳、馮研究
接防事，三時會報。

上午王東原次長及袁守謙廳長來談此間政工設置事。

下午會報後應辦之事：

1. 電 19A 利用鐵路電桿由北案——大樹塘——河。

2. 昆明——呈貢公路修理。

3. 電軍政部催請撥發前請50 噸炸藥。

4. 對14A、60A 所請調換山砲電，應注意催軍政部覆電。

5. 拍發長途電話應有限制之規定。

6. 須令石指揮對於指揮所設備之通信預行試驗演習。

7. 電請示滇緬路西段對敵降落部隊之掃蕩責任歸誰及
其工具。

8. 滇越鐵路收回問題無覆電，須注意催覆。

12月18日　星期四

提要　今日在寓辦公，上午敵機九架來襲炸昆明。

今日敵機來炸，警報遲誤，至死傷市民頗多，約二、三百人。

此間防空最不景氣最急需改善者：

1. 防空之通信不靈。
2. 防空之交通擁塞。
3. 防空之警報線不足。
4. 防空之總機不安全。

下午五、六時美機二、三十架飛機抵昆明機場，由緬甸來此。

12月19日　星期五

提要　今日在西山辦公，下午三時行營會報。

上午敵機侵入國境，被美機擊落三架。

下午會報主要事項：

1. 關於滇緬路之警備、機場防衛、倉庫之守護三者擔任之部隊，又護路部隊之津貼規定（龍陵以西官130元、兵48元，以東官60元、兵24元）。
2. 西移部隊輸送得利用空車，以安寧為起點樞紐，由行營令運輸局。
3. 西開部隊順序200D、55D、29D、5A（-200D）。
4. 部隊前進時對病兵、落兵之收容辦法，在祥雲、下關、保山、武陵各設兵站、醫院，第五、六軍應於

各重要地點設收容所。

5. 防毒業務之進行指導與訓練，器材檢點視察由防毒處擔任。

6. 加強滇南防務計畫，由肖處長擔任（含中間陣地）。

12 月 20 日　星期六

提要　今日在西山辦公，續會報紀錄。

七、昆明會戰準備計畫關於工作之分配如左：

1. 中間陣地及主力待機陣地計畫：參謀團。

2. 通信計畫：參謀團、行營石指揮官。

3. 交通整備計畫：參謀團。

4. 交通破壞計畫：參謀團、行營工程處。

5. 防空計畫含傘兵掃蕩：行營。

6. 兵站設施及糧彈屯儲計畫：兵站總監部。

7. 廠庫及重要資源調查及遷移計畫：軍政部辦事處。

8. 防毒計畫：行營防毒處。

9. 民眾組訓計畫：行營。

　　以上各計畫於下星期五完成。

日美海軍之態勢

一、基地軍港

日本

　本國：橫須賀、吳、佐世保、舞鶴。

　西北：鎮海、清津。

西南：琉球、台灣之南岸。

東南：小笠原、Saipan、Gohit。

日本本國為中心，港灣分散數目甚多，距離不大，便於連絡集中。

美國

本國：San Diego、San Francisco、夏威夷後方、Seattle。

極西北部：Silka、阿拉斯加東、Kaliak、達芝哈吧（荷蘭
　　　　　港）、巴拿馬。

太平洋：夏威夷珍珠港（阿胡Oahon、考愛Kaeual）、威
　　　　克、中途、Samoa、菲律賓群島。

美用基地數目少，分布廣，距離遠，南太平洋惟有利用英、澳、荷各港。

日美海軍實力比較　1940 年一月調查

艦種	美	日
戰鬥艦	一五	一二
航母艦	五	六
重巡艦	一八	一二
輕巡艦	一九	一五
驅逐艦	一九七	八四
潛水艇	九五	八五
共計	三九四	二二一
總噸數	一、二二四、三九五	八一二、三八五

美國與軸心國（日德意）之比較

艦種	美	軸心國
戰鬥艦	一五	二〇
航母艦	六	八
巡洋艦	三七	七五
驅逐艦	一五九	二七一
潛水艦	一〇五	二八四
總計	三二二	六五八

12月21日　星期日

提要　上午在寓，下午王、楊、林接春。

一、第五軍與第七十一軍接防定二十五日止完畢。

二、陳師一部在祿豐，主力在安寧。

三、電覆委座關於中間陣地工事及各機場守備部配備。

四、出征部隊之單衣建議代金自辦，因此間無有也。

五、出征部隊之兵員補充須特別規定。

六、出征部隊之餉銀與給養須特別規定。

七、對聯絡參謀有時須分知對部隊所下之命令。

12月22日　星期一

提要　今日在西山辦公。

一、上午九時晤陳明仁及馬維驥兩師長告以要旨。

　1.馬師之主任務掩護機場對F降落部隊，故應如左配置：

　師部大理。

　一團部祥雲，一營楚雄，兩營祥雲、雲南驛。

　一團部保山，一營龍麟，兩營或一營保山。

一團機場，機械化分置下關東西。

2. 陳師，主力安寧，一部祿豐。

二、十時晤彭師長接洽之事：

1. 攜帶子彈。

2. 補充兵。

3. 衣服。

集結完畢日期。

三、十一時晤甘軍長接洽之事：

1. 55D 暫駐地。

2. 軍部行動。

12 月 23 日　星期二

提要　今日在西山辦公。

南洋方面及太平洋方面戰況：

一、敵占威克島。

二、馬來亞之吉打區完全被敵占領。

三、菲律賓之民大諾島敵人上陸，已告成功。

關於部隊出國準備之重要事項：

一、部隊之經費即發給緬幣，方法與數目。

二、雨具或發油布，或給代金。

三、蚊帳未做者可發代金自做。

四、出入境憑照、家屬津貼。

五、軍服、地圖、譯員等。

12 月 24 日　星期三

提要　今日在西山辦公，下午四時會報。

關於滇局醫務情況

第一集團比第九集團較差，而大概缺點如左：

1. 輸力足用材料已發足二個月。

2. 人員、醫兵共差三百人，而醫院給養與被服均欠缺。

3. 無野戰病院，而由各團醫務所集合組成之，故兩者均不健全。

4. 醫院經費亦差無著落，似係包辦性質，第一旅較好。

因此補救方法惟有在陸軍醫第二分校第五年級者可酌抽出使為醫官，待明年再調其他軍醫學校畢業者補足其缺額，目前則利用紅十字會五隊幫助，九集團二隊、一集團三隊。

又擬在開遠成立訓練班，訓練其現在出身行伍之幹部。

12 月 25 日　星期四

提要　今日在西山辦公，本日下午五時餘英提督楊林放棄香港，投降於敵。

兵站衛生區

1. 兵站衛生機關共三十八個，內抽出二個兵站醫院、一個收容所歸93D，此外調集黔滇各地配屬滇緬路五個。

2. 兵員差二千餘，由黔滇兩管區撥補（第一、二擔架
   兵團）。

3. 醫官差七十餘人，必需時由軍醫署撥。

4. 衛生材料不成問題，惟種類不能完備耳。

糧食

一、代金：二十萬包可吃至一月底。

二、現品徵收：無著落，無把握，如有把握則亦二十萬
　　包，可吃三個月。

三、金購：二十萬包，似亦不甚可靠。

12月26日　星期五

提要　上午在西山辦公，下午三時行營會報。

今日會報重要事項

一、會商劉參謀長關於五、六兩軍位置：

　　1. 5A 部楚雄。

　　2. 200D 保山以東，22D、96D 及補充團等大理、祥
　　　雲、楚雄。

　　2. 6A 部保山，55D 保山以西，49D 芒市。

　　3. 陳明仁師安寧。

　　4. 6A 配屬砲兵十三團之一營宜良，5A 配砲昆明。

二、對於昆明攻勢與配備召開小組會議（宋總司令召
　　集），對於昆明防空布置開小組會議。

三、昆明行營之總機須有對空設備。

四、關於前後方衛生情形檢討與改善，由羅署長、軍醫

處長研究提報。

五、關於前線兵舍之構築催辦。

12月27日　星期六

提要　上午在寓辦公，下午進城遊大觀樓。

檢討應注意進行之事如左：

一、5A、6A、71A、66A、預2D、N29D 等各部隊之到達指定位置與其日期。

二、昆明附近工事小組會議之結論。

三、要塞工兵營之催運。

四、龍膊——河口間之沿鐵路電話電之架設。

五、後勤部催領子彈三百萬，其標準數計算如何，須代為催領。

六、醫務之目前救濟與日後改善辦法。

七、防空之有效進一步之措施。

八、邱北——曲靖間通信線之完成日期。

九、沾益指揮所之完成日期。

12月28日　星期日

提要　上午在西山辦公，下午三時回城內。

一、晤宋希（編按：宋希濂），小組工事紀錄，並須與宋商工事計畫及通信計畫（昆明陣地）及昆明守備計畫。

二、函林湖催運送要塞第一營來滇。

三、奉令要旨：

1. 第五軍不入緬必要時向東轉用。

2. 第六軍留駐昆明附近。

四、阮次長、林教育長均奉令將要離團。

12 月 29 日　星期一

提要　上、下午均在西山辦公。

一、羅署長來述關於衛生會議之經過與其整備衛生業務
　　意見，另附呈報告書一冊，囑代轉請撥款。

二、杜軍長來談5A此後行動，擬先集結零散各部，同時
　　報告中央其各部同前之位置，必要時東開，軍部直
　　轄部隊先開楊林一帶。

三、對於本團行動與存在問題經研究有二案：

　　1. 待宋總司令各種計畫確定後，此後即由彼負昆明防
　　　衛責任，參謀團請求撤銷（兵站補給之事由陳統監、
　　　馬處長負責）。

　　2. 或保留名義，留極少數連絡人員，而經費亦至最少
　　　限度，正以備將來必要時之恢復。

四、蔣素心由桂到此，張向華亦明日來此。

12 月 30 日　星期二

提要　上、下午均在西山辦公。

感言

（1）作戰勝敗之關係，精神為首，物質次之，戰術上如
　　　此，整個戰爭上尤然。

（2）有物質、無精神不能運用物質，則精神亦因之喪失，有精神則遇優等待遇物質，故可發揮偉大效力，即物質差池亦能盡物質之用。

（3）吾人抗戰五年，以弱國而對強暴，比較上足以表現吾人精神之優點者：

（一）死守不降，如上海四行總會之一營。

（二）被俘不屈，迄今無投降之將士。

（三）艱苦自重，從未向人乞援，一切自想辦法。

（四）聞敗不餒，敗則再接再厲，不向人前解說。

（五）物質不計有無、多寡、利鈍，均戰鬥到底。

（六）戰術革命，無論攻防、進退均具有革命精神。

（4）因有以上之精神之優點，所以敵人沒法，英美欽羨，是皆我統帥領導教育而給予軍隊以靈魂之所至也。現我同盟各國已包圍敵國，不久勢將崩潰，吾人如能更大發揮精神之優劣，則最後勝利最短期間必能實現矣。

12月31日　星期三

提要　上午在西山辦公，晚赴龍主任宴陪張向華宴。

上午66A朱參謀長來接洽中間陣地偵察事。

九時陪張長官至三結、關華亭寺各地，蔣素心同行。

下午三時陪張長官遊覽龍潭。

民國三十年敵我之總檢討

一、敵軍

  1. 受中國四年餘之英勇抗戰，國力衰退，加以歐戰二年來日寇一無所得，故處心積慮另謀侵略之路。

  2. 南進、北進兩者相權，物資以南進為豐，戰備以英美遠東為弱，故密與軸心德意實行南進，初占安南，繼結納泰國，終則襲擊英美屬地，打開包圍，掠奪土地與物資。

  3. 組織純軍事政府打倒政黨，集中全國力量來孤注一擲。

二、我軍

  1. 苦鬥力戰四年餘之結果，敵國之弱點與其侵略無厭之野心完全暴露，而我之奮鬥精神與維持公理正義之本意亦完全表白，故中、英、美、荷之民主陣線、反侵略陣線分明結合，一致行動。

  2. 國內戰線嚴整而堅強，長沙、宜昌之反攻均著成效，且確有餘力協同友邦作戰，因此軍民上下對於最後勝利之信念一分堅定，民心士氣奮發異常，各地偽軍亦紛紛反正。

三、結論

F：

  1. 標榜軸心乃係空言，而實際則受中、英、美、荷、蘇之四面作戰。

  2. 空軍、海軍、陸軍主要兵器之生產不及於人、無

能，每戰勝敗多延一日則貧乏日。

    3. 攻擊為他人之屬地，被攻則為其自己之本體，勝利陷於長期作戰，敗即立即崩潰而滅也。

我：

    1. 自今年以後已步入純攻勢時機與境地。

    2. 在物質上飛機、大砲必有多量，增加作戰之威力更大。

一、對戰略與軍事不協調，政客只知玩弄手腕（如美與日之長期折衝）。

二、托大驕傲疏忽之結果，貽害全局（如初期美英之狀態）。

三、對海軍戰，飛機襲擊較潛艇為有效（如夏威夷襲擊，日之潛艇未奏大效）。

四、爭取與國必須使用全力不顧一切（如美英之失泰國）。

五、協聯合作戰而無預先整個戰略打算，無統一指揮機構者敗（如此次英美）。

六、同等之力量誰制機先者誰勝。

七、戰時以軍事為第一，因政治慾望而忽略軍事要求者敗（如目前之馬來，將來之緬甸）。

八、聯合國作戰通信連絡為特別重要問題。

九、大兵運用不以重點者敗（如不集主力使用於新加坡、菲列賓）。

十、重要資源地而守備不密，破壞不準備者必為敵得（如區港為敵降落隊占領）。

十一、包圍戰爭而不能同時發動者敗（如蘇聯不參加太
　　　洋作戰）。

十二、立於戰略外線而取守勢者敗（如英、美、蘇均取
　　　守勢）。

十三、高級長官無犧牲決心而司三軍之命者敗（如楊格
　　　潛納爾、湯麥斯等）。

十四、作戰精神不旺盛，將士無蓬勃之氣者敗，內部組
　　　織複雜者敗（如英美遠東之初期之作戰）。

十五、軍事行動事前不能秘密行動及披露後方知虎頭蛇
　　　尾者敗。

十六、平時自知物資豐富大量荒唐，不能以國防至上主
　　　義者敗。

十七、國家不能倡軍隊不被俘，國民不被脅者敗。

美國音波空中堡壘 B-17

　機身半飛船式，光滑、硬鉛、蒙蓋。

　發動機四個，氣冷式，每個馬力 850 匹。

　乘員七——九人。

　機槍塔五個，可射擊任何方面。

　淨重一五、三五〇公斤。

　有效搭載量四、五七六公斤。

　最大全重量二二、三七三公斤。

　通常馬力 3400 匹。

　速度四〇〇公里。

上升七〇〇公尺。

航程四八〇〇公里。

抗戰三年有半，敵軍傷亡統計：

26 年，	二五六、〇〇〇。		
27 年，	四四五、〇〇〇。	1,454,000	1,794,000
28 年，	四〇九、〇〇〇。		
29 年，	三四三、〇〇〇。		
加後方。	三四〇、〇〇〇。		

英駐美購料委員會

至去 1940 年止，購料款用去五萬萬鎊，已獲得者：

軍用機，一一、〇〇〇。

航空引擎，六、〇〇〇。

25-30 噸唐克，四、〇〇〇。

步槍，一、〇〇〇、〇〇〇枝。

此外還有重砲、山砲、輕重機槍、地雷、噴火器等。

美國今年正月起可供給英國飛機每月 1300 架，但英國則希望 3000 架。

戰爭進化景光一覽表	時代		戰爭之性質	兵制		戰鬥		年數	政治史之大勢
						隊形	指揮單位		
	古代		決戰之爭	國民皆兵		方陣	點	大隊（營）		由國家之對立向統一進展
	中世								1000	宗教支配
	近代	火器使用以後	持久戰爭	傭兵		橫隊	實線	中隊（連）	300至400	新國家之發展
		法國革命以後	決戰之爭	國民皆兵		散兵	點線	小隊（排）	125	國家主義全盛
	現代	歐洲大戰以後	持久戰爭		（全男子）	戰鬥群	面	分隊（班）	50內外	國家聯合
	將來	世界大戰	決戰之爭		（全國民）	體		個人		世界統一

註：右表係摘抄倭陸軍中將石原莞爾著述之「世界最終戰論」（三十年元月）

德蘇三協定（一九四一年元月十日簽訂於莫斯科）

一、擴大「經濟協定」

期限：自一九三九年二月至一九四二年八月。

數量：較前擴大。

物資：德對蘇供給機械類。

蘇對德供給原料品、石腦、油製品、食糧品（以穀物為主）。

二、劃定「國境協定」（限於波羅的海方面）

規定：自波羅的海至伊哥爾科河。

依據：前立陶宛及波蘭間之界線及一九二八年一月二十九日與一九三九年三月二十二日之協定。

三、四、「居民交換協定」（新國境內之對方居民歸國）

　　居在立陶宛、拉脫維亞、愛沙尼亞三地之德民遷德。

　　居在德國及波羅的海三國之俄人移蘇聯或其原地。

　　定兩個半月內互相交換。

第三、四、七、九各戰區二十九年傷亡統計：

三戰區	敵	四九〇〇〇
	我	一八〇〇〇
四戰區	敵	一二〇〇〇
	我	一一〇〇〇
七戰區	敵	四八〇〇
	我	二九〇〇
九戰區	敵	二七〇〇〇
	我	一〇〇〇〇
總計	敵	九一〇〇〇

1/16 美眾院軍委會通過緊急撥款十二萬萬，其用途規定：

　　1. 建造補助艦 400 艘，四萬萬。

　　2. 擴大海軍船塢設備，三萬萬。

　　3. 英訂購大批貨輪，增設工廠，二萬萬。

　　共通過總預算自今年七月至明年六月為 170 萬萬 —— 180 萬萬。

各大國人口

蘇聯，一萬九千萬餘。

美國，一萬三千萬。

英國，四千五百萬。

德國，八千五百萬（全部日耳曼）。

意大利，四千多萬。

日本本國，七千萬。

全世界，十六——十八萬萬。

德國發表英商輪八月中及開戰以來損失（9/3）

八月份 四六四、七三七噸

全期間二年加八月份 一七、〇一六、八二〇噸

計英國總商輪噸數 二六、〇〇〇、〇〇〇噸

英發表兩方飛機損失數（9/3）

二年間總數損失

軸心，八〇二〇架

英國，三〇八九架

糧食收成

四川省：半年一萬五千萬市擔，平常一萬萬市擔，稍次七千萬市擔。

四川田賦，不過三千萬元。

後方十五省區，七萬五十萬市擔；公家可收買一半，

三萬七千五百萬擔。

意發表開戰以來擊沉英國艦隊如左（9/3）

　巡洋艦八、驅逐艦三七、商船一七四、輸油船二九隻。

　近東損失軸心　二〇八七

　　　　　英　　三八三

　西線損失軸心　九五七

　　　　　英　　三七九

安南人口二千萬，華僑三十六萬人。

　自中法戰後天津條約脫離政治關係，富米、煤、鐵，富石油、錫、米。

緬甸人口一千四百萬，華僑三十萬人。

　1885 年為英所亡，1937 年為英殖民地。

泰人口三百餘萬，華僑二百四十餘萬。

　洪楊之後自主，富米、錫。

馬來亞富橡皮、錫。

　1. 海峽殖民地人口一百一十餘萬。

　2. 馬來聯邦一百七十餘萬。

　3. 馬來屬邦一百五十餘萬。

　華僑一百七十餘萬。

敵軍火生產力總表（據 1933 年調查）

名稱	年產力	備考
火藥	二萬八千噸	官民營在內高級火藥
槍砲手榴彈	二十三萬萬粒	內砲彈二千二百萬粒
步槍	約七十萬枝	
機槍	五萬七千枝	輕重機槍均在內
砲類	三千二百四十門	小口徑一七〇〇門 野砲、高射炮一五二〇門
汽車裝甲載重	九千七百輛	最大限度
唐克	一千三百七十輛	最大限度
飛機	三千〇六十架	最大限度

右係平時一九三三年之資料，戰時積極生產當不只此。

美國陸海軍兵力

陸軍

分正規軍、自衛軍、預備軍。正規軍平時不出二十三萬人（含軍官），分為九師（三十六團），另戰車四團、機械化騎兵團二個、野戰砲兵團二十九個、海岸砲集團四十個、飛機三千架（現新擴充至八千五百架）。

自衛軍，一種志願民兵，平時分駐各州，共18師約23萬5千人（海軍區駐二個師）。

預備軍以退伍志願兵補充之，十萬人，戰時召集之。

海軍

共軍艦總數三百六十九艘，排水量 125.6 萬餘噸。

最近美海軍參謀部長施達克建議擴充百分之七七，需費四十四萬萬美金，已通過，即能造軍艦二百艘，共一二五萬噸。飛機原有二千架，現已另訂一千架以上。

每人每日給養量（印緬軍）

	磅	盎
米	一	六
鹽		1/2
糖		1
麵	1	8
豆油		3
油		2
芋		2
肉		5
菜		8
豆		1 1/2
柴		3

印度班加布新兵營 Punjabi

襯衫二件、襪子二雙、短褲二條、白衣二件、運動鞋
一雙、皮鞋一雙，薪餉 16 元、伙食津貼 2 元，以後逐
漸增加。

印度步兵營編制

步兵連四，每連三排，排三班。

每連輕機 9、擲槍 6。

營部

機槍排三班，班三挺，迫砲排。

印度架橋工兵連

連部

架橋排、器材排、工廠排。

腳踏車機器車 9、汽車 6、拖車 5、載重汽車 38。

防空排、通通排、輜重排、通信電台排。

腳踏車機器腳踏車 34、汽車 27、載重汽車 12、機關
槍車 10。

印度戰車旅內之戰車連編成

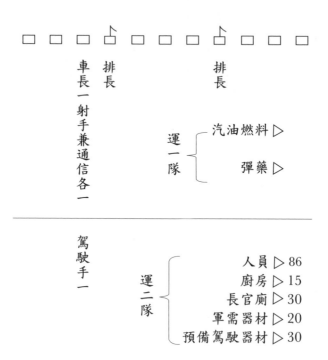

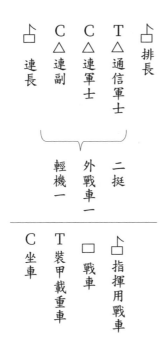

				輕機一
連長	連副	連軍士	通信軍士	排長
↥	C△	C△	T△	↥
			二挺	外戰車一

| 坐車 | 裝甲載重車 | 戰車 | 指揮用戰車 |
| C | T | □ | ↥ |

一、3/15 日蘇協定成立內容四項。

二、6/23 德蘇發生戰事。

三、7/12 英蘇成立協定二項。

四、7/12 英法敘利亞成立停戰協定，美派兵駐冰島。

五、9/7 美英相繼聲明認我中央政府，相繼聲明平
　　等地位。

六、7/1 德美羅斯承認南京偽組織。

七、7/18 日本近衛三次內閣，近衛、平治、阿部、
　　米內、近衛、外相廣田、守垣、近衛、有田、阿
　　部、野村、松崗、來田。

八、7/28 日法協定成立，同時美封存日本現金。

九、7/31 美禁油禁與日本。

十、8/15 羅邱二人宣言八項。

十一、8/29 英蘇聯合侵入伊朗。

十二、12/8 日本於拂曉攻擊英美軍並侵入泰境。

十三、12/9 中國對日、德、意宣戰。

十四、12/11 日、德、意締結與英美開戰不單獨媾和之協
定並相互宣戰。

十五、12/12 日泰同盟，日越協定成立。

十六、12/25 香港總督楊格降於敵。

一、持久戰重經濟，而經濟與軍隊直接有關者：

1. 生產保護。

2. 運輸交通保護。

3. 物品管理。

4. 封鎖確實。

二、戰略、戰術貴於演練

戰區攻防方略雖有計畫，尤貴演練，蓋經演練則計
算確實，得失易明，方能有真正當適之配備與切要之準
備。比如：

1. 二十八年南寧之迅速失陷。

2. 三十年浙閩沿海要地之迅速失陷，無演練故計算不
精，措手不及。

至於整軍意義則在培養戰力，而戰力組成不外如左，

故首關訓練，次關配備。

1. 火力（射擊力、兵器）。

2. 活動力，行動機械化。

3. 持久力（體力、補給力）。

4. 精神力（學術）。

戰術上指揮動作尤重演練，自訂計畫尤研究而見諸實施，尤實施而增進研究。比如：

1. 退卻戰術演習而發覺須有退卻陣地之選擇之先派幹部。

2. 由對戰事之各別戰法而得到綜合之連續戰法。

三、構築工事先要確定周密計畫

1. 工事地區。

2. 工事目的即確實擔任，為何任務包含工事性質。

3. 選定工事地帶就戰術著眼。

4. 組織偵察標定人員（混合組成）。

5. 指定統一負責實施機關，必要時配合若干實施部分，統歸其指揮。

6. 確立預算與材料來源。

7. 概定完成日期（分區規定亦可）。

最要者凡擔任實施工事人員，部隊等必須專任其事一貫辦理，高級主官不時察勘，如此方能不至浪費，得有成效，而最要者則先規定由何部隊使用。

四、近代之攻防

1. 近代戰術的發展，有堅強武器之一方實行攻勢，被

攻者命運是不可挽救的。蓋近代武器根本改變了軍事行動性質，機械化、摩托化、大空軍突破而深入，包圍圈擴大而迅速，退者如形勢劣轉即有消滅可能。

2. 有效的守勢也要採用攻勢武器，換言之採取守勢軍隊必須與攻勢軍隊有同樣性能的武器，然後方能有效。

3. 軍隊和物質的調動必須在決戰地域取得優勢。

4. 空軍在最緊急時期、最重要地點集中作戰。

5. 閃擊戰最理想者突然侵入，即能得到決定的勝利。

五、大演習之構成程序

1. 指定演習部隊時期與演習目的。

2. 概定演習地區與擔任主辦機關。

3. 設立籌備處：

總務組（文書、人事、會計、事務）。

第一組（演習及統裁）。

第二組（審判）。

第三組（後勤）。

第四組（航空及防空）。

一、演習地偵察、演習計畫綱要、統裁部與演習部隊之編成、演習教令之製頒。

二、審判人員分配、審判勤務之製頒、其他有關教令擬定。

三、交通通信之籌備架設、補給籌劃彈藥之準備、演習用地圖。

　　　　四、演習時有關航空及防空事項。

　　　　五、演習經費之預算、參觀事項籌備處之一切庶務。

4. 想定之製作。

5. 研究演習指導之實地（戰場）偵察。

6. 交通通信網之構成。

7. 審判官之確定基於演習目的之審判、勤務之規定。

8. 參觀人員之規定。

9. 演習部隊幹部之戰場偵察及部隊之戰鬥演習與計畫。

10. 審判官之組織與審判演習與計畫。

11. 各種制令之草擬。

駐外武官三十年十一月批定

美國　陸正　朱世明

　　　　陸副　郭琦之

　　　　海正　劉田書

　　　　空正　黃秉衡

英國　空正　選擇中

　　　　陸副　唐保黃

　　　　海副　周應輯

　　　　空副　黃坤揚

蘇聯　陸正　郭德權

　　　　陸副　李修榮

　　　　陸副　張培梵

　　　　空副　徐煥升

世界之大勢（三十年九月三十日）

一、侵略國家陣線主張推翻世界秩序，目的在擴展其勢力
　　圈，使其本國無限強盛，如德、意、日本是也，亦
　　稱軸心國家，簡稱軸心國。

二、反侵略國家陣線主張維持世界秩序，目的在確保領土
　　與權益不受外力之侵害，如中、英、美、荷及後起
　　之蘇聯是也，亦稱民主聯合陣線，簡稱聯合國。

三、兩陣線對立之概觀

　　德：獨霸歐洲大陸，主要者為東歐與巴爾幹各國。

　　意：稱雄地中海，擴大北非殖民地。

　　日：獨霸東亞（包含東部、西北利亞、中國、越、
　　　　泰、緬以及南洋洲）。

　　因此使蘇聯有國境包圍，英國有分崩離析，美國有
　　兔死狐悲之危懼，至於中國則更有整個民族之關係，
　　此戰局之所以擴大而陣線之所以分明。

四、聯合國之作戰方針與指導

　　方針：

　　第一期聯合國先以主力擊破德意，解決歐局，同時
　　以一部牽制日本，並多方削弱其實力以穩定太平洋。

　　第二期以全力壓迫日本使其屈服，否則合力解決之。

　　指導要領：

　　1. 軍事以在英、美、中支援下之蘇聯支持德國，以
　　　 在英、美、蘇協助下之中國抵抗日本，保持海、
　　　 空軍之優勢作長戰鬥。

2. 經濟、政治、外交宣示世界和平主義，招來與國，
聯絡被壓迫民族援助戰敗國家，同時對軸心國需要
資源絕對封鎖，對聯合國需要資源相互流通。
　　尤其對日外交採取神祕主義，使其遲疑徘徊不能
自立。

五、軸心國之歸結

德：

1. 兵員缺乏，征服國之守備隊已徵調殆盡，與國之部
隊不足恃。

2. 飛機數量不能與英、美、蘇三國比賽生產。

3. 石油原料、石油差量甚大，食料亦成問題。

對蘇聯雖深入而又不能解決，消耗激增，閃電戰應
具要件亦漸滅退，周圍險象環伏，而同盟國之日本
又只知乘機取巧。

日：

四年經我國抗戰，國力疲憊，外強中乾，資源既被
封鎖益趨衰退，而又不能北進、南進打開危局，國
內又復幾經不安，其末落指日可待，故德國如陷阱
之猛獸，雖一時舞爪張牙，終必至於力竭而僵臥；
日本如待決之囚徒，雖一時苟延殘喘，終不至於俯
首而就戮。

六、我國之前途

1. 四年抗戰對世界盡最大貢獻，對聯合與國盡最高
義務。

2. 在軍事、經濟、外交形勢俱極有利。

3. 此後只要軍事加強，循著正義大道前進，最後勝
   利即在目前矣。

又　4/28	一四八八	D593 − 333
一四八五	一四八九	− 334
一四八六		− 335
一四八七		− 336
		− 337
		− 338
		− 339
		− 340
	4/26 改變	− 341
		− 342
		− 343……
		− 552

一、研究今年上半年江南方面作戰指導方案，集合幕僚
　　共同研究。

二、戰時現行糧食機構調整意見加以整理審定，向中央
　　具申參考採納，以裕軍糧。

三、各方駐桂辦事處前經規定整理，限本月內須照規定
　　整理完畢。

四、越南民族解放聯合委員會促其從速健全組織，並為
　　請求補助費。

五、參謀補訓班第二批人員須於本月內入班開學，一切
　　房屋、伙食需籌備妥貼。

六、對於軍政基本事項，即培養軍隊本身力量之建議。

七、各戰區本月份戰積〔績〕之檢定。

八、各戰區整訓部隊訓練狀況之考查。

九、防範共黨在廣西方面（尤其桂南）之活動。

十、結束桂林國防工事。

戰史旅行之認識

一、已往過失不可再見，如其再見必以血換，此蘇聯顧問之語，何等警惕。

二、小部隊戰鬥亦不可忽視，積戰鬥便成戰術，故須加注意，比如：

　1. 一小部前進，他一部制壓敵人，其協同技術須講求良好。

　2. 如何利用側面火力以掩護我正面部隊。

　3. 每一步兵選擇一個重要目標，投擲手榴彈法與其目標。

　4. 各兵種自己偵察搜索工作。

民國日記 01

林蔚文抗戰遠征日記
（1941）

The Expedition Diaries of General Lin Wei-wen, 1941

原　　著　林　蔚
主　　編　蘇聖雄
總 編 輯　陳新林、呂芳上
執行編輯　李佳若
文字編輯　林弘毅、盤惠秦
封面設計　陳新林
排　　版　溫心忻

出 版 者　🛡️ **開源書局出版有限公司**
　　　　　香港金鐘夏慤道 18 號海富中心
　　　　　1 座 26 樓 06 室
　　　　　TEL：+852-35860995

　　　　　🌸 **民國歷史天化學社**
　　　　　10646 台北市大安區羅斯福路三段
　　　　　37 號 7 樓之 1
　　　　　TEL：+886-2-2369-6912
　　　　　FAX：+886-2-2369-6990

銷 售 處　**源流成文化 股份有限公司**
　　　　　10646 台北市大安區羅斯福路三段
　　　　　37 號 7 樓之 1
　　　　　TEL：+886-2-2369-6912
　　　　　FAX：+886-2-2369-6990

初版一刷　2019 年 8 月 25 日
定　　價　新台幣 370 元
　　　　　港　幣　95 元
　　　　　美　元　14 元
I S B N　978-988-8637-08-9
印　　刷　長達印刷有限公司
　　　　　台北市西園路二段 50 巷 4 弄 21 號
　　　　　TEL：+886-2-2304-0488